칼빈의 강해설교
십 계 명

도서출판
누가

칼빈의 강해설교 **십계명**

초판1쇄 발행 2011년 6월 1일

지은이 존 칼빈
옮긴이 황영식 목사
펴낸곳 도서출판 누가

등록번호 제 20-342호
등록일자 2000. 8. 30
주 소 서울시 강서구 염창동 282-19 현대아이파크상가 B102호
Tel (02)826-8802, Fax (02)826-8803
E-mail lukevision@hanmail.net

정가 13,000원
ISBN 978-89-92735-51-3

· 파본은 교환해 드립니다.
· 이 출판물은 저작권법에 의해 보호를 받는 저작물이므로 무단 복제할 수 없습니다.
· 독자의 의견을 기다립니다.

칼빈의 강해설교
십 계 명

존 칼빈 지음 · 황영식 옮김

서문

(신 4:44~5:3)

4장 : 44 모세가 이스라엘 자손에게 선포한 율법이 이러하니라 45 이스라엘 자손이 애굽에서 나온 후에 증거하신 것과 규례와 법도를 모세가 선포하였으니 46 요단 동편 벳브올 맞은편 골짜기에서라 이 땅은 헤스본에 거하는 아모리 족속의 왕 시혼에게 속하였더니 모세와 이스라엘 자손이 애굽에서 나온 후에 그를 쳐서 멸하고 47 그 땅을 기업으로 얻었고 또 바산 왕 옥의 땅을 얻었으니 그 두 사람은 아모리 족속의 왕으로서 요단 이편 해 돋는 편에 거하였었으며 48 그 얻은 땅은 아르논 골짜기 가의 아로엘에서부터 시온산 곧 헤르몬산까지요 49 요단 이편 곧 그 동편 온 아라바니 비스가 산록 아래 아라바의 바다까지니라

5장 : 1 모세가 온 이스라엘을 불러 그들에게 이르되 이스라엘아 오늘 내가 너희 귀에 말하는 규례와 법도를 듣고 그것을 배우며 지켜 행하라 2 우리 하나님 여호와께서 호렙산에서 우리와 언약을 세우셨나니 3 이 언약은 여호와께서 우리 열조와 세우신 것이 아니요 오늘날 여기 살아 있는 우리 곧 우리와 세우신 것이라

사람들로 하여금 부단히 하나님께 복종케 만든다는 것은 상당히 어려운 일입니다. 이 때문에 하나님께서는 한 민족을 택하시어 그들을 다스려 주시되, 단지 일정 기간 동안만이 아니라 그 민족이 하나님의 멍에에 충분히 익숙해지게 될 때까지 해 주셨습니다.

그리고 동일한 방법으로 지금도 매일 자신의 교회를 다스리고 계십니다. 사실, 단 한 번의 말씀으로도 우리는 하나님의 진리를 깨달을 수 있어야 합니다. 하지만, 우리가 믿음에 이르기까지 걸리는 시간은 매우 더딥니다. 더군다나 그 목표를 향해 출발했다 할지라도 다시 저만치 멀리 비켜 서버립니다.

그리하여 결국은 그분이 가르쳐 주신 것을 모두 잊어버리고 맙니다. 이러한 이유로, 하나님께서는 우리의 구원에 필요한 것을 한번만 들려주시는 것으로는 족하지 않다고 생각하신 것입니다. 계속해서 상기시키시며 가능한 마음에 깊이 각인시키십니다.

본문에서 모세가, 40여 년의 광야생활 후, 호렙산에서 선포했던 율법을 백성들에게 또다시 새롭게 가르치고 있는 것은 바로 이러한 이유 때문입니다. 게다가, 이미 지금까지 살펴보았던 것처럼, 모세는 하나님께서 이전에 이스라엘 백성들에게 선포하라고 명하셨던 내용을 그들에게 끊임없이 환기시켜왔습니다.

정말로 "요단 근처에 도착하여 아모리 족속의 왕 시혼과 그 이웃 바산 왕 옥을 쳐서 멸한 후, 여전히 하나님의 규례와 법도를 백성들에게 상기시켰다"라는 기록에서 보여지는 모세의 노력은 결코 무익한 일이 아닌 것입니다. 이는 백성들로 하여금 하나님의 규례와 법도를 지키고 행할 수 있도록 하기 위한 것이었습니다.

그리고 만일 그들이 아직 충분한 가르침을 받지 못했었다면, 적어도 이제는 하나님의 진리를 알고 그것에 충실할 수 있도록 하기 위한 것이었습니다. 이것이 바로 모세가 이 본문에서 의도하고 있는 바입니다. 여기에서 그는 일부러 **"법도와 언약, 율례, 규례"** 라고 언급하고 있습니다. 이는, (지금까지 말씀드렸던 것처럼) 하나님께서 자신의 백성들을 어설프게 가르치시거나, 애매하고 무언가 부족하며 불완전한 그런 교훈을 주신 것이 아니라는 것을 더욱 효과적으로 표현하기 위한 것입니다. 이 율법은 그들의 유익과 행복을 위한 모든 것을 함축하고 있는 그런 율법이었습니다. 그러므로 만약 백성들이 그 율법에 충실했다면, 그 이상의 것을 구하려 할 필요가 없었을 것입니다. 모든 면에서 이미 율법의 인도를 받고 있었을 것이기 때문입니다.

그리고 진실로 그 율법을 말씀하신 이는 하나님이시므로 이는 완전한 교훈입니다. 게다가 **"언약"**이라는 표현이 나오고 있습니다. 이 표현은 하나님께서 언약을 세우시고 그 언약서를 두 통으로 작성하시어 사람들과 한 통씩 나누어 가지셨다고 말씀하시는 것과 같습니다. 그리하여 그분과 우리 사이에 세워진 언약을 유지하기 위해, 어떤 사항도 잊어버리거나 무시하지 않으실 것이라는 뜻입니다.

하나님께서는 우리를 그분의 자녀로, 그리고 교회로 삼기 원하시기 때문입니다. 우리를 자신에게로 인도하기 원하시기 때문입니다. 이렇듯 하나님과 우리 사이에 이루어진 영적 결합과 관련된 모든 것들이 이 **"언약"** 이라는 단어에 포함되어 있습니다. 바로 이 모든 것들이 계약조항이 되며, 보통 어떤 계약을 체결할 때는, 양쪽의 당사자 모두가 계약조항을 정하기 때문입니다.

따라서 이것을 통해 우리는, 하나님께서는 사람들을 가르치기에 충분한 율법을 주셨으므로 사람들은 그것을 굳게 지켜야 한다고 단언하고 계신다는 것을 알게 됩니다.
　이어서 율례와 규례라는 표현이 나오고 있습니다. 하나님께서는 우리를 가르치시기 위해 이렇듯 수고하고 계십니다. 그리고 아무 것도 빠뜨리신 것이 없다고 말씀하고 계십니다. 이러한 사실을 알게 된다는 것은 정말로 놀라운 일이 아닐 수 없습니다. 그럼에도 불구하고 우리의 지혜는 너무도 순간적입니다.
　그리하여 하나님의 말씀 안에서 발견할 수 있는 것보다 더 좋은 것을 여전히 갈구하고 있습니다. 언제나 이러한 악한 호기심이 세상을 지배해왔습니다. 심지어 오늘날에도, 아무리 애써도 이 저주스러운 탐욕을 억누를 수 없다는 것을 우리는 잘 알고 있습니다. 사람들은 여전히 하나님께서 바라시는 것보다 더 지혜롭고자 합니다. 왜 그런 것일까요? 그렇다고 그분의 말씀이 선포될 때 우리에게 유익한 것을 모두 보여주신 것은 아니라는 과실을 발견한 것은 아닙니다.
　그런데도 우리는 여전히 안절부절못합니다. 하나님께서 보여주신 것 이외에도 이것저것 소유하기를 바랍니다. 우리에게는 이런 결점이 있는 것입니다. 따라서 본문의 이 부분에서 우리에게 주고 있는 권고를 더욱 분명하게 기억해야 할 것입니다.
　다시 말해서, 하나님께서 우리의 선생 되심을 받아들인다면 우리는 그분의 학교에서 완전한 모든 지혜를 배울 수 있게 될 것입니다. 그분의 율법은 우리를 지혜롭게 하기에 충분한 능력을 가지고 있기 때문입니다. 게다가 (지금까지 말씀드려왔던 것처럼) 율법에는 우리가 하나님과 연합할 수 있게 만드는 모든 것들이 들어있습니다.[1] 그리고 우리의 온전한 행복과 영광이 이 율법에 있습니다. 더욱이 율법은 우리에게 바르게 행하는 법을 보여줍니다.

그러므로 하나님께서 허락하신 것이 무엇인지를 다른 곳에서 구할 필요가 없습니다. 율법을 통해 하나님의 율례와 규례를 얻을 수 있기 때문입니다. 따라서 하나님께서 정해 주신 한계를 넘어서지 않을 때 비로소 우리의 삶이 하나님을 기쁘시게 해드릴 수 있음을 잘 알 수 있게 되며 또한 확신할 수 있게 되는 것입니다. 하지만 우리가 율법에 무언가를 첨가한 후에, 하나님께서 그것을 의로운 것으로 혹은 선한 것으로 인정해 주실 것이라 생각해서는 안되겠습니다. 그분은 이미 우리에게 필요하고 유용한 것이라면 그 어떤 것도 잊지 않으셨기 때문입니다.

그리고 이 율례와 규례 두 가지는 특별히 언급되어야 할 충분한 가치를 지니고 있습니다. 이것들은 우리로 하여금 하나님의 이름으로 날마다 우리에게 반포되고 있는 교훈을 중요하게 여기도록 만들기 때문입니다. 이렇게 우리는 율법이 완전한 지혜라는 것을 알게 되었습니다. 따라서 모든 지혜를 쏟아 이 율법을 붙드는 것이 마땅하지 않습니까? 하나님께서는 늘장 부리지 않으시고 끊임없이 일상적으로 우리를 가르치신다는 것을 알게 되었습니다.

따라서 우리 역시 그분에게서 유익을 얻고자 관심을 기울이고 부지런히 구해야 하지 않겠습니까? 물론 우리는 마땅히 그러해야 함에도 불구하고 처음에는 잘 이해하지 못합니다. 그렇다 할지라도 무지에서 해방될 그

---

1) 골 1:28, 신 6

때까지 평생동안 하나님의 뜻을 점점 더 알아가도록 애써야 하지 않겠습니까? 그러한 때는 우리가 이 세상을 떠난 후에야 올 것이고 그 전에는 오지 않겠지만 말입니다. 분명 모세가 행했던 것은 오늘날 우리에게 규범이자 본보기가 되어야 합니다.[2] 그는 이 일을 경솔히 하지 않았기 때문입니다. 게다가 하나님께서는 모세를 모든 선지자와 하나님의 교회에서 가르침의 책무를 맡은 모든 이들의 거울로 세우셨습니다. 그러므로 마치 한 번의 수업만으로도 충분하다는 듯이, 하나님께서 우리에게 단 하루 동안만 자신의 진리를 가르치시고자 하지는 않으신다는 것을 깨달아야 할 것입니다. 오히려 이전에 들려주신 것이라 할지라도 반복해서 들려주셔서, 그것들이 우리 안에 머물고 마음 속에 뿌리내리도록 하십니다.

그리하여 더 이상은 "난 아직 충분히 배우지 못했어"라고 변명할 수 없도록 하십시오. 게다가 우리가 의도적으로 혹은 계획적으로 행하지 않는 이상, 잘못을 저지르지 않도록 항상 준비하고 계십니다. 이와 관련하여 특별히 "브올 신전"을 언급할 수 있습니다. 이스라엘 백성들은 이 신전으로 인해 이방풍속을 좇게 되었습니다. 그렇지만, 이방인들의 우상숭배에 참여하지 않도록 하나님께서 말씀으로 거듭 강권하시는 한, 이는 또한 그들을 구제할 만한 방책이 되기도 했습니다.

실제로 그들에게 있어서, 눈앞에 계속해서 우상 신전을 두어야 하는 상황에 빠진 것은 참으로 가혹한 징벌이었습니다. 이는 마치 하나님께서 그들이 어찌하는지 지켜보셨다는 뜻으로, "나는 너희를 불러내어, 나를 섬기도록 구별해 둔 땅을 갖게 하였나니, 그곳에는 너희를 범죄케 할 만한

---

[2] 고전 1:9; 10:12

것이 없었노라. 너희 가운데 나의 성소를 세워 나의 율법에 근거하여 순전한 예배를 받게 되었을 것이라. 그 땅은 옛 이방풍속으로 더럽혀지지 않아야 했으니, 그 모든 것들이 깨끗이 씻기어져야 했음이라. 그리하여 너희는 나를 향한 기도 소리 외에는 아무 것도 듣지 못하게 되었어야 했느니라. 그러나 지금 너희는 우상의 신전이 바라다 보이고 음란하고 가증스러운 행위들이 자행되고 있는 땅 한 모퉁이에 거하고 있으니, 이는 너희 죄로 인해 감당해야 할 보응과 같노라. 너희는 내가 약속한 땅에 들어가기에 합당치 못하기 때문이라"라고 말씀하신 것과 같았습니다.

그러므로 여러분은 하나님께서 그들을 브올 신전 옆에 거하도록 하신 것 자체가 그분의 백성을 벌하기 위한 그분의 의도라는 것을 알 수 있습니다. 마찬가지로 오늘날 우리들도 우상숭배자들과 섞여 살면서 그들이 부정을 저지르거나 신앙을 변질시키는 것을 보게 된다면, 이런 식으로 하나님께서 우리를 벌하시고 있다는 것을 깨달아야 하겠습니다.

아니면 적어도 우리의 죄로 인해 우리를 겸비케 하고 계신다는 것을 깨달아야 하겠습니다. 그리고 우리는 슬퍼해야 합니다. 이는 불신자들이 범하는 죄로 인해서 뿐만이 아닙니다. 온 세상이 변화되어 신앙 안에서의 일치와 조화가 이루어지고 하나님께서 도처에서 순결한 경배를 받으시게 되는 것을 볼 자격이 우리에게는 없다는 것을 깨달을 수 있게 되기 때문입니다. 우리에게는 그것을 볼 자격이 없는 것입니다.

따라서 이방풍속이 우리 가까이에 있고 우리가 그 흔적을 보거나 그에 대한 것을 조금이라도 듣게 되는 상황에 처하게 되면, 이는 우리 자신의 죄 때문이라고 여겨야 하겠습니다. 하지만 세상이 어떻게 되어가든 간에, 하나님께서는 분명 이스라엘 백성에게 그들을 구제할 만한 충분한 방책을 주셨습니다. 모세가 율법을 가르쳤을 때, 그것은 마치 하나님께서 자신의 풍습에 빠져 눈멀고 곤고해진 자들로부터 하나님의 사람들을 구별해 내시는 것과 같았습니다.

그러므로 이 시점에서 우리는, 비록 온 세상이 변질되고 혼동으로 뒤덮여 있을지라도, 모든 것이 죄와 타락으로 가득할지라도, 하나님의 말씀을 우리의 인도자로 받아들여야 한다는 것을 유념해야 합니다. 그리고 그 말씀이 우리를 강건케 하여 온갖 이방풍속과 우상숭배를 허용하지 않도록 하신다는 것을 유념해야 합니다.

반면에 하나님께서 말씀을 주신 후에도 교만으로 가득차 신앙의 대상을 이리저리 바꾼다면, 우리에게는 더 이상 변명의 여지가 없게 되는 것입니다. 이미 말씀드린 것처럼, 하나님께서 그분의 뜻을 선포하심으로써 우리는 우리를 구속하기에 충분한 고삐를 갖게 되는 것이어야 하기 때문입니다. 온 세상은 이와는 반대의 길로 나아갔습니다.

어떤 이들은 자기 멋대로 행동합니다. 또 어떤 이들은 그럴듯한 종교를 신봉하고 있습니다. 그렇지만 우리가 한번이라도 하나님의 음성을 듣게 된다면, 그리하여 그분의 뜻을 깨닫게 된다면, 우리가 가는 길에 그러한 일들은 없어야 합니다.

그러므로 우리는 이 확실하고도 오류 없는 교훈을 쓸모 있게 하는 법을 익혀야 하겠습니다. 이 교훈이 온갖 사악한 생각들로부터, 온갖 죄로부터, 그리고 마귀가 날조해 내고 사람들이 세상에서 만들어 낸 것들로부터 우리를 이끌어낼 수 있도록 말입니다. 이렇게 하여 여러분은 모세가 브올 신전에 대해 언급하고 있는 이 부분에서 우리가 기억해야 하는 것이 무엇인지를 알게 되었습니다.

이와 더불어, 모세는 "이것은 두 왕 즉 헤스본에 살고 있는 바산의 옥왕과 시혼의 아모리 왕이 패한 후였다"라고 덧붙이고 있습니다. 모세는 이스라엘 민족이 하나님께 순종하지 않을 경우 그들을 책망하기 위한 대비책으로 이러한 상황을 언급하였습니다. 우리는 하나님께서 우리에게 많은 은혜를 베푸실수록, 우리 또한 그분을 더욱 사랑하고 경외해야 한다는 것을 알고 있습니다. 그리고 하나님께서는 스스로를 우리에게 유익을 주시는 분으로 나타내 보이셨습니다. 따라서 이제 동일한 원리로 우리 역시 그분께로 더욱 나아가야 하지 않겠습니까? 그렇습니다. 만일 우리가 어떤 사람에게 선행을 베풀었다고 해봅시다.

그런데 그가 우리가 행한 선을 감사해하지 않는다면 그는 배은망덕한 자로 여겨지고 간주되어질 것입니다. 하물며 우리가 살아 계신 하나님께 감사해 하지 않는다면 용서받을 수 있겠습니까? 따라서 모세가 여기에서 전쟁에서 패한 두 왕에 대해 일부러 언급한 것은, 이스라엘 백성들로 하여금 이를 깊이 생각해보도록 하기 위해서라는 것을 기억해야겠습니다.

이렇게 여기에서 우리는 두 번의 멋진 승리를 맛보았습니다. 그러나 이전에 우리 하나님께서 금하시는 데도 불구하고 싸우고자 했을 때는, 처참하게 격퇴 당했습니다. 이전의 상황을 비교해 본 것에 의하면, 우리에게는 힘이나 용기가 없었습니다. 반면 우리의 적들은 우리의 눈을 향해 침을 쏘아대는 말벌이나 호박벌과 같았습니다. 하지만 이제 이 힘세고 강력한 두 왕은 패하였습니다.

그리고 우리는 그에 대해 어떤 대가도 치르지 않았습니다. 하나님께서 그들을 우리 손에 넘겨주신 것입니다. 그렇다면 이 두 번의 승리를 이끈 자는 누구였습니까? 그것은 바로 모든 것을 지배하시고 다스리시는 하나님 아니셨습니까? 결국 하나님은 우리를 긍휼히 여기시고 우리의 조상들과 맺으신 약속, 이미 우리가 선한 증거를 받은 바 있는 그 약속을 이루시기 시작하신 것입니다.

따라서, 그분의 계명에 전적으로 헌신할 수 있을 정도로 그분께 자신을 내어드리고자 노력해야 하지 않겠습니까? 우리를 그분께 맡겨야 하지 않겠습니까? 하나님께서는 우리의 사랑을 얻기에 충분할 정도로 강하다는 것을 보여주셨으니 말입니다. 모세가 어떤 의미로 시혼과 옥의 패망을 다시 들려주고 있는 것인지 보십시오. 즉, 그것은, 만약 그토록 많은 은혜를 입었음에도 불구하고 하나님을 기꺼이 섬기지 않을 경우, 그 배은망덕함에 대해 이스라엘 백성들을 책망하고자 함이었던 것입니다.

이제 우리는 이 교훈을 우리 자신에게도 적용시켜야 합니다. 즉, 스스로에게서 게으름이나 무관심, 배반 등을 인식하게 될 때마다, 그리하여 우리의 육체가 그 싸움에서 실패하고, 필요한 만큼의 즐거운 마음과 담대함을 가지고 하나님을 향해 나아가려 애쓰지 않게 될 때마다, 그분께로부터 받았던 은혜를 셈하여 보아야 합니다.

"불쌍한 피조물이여, 너의 하나님께서 그분의 뜻을 보이셨는데도 너는 그분께 충실하고자 하지 않으니 어찌 그럴 수 있단 말이냐? 네가 그분으로부터 받은 것을 생각해 보아라. 그분이 지금까지 베푸신 은혜를 생각해 보아라"라고 생각하면서 말입니다. 우리 모두는 우리가 하나님께 얼마나 많은 빚을 졌는지 살펴보아야 하겠습니다. 더욱 열심을 내어 하나님을 섬길 수 있도록 말입니다.

그리고 그분이 우리를 창조하셨을 뿐만 아니라 그에 더하여 우리 주 예수 그리스도의 보혈로 우리를 구속하셨다는 것을 깨달아야 하겠습니다.

애굽에서 이스라엘 백성을 구속하신 것처럼 말입니다. 또한 하나님께서는 은혜로 우리를 자신에게로 인도하셨을 뿐만 아니라 복음의 교훈을 주셨습니다. 이는 우리를 자신의 보호 아래 두시고자 한다는 것과 같습니다.

그리고 결과적으로 우리에게 매일 그 사실을 보여주고 계십니다. 우리의 연약함으로 말미암아 우리가 하나님의 도움과 원조를 얼마나 많이 받아왔습니까? 우리 하나님께서 손을 뻗어 구원해주지 않으셨다면 사탄에게 수천 번도 더 정복되지 않았겠습니까? 분명 우리는 완전히 거꾸러졌을 것입니다. 말씀드린 바와 같은 그런 구원이 없었다면 우리는 유혹에 휩싸일 뿐만 아니라 완전히 삼키움 당했을 것입니다. 이렇듯 우리 주님께서는 매일 우리를 그분의 은혜 안에 확고하게 세우십니다.

따라서 우리는 이 부분에 기록되어 있는 바를, 그분을 더욱더 열심히 섬길 수 있는 근거로 삼아야 하겠습니다. 계속해서 모세는 이스라엘 백성에게 **"주께서 너희들에게 선포하신 율법을 듣고 그것을 배우며 지키라"**라고 덧붙여 말하고 있습니다.

여기에서 모세는 우리가 이제까지 살펴본 서문을 또다시 되풀이해서 들려주고 있는 것입니다. 다시 말해서, 하나님의 율법은 사람들로 하여금 단순히 이를 듣고 그 내용이 무엇인지를 알도록 하기 위해 주어진 것이 아니라는 것입니다. 이는 우리가 율법으로 인해 순전해지도록 하기 위한 것입니다. 또한 하나님께서 우리가 그분께 복종하고 있다는 증거를 얻을 수 있도록 하기 위한 것입니다. 요컨대, 하나님의 교훈은 행함에 있습니다.

그리고 우리는 우리의 행동을 통해 헛되이 배우지 않았다는 것을 보여주어야 합니다. 여기에서 모세는 먼저 "내가 너희들의 귀에 선포한 율법을 듣고 배우라"고 말하고 있습니다. 그것은 마치 하나님께서 그분의 이름과 직권으로 우리에게 선포하신 교훈을 하나라도 땅에 떨어뜨리지 않도록 하셨다고 말하는 것과 같습니다. 부지런히 그 교훈을 받아 그것에 온 마음을 기울여야 한다고 말하는 것입니다.

따라서 우리가 세상 일로 너무 바쁘기 때문이 아니라면, 하나님의 말씀으로부터 별다른 유익을 얻지 못하는 이유가 무엇이겠습니까? 설교를 듣고 있다 할지라도 혹은 성경을 읽고 있다 할지라도, 그것은 단지 그렇게 하는 것이 유행에 불과하기 때문입니다.

우리는 들은 바대로 행하기 위해 충분히 노력하고 있지 않습니다. 그런 까닭에, 하나님께서 자비를 베풀어 말씀으로 가르치시는 동안, 우리는 이를 부지런히 배우는 학생이 되어야 한다는 것을 깨달아야 하겠습니다. 같은 이유로, 모세는 **"하나님께서 너희 귀에 선포하신 것"**이라고 말하고 있습니다. 이런 식의 표현은 사실 우리에게는 어색한 것일 수도 있습니다. 그렇지만, 이는 하나님께서 우리에게 애매하거나 낯선 언어로 말씀하신 것이 아니라는 뜻을 담고 있습니다. 필요한 만큼 매우 친숙하게 말씀하고 계신다는 것입니다.

이런 식으로 하나님께서는 우리로 하여금 그분의 뜻을 쉽게 알아들을 수 있도록 하시기 위해 우리에게 내려오십니다. 따라서, 그분의 말씀이 유실되거나 사라진다면, 혹은 우리가 그 말씀을 유익하게 사용하기 위해 붙잡고 있지 않는다면, 이에 대해 어떻게 변명할 수 있겠습니까? 사실 우리는 우둔하고 무지합니다. 때문에, 하나님의 말씀이 매우 모호하게 들릴 것입니다. 우리에게는 너무도 고차원적이고 심오한 것이라 여겨질 것입니다. 하지만 그것이 누구의 잘못입니까?

따라서 하나님의 말씀은 도대체 이해할 수 없는 말뿐이라고 불평하는 사람은 거짓말을 하고 있는 것이라는 비난을 면치 못하게 된다는 것을 명심해야 하겠습니다. 이는, 율법이 선포됨으로써 이스라엘 백성들에게 부여되었다고 모세가 증언했던 은혜를 부인하고 멸시하는 것이 됩니다. 그로 인해 그들은 하나님을 중상모략하는 죄를 짓는 것이 됩니다.

모세는 그 당시 하나님께서 자신의 입으로 백성들의 귀에 말씀하셨다고 말하고 있기 때문입니다. 그러므로 그 교훈은 그들에게 충분히 친숙한 것으로 받아들여져야 합니다. 하물며 오늘날 우리 역시 성경에 담겨 있는 내용을 이해할 수 없다는 핑계를 고집할 수 있을 만한 근거가 없습니다. 하나님께서는 우리가 충분히 알아들을 수 있을 정도로 단순하게, 그리고 친숙하게 말씀하고 계시기 때문입니다. 우리의 귀가 그분의 말씀을 듣는 것을 지루해 하기를 바라는 이는 우리 자신뿐입니다.

그러므로 우리에게 남겨져 있는 일은 오직 그 교훈을 통해 유익을 얻을 수 있도록 주의를 기울이는 것뿐임을 유념해야 하겠습니다. 하지만 이와 더불어, 우리는 제가 앞서 다루었던 바를 의뢰해야 합니다. 즉, 그것은 바로 "그것을 지키고 온전히 좇아야 한다"라는 것입니다. 우리가 다만 하나님의 말씀에 전적으로 동의하고 그것이 선하고 참되며 거룩하다는 것을 입증한다면,[3] 하나님께서는 크게 기뻐하실 것이기 때문입니다.

그렇다면 어떻게 해야 하겠습니까? 보십시오, 하나님은 자신이 우리의 주인이 되시는지 그렇지 않은지 시험해 보기 원하십니다. 그러므로 우리는 그분이 우리에게 말씀하시는 것이 무엇인지 묻는 것만이 우리의 삶을

---

3) 롬 7:12, 14.

지배하는 중요한 문제가 되도록 해서는 안됩니다. 우리 자신의 바램과 정욕을 넘겨드려야 합니다.

그분을 기쁘시게 하는 것 외에는 그 어떤 것도 바라지 않아야 합니다. 그분과 그분의 의로 다스림 받아야 합니다. 우리가 그러한 지점에 다다를 때, 비로소 하나님께서 우리에 대하여 마땅히 가지셔야 할 권세를 갖고 계시다는 것을 충분히 증거하게 되는 것입니다.

반면 우리가 거기에 이르기 전까지는 결코 그분의 가르침으로부터 유익을 얻었다는 것이 무엇인지 알 수 없을 것입니다. 그러므로 하나님의 말씀을 듣는 사람들은 항상 "행하라" 혹은 "이행하라"라는 단어를 상기해야 하겠습니다. 왜 그런 것입니까? 보십시오, 하나님은 우리에게 가르침받을 은혜를 주셨습니다. 그렇다면 무엇을 위해 주셨을까요? 그것은 우리로 하여금 단지 그 가르침을 청종하여 "맞습니다." "그렇습니다." "좋습니다"라고 말하도록 하기 위한 것이 아닙니다.

이는 우리의 삶 전체가 변화되도록 하기 위한 것입니다. 그분의 규범은 선하고 신뢰할 만한 것이므로, 우리가 과거에 했던 것과 같이, 무지하고 가련한 사람들이 하고 있는 바와 같이, 길을 잃는 일이 더 이상 없도록 하기 위한 것입니다.

지금도 이 무지하고 가련한 사람들은 정도(正道)에서 벗어나 길을 헤매고 있습니다. 우리가 받은 가르침을 얻지 못했습니다. 바로 이 교훈이 하나님께서 우리를 다스리실 수 있도록, 그리고 우리가 그분께 복종할 수 있도록, 우리를 단련시켜야 하는 것입니다.

그러므로 여러분은 모세가 이 서문의 내용을 백성들에게 증거함으로써 진짜로 말하고자 했던 바가 무엇인지를 알게 되었습니다. 즉, 그가 이스라엘 백성들에게 율법을 반포한 것은 단순히 이를 듣고 그 소리로 인해 귀가 울리도록 하기 위한 것이 아니라는 것입니다. 그것을 깨닫고 지키도록 하기 위한 것이었습니다.

이를 확증하기 위해 모세는 "하나님께서 호렙산에서 백성들과 언약을 세우셨으므로"라고 진술하고 있습니다. 이는 그들로 하여금 영원히 하나님을 더욱 경외하고 순종하도록 만들기 위한 것입니다. 만일 하나님께서 자신의 권리만을 강요하셨다 할지라도, 우리에게는 그분께 충실하고 그분의 계명을 충실히 지켜야 할 충분한 의무가 있습니다.

하지만 하나님께서는 한없는 선하심으로 말미암아 상호조약을 맺기 원하셨습니다. 그렇게 하실 필요가 없는데도 하나님께서는 스스로를 우리에게 구속하셨습니다. 그렇게 우리의 아버지이자 구세주가 되어 주신다고 맹세하셨습니다.

그분의 보호 아래에서 살 수 있도록, 우리를 그분의 자녀로, 그분의 상속자로 받아주실 것이라고 맹세하셨습니다. 그리고 우리에게 영원한 생명을 제시하고 계십니다. 하나님께서는 우리를 위해 이 모든 것들을 하고 계신 것입니다. 따라서 우리의 마음이 돌과 같다 할지라도 이제는 누그러져야 하지 않겠습니까? 이제 피조물들은 살아 계신 하나님께서 그 정도까지 자신을 낮추시고 자신들과 조약을 맺어주신다는 것을 알게 되었습니다.

마치 하나님께서 "자, 우리가 어떤 상황에 처해 있는지 살펴보도록 할지니, 실로 너희와 나 사이에는 한없는 거리가 있노라. 나는 너희와 상관없이 내가 선하다고 여기는 것을 너희에게 명할 수 있을 뿐더러, 너희는 내게 가까이 나아올 만한 자격도 없느니라. 뿐만 아니라 '이것이 내가 너희에게 명하려 하는 것이라. 이것이 내 생각이니라' 라는 말만으로도 자신이 바라는 것을 너희에게 명할 수 있는 존재에 대해 알만한 자격도 없느니라. 하지만 그럼에도 불구하고, 나는 나의 권리를 포기하나니, 너희의 인도자이자 구세주가 되려 하노라. 나는 기꺼이 너희를 다스릴 것이며 너희는 나의 어린 자녀가 되리라. 너희가 나의 말을 충족히 여긴다면 나는 너희의 왕이 될 것이라. 더불어, 내가 너희 조상들과 언약을 맺은 것이 너희에게서 무언가를 얻고자 함이라 생각지 말지니, 나는 어떤 것도 필요하지 않고 어떤 것도 부족하지 않음이라. 만일 내게 그러한 것이 있다 할지라도 너희가 나를 위해 무엇을 할 수 있단 말이냐. 다만 나는 너희가 행복과 구원을 얻을 수 있도록 할 뿐이라. 그러므로 기꺼이 너희와 언약을 맺고 나 스스로 너희에게 구속되고자 하노라"라고 말씀하시는 것과 같습니다. 살아 계신 하나님께서 이렇듯 자신을 낮추고 계십니다.

여러분, 그러므로 우리가 그분 앞에서 겸비치 않고 온갖 자만과 위엄을 버리지 않는다면, 이는 더할 나위 없이 배은망덕한 것이 되지 않겠습니까? 따라서, 여기에서 모세가 자신의 백성과 맺었던 하나님의 언약에 대해 말하고 있는 데에는 분명한 이유가 있었던 것입니다.

즉 그것은 하나님의 선하심과 그분의 은혜를 알리기 위한 것이었습니다. 그리고 만일 이러한 일은 율법의 시대에나 일어날 법한 일이라 한다면, 오늘날에도 이와 다르지 않아야 할 만한 훨씬 더 분명한 이유가 있습니다. 이는, 우리 주님이 유대인들과만 언약을 맺으셨다거나 혹은 그 언약이 단지 그 시대 동안에만 유효하도록 하신 것이 아니기 때문입니다.

독생자를 보내심으로써 주님께서 우리의 아버지이시자 구세주이시라는 것을 보여주셨습니다. 이는 이전에 행하셨던 것보다도 훨씬 더 완전히 보이신 것이었습니다. 그리고 최대한 부드럽고 다정한 방법으로 그렇게 하셨습니다. 결국 이것은 하나님께서 우리에게 그분의 진정을 보여주신 것과 같습니다. 이렇듯 하나님께서는 우리 주 예수 그리스도의 인격 안에서 자신의 중심을 우리에게 주셨습니다.

그리고 우리는, 그리스도께서 이제부터는 우리를 종이라 부르지 않으시고 친구라 부르실 것이라고 하신 말씀을 들었습니다.[4] 우리에게 너무도 다정하게 자신을 알리셨기 때문입니다. 여러분, 그런데도 여전히 우리에게 그분께 전적으로 우리 자신을 내드리고자 하는 마음이 생기지 않는다면, 우리 자신과 우리의 모든 정욕을 버리고자 하는 마음이 생기지 않는다면, 당연히 마귀가 우리를 미혹케 하려 하지 않겠습니까?

그러므로 만약 하나님을 섬기는 것을 방해하는 어떤 죄악이 우리 안에 존재한다는 것을 느끼게 되거나 나태함을 발견하게 된다면, 혹은 이 세상 속에 너무 깊이 잠들어 있다면, 깨어나기 위해, 하나님을 찬미하기 위해, 주님께서 우리와 맺으신 이 언약을 상기해야 하겠습니다.

이제 이와 관련하여 모세는 "이 언약은 여호와께서 우리 열조와 세우신 것이 아니요 우리와 세우신 것이라, 오늘날 여기 살아 있는 우리 곧 우리와 세우신 것이라"라고 덧붙이고 있습니다. 이 말은 두 가지 의미로 이해될 수 있습니다.

이는 마치 모세가 두 무리를 비교한 것으로 여겨질 수 있기 때문입니다. 그가 이렇게 비교한 것은 그 당시에 살았던 백성들이 하나님을 섬기는 데 있어서 더욱 열심을 냈어야 했음을 좀더 효과적으로 보여주기 위한 것입니다. 그들은 조상들보다 더 많은 은혜를 받았기 때문입니다.

---

4) 요 15:15

이 때문에 그는 출애굽기에서 "나는 나를 이 이름으로는 너희 조상들에게 알리지 아니하였고"[5]라고 전하고 있습니다. 그 책에서 모세에게 말씀하실 때, 하나님께서 아브라함과 이삭과 야곱에게는 모세에게 하셨던 것과 같이 그토록 분명하게 자신을 계시하지 않으셨다고 말씀하고 계시는 것입니다. 이로써, 모세는 그 백성들이 지금보다 더 주의를 기울여야 한다고 말하고 있는 것입니다.

이는 하나님께서 그들에게 기묘한 방법으로 자신을 나타내셨기 때문입니다. 그러므로 이 본문의 의미는 하나님께서 우리와 맺으신 언약과 동일한 언약을 우리 조상들과 맺으신 것이 아니라는 뜻이 될 수 있습니다. 사실 하나님께서는 자신의 종 아브라함과 이삭과 야곱에게 말씀하셨습니다. 그리고 그들은 충분한 가르침을 받았습니다.

또한 창세기 18장에는 "내가 지금 소돔과 고모라에 하려는 것을 나의 종 아브라함에게 숨기겠느냐? 나는 그가 그의 권속에게 나의 공도와 규례, 의와 법도를 가르치리라는 것을 아노라"[6]라고 분명하게 기록되어 있습니다. 여기에서 우리는 아브라함이 그의 권속들을 충분히 가르쳤다는 것을 알 수 있습니다. 그는 어설프게 하지 않았습니다. 오직 하나님의 의와 율례와 규례로 가르쳤습니다. 결국 그는 하나님의 율법을 마음 깊이 새겼다고 말할 수 있습니다.

하지만 그럼에도 불구하고, 하나님께서는 자신의 율법을 두 개의 돌판으로 주시고 그것을 통해 끊임없이 그들을 가르치려 하셨습니다. 또한 우리를 위해 이 모든 내용들이 기록되도록 하셨습니다. 이는 결코 멸시할

---

5) 출 6:3 6) 창 18:17, 19

수 없는 은혜였던 것입니다.

그러므로 우리가 이 본문에서 추측할 수 있는 것은 모세가 이 사실을 백성들에게 분명하게 말하고자 했다는 것입니다. 이는 마치 "형제들이여, 하나님께서 오늘 여러분에게 베푸신 은총을 깊이 생각해 보십시오. (진실로) 우리 열조들에게는 이러한 은총을 허락한 바가 없으십니다. 그들에게는 우리에게 하신 것처럼 기록된 율법을 주신 바도, 이를 이해하기 쉽게 상세히 풀어 주신 바도 없으시기 때문입니다.

사실 그들에게도 구원을 위해 필요한 것을 충분히 가르치셨습니다. 하지만 보십시오, 오늘날 우리는 그들보다 더 높은 단계로 나아감을 입었습니다. 그러므로 그분께 더 가까이 나아가야 합니다. 그분이 우리에게 내려오셨기 때문입니다"라고 말입니다. 우리가 본문을 이런 식으로 해석하는 것이 바로 모세가 의도한 바인 것입니다.

오늘날도 마찬가지로, 하나님께서 우리 조상들에게는 우리를 대하신 것과 같이 대하신 적이 없다고 말할 수 있을 것입니다. 그리고 우리 주 예수 그리스도께서 제자들에게 말씀하셨을 때, "많은 왕들과 선지자들이 너희 보는 바를 보고자하고 너희에게 선포된 바를 듣고자 하였으되 보지도 듣지도 못하였으며"[7]라고 하신 바 있습니다.

결국 "이 선지자들이 자기 시대를 위한 것이 아니요 우리 시대를 위해 예비되었으니"[8]라는 기록에 따라, 한없는 자비의 하나님께서 족장들과 선지자들 앞에서 우리를 택해 주신 것입니다. 따라서 우리는 그분을 의뢰하고 그분의 교훈에 전적으로 헌신하는 법을 익혀야 합니다.

---

7) 마 13:17, 눅 10:24. 8) 벧전 1:12.

이는 더할 나위 없이 유익하며 성경에도 이와 비슷한 권고들이 종종 눈에 띕니다. 하지만 그렇다 할지라도, 모든 것을 고려해보고, 모든 말씀을 잘 숙고해보면, 모세가 말하고자 한 것은 하나님께서 율법을 처음 반포하실 때 이를 들었던 사람들과만 언약을 세우신 것이 아니라는 것입니다.

다시 말해서, 하나님께서 그들과만이 아니라 그들의 후손들, 그들의 뒤를 이어 그들의 자리를 계승한 자들과도 언약을 세우셨다는 것입니다. 요컨대, 모세가 여기에서 보여주려 한 것은, 율법은 그것을 처음 들은 자들이 살아있는 동안만 지속되는 유한한 것이 아니라는 것입니다.

이는 영원히 유효하며 권세를 갖는 교훈이라는 것입니다. (그가 말하기를) "주 우리 하나님은 우리 조상들과 언약을 세우신 것이 아니었습니다. 다시 말해서, 그분은 단지 우리 조상들만이 자신의 백성이 되도록 하신 것이 아니었습니다. 자신의 율법이 단지 40년이나 50년 동안만 유효하도록 하기 위해 그들과 연합하신 것이 아니었습니다.

우리와도, 그리고 율법이 반포될 당시에는 아직 태어나지도 않은 자들과도 언약을 맺으신 것입니다. 그러므로 비록 여러분들이 호렙산에 있지는 않았지만, 그 산에서 불을 보지는 않았지만, 여러분의 하나님께서 동일하게 여러분을 자녀 삼으셨고, 그분이 세우신 언약 속에 여러분 역시 포함시키셨다는 것을 확신하십시오.

결국 이러한 확신이 여러분으로 하여금 하나님의 율법을 준수하도록 만듭니다. 그것은 영원히 지속되고 세대를 초월하여 존속되며 세상 끝까지 선포되도록 제정된 것이기 때문입니다" 이것이 바로 모세가 말하고자 한 바인 것입니다. 그리고 우리는 이로부터 적합한 교훈을 이끌어 낼 수 있습니다.

즉, 비록 우리가 복음이 처음 선포되었던 시기에는 존재하지도 않았고, 율법에 대해 우리에게 기록된 것을 본 적도 없지만, 하나님의 말씀이 우리에게서 그 권세를 얻지 못해서는 안 된다는 것입니다. 왜 그렇습니까? 사실 하나님께서 모세를 들어 사용하신 것은 그 당시 살았던 사람들에게 하나님께서 주신 특권이었습니다. 그럼에도 불구하고, 그것으로 인해 율법의 권세를 문제삼아서는 안됩니다.

그것은 영원히 지속되는, 하나님의 진리를 담고 있으므로 인간의 방법처럼 변화하거나 일시적인 것에 불과하지 않습니다. 사람은 꽃이나 풀과 같아서 곧 시들고 마르지만,[9] 하나님의 진리는 영원히 불변하다고 기록되어 있습니다. 이렇듯 절대로 바뀌거나 변하지 않는 진리가 율법에 담겨 있습니다.[10]

사실 예식과 관련한 율법은 완전히 폐하여졌습니다.[11] 하지만 그 본질이나 그것이 담고 있는 교훈과 관련한 율법은 영원히 유효하며 결코 쇠하지 않습니다.[12] 이제 우리가 주목해야 할 것은, 비록 우리가 모세의 시대에 살지 않았다고 해서 [그 당시에] 행해졌다고 기록되어 있는 것들을 우리가 멸시해도 좋다는 의미가 되지는 않는다는 사실입니다.

왜 그렇습니까? 그 이유는 모세가 바로 우리에게도 말하고 있었기 때문입니다. 그는 호렙산에 모여있던 군중들에게만 말하고 있는 것이 아니었습니다. 전 세계를 향해 말하고 있는 것이었습니다. 율법이 이렇다면, 복음은 말해 무엇하겠습니까! 이미 말씀드린 대로, 그림자나 표상과 관련한

---

9) 사 40:6~8, 벧전 1:24, 시 103:15.
10) 시 117:2; 119:90, 152, 160, 벧전 1:25.
11) 시 119:142; 146:6, 고후 3:11, 엡 2:15, 골 2:14, 히 9:10~11.
12) 마 5:17~18, 히 8:8,9,13.

율법은 쇠하여 사라지고 없습니다. 하지만 복음은 그렇지 않습니다. 여기에서 우리 주님은 새롭고 영원한 언약을 세우고 계시기 때문입니다.[13] 그것은 세대를 초월하여 [부단히] 지속되는 언약입니다.

그렇다면 복음이 선포될 때 어떻게 해야합니까? 우리는 하나님의 아들이 육신을 입은 인간이셨을 때 교제하셨던 자들만을 가르치기 위해 세상에 오신 것이 아님을 확신해야 합니다.[14] 하나님 아버지를 위해 그들을 구속하시고 세상을 구원으로 초청하시기 위해 오신 것입니다. 이 일을 행하도록 사도들을 보내어 온 세상에 전파하게 하셨습니다.[15] 그들이 결코 들어본 적이 없는 하나님의 교훈에 참여할 수 있도록 말입니다.

오늘날 우리 역시 마찬가지로, 마치 예수 그리스도께서 여전히 우리 가운데 계신 것처럼, 마치 사도들이 우리에게 직접 선포하고 있는 것처럼, 이 교훈을 받아야 합니다. 그것이 우리가 이 구절에서 기억해야만 하는 바인 것입니다.

그러므로 우리는 하나님의 교회를 조금이라도 변화시키려 해서도, 그분의 말씀을 혁신하려 해서도 안됩니다. 그분이 바라는 것은 교회가 계속해서 한결같은 과정과 행로를 견지하는 것이기 때문입니다. 그분은 우리에게 복음을 주셨습니다. 그리고 사도시대와 초대교회를 통해 확실한 통치권을 확립하셨습니다. 이러한 사실은 우리로 하여금 동일한 곳으로 나아오게 만들고 또한 거기 머물러 있게 합니다. 만일 우리가 다른 식으로 행한다면, 그것은 우리가 하나님의 말씀을 우리 자신처럼 유한하고도 타락하기 쉬운 것으로 만들려는 것과 같습니다.

---

13) 히 8:8~10. 14) 마 17:5.
15) 마 28:19, 막 16:15,16.

그런 까닭에 비록 세상이 변화무쌍하여 매일 전환과 복귀를 겪으며, 우리 중 누구나 수많은 의견들이 머릿속에 떠오른다 할지라도, 그럼에도, 우리는 오늘은 이것을, 내일은 저것을 행할 자유를 갖고자 해서는 안 된다는 것을 깨달아야 하겠습니다.

왜 그렇습니까? 그 이유는, 하나님께서 우리 조상들과 언약을 세우신 것이 아니라 오늘 살아있는 우리와 하신 것이기 때문입니다. 따라서, 우리가 이 세상에 속해 있는 한, 하나님께서 여기 이 세상에서 우리를 다스리신다는 것을 깨달아야 하겠습니다. 우리가 우리 자신의 욕망을 좇아 이리저리 배회하는 떠돌이 순례자처럼 되지 않도록 우리에게 길을 보여주신다는 것을 깨달아야 하겠습니다. 마치 그분 손으로 인도해 주시는 것처럼 말입니다. 요컨대, 모세가 여기에서 "오늘날 여기 살아있는 우리"라고 말하는 것은 사람들이 평생 어떤 새로운 율법을 만들어 내거나, 오늘은 이 율법을, 내일은 또 다른 율법을 가지는 식이 되어서는 안 된다는 것을 보여준 것입니다.

왜 그렇습니까? 바로 우리의 삶은 하나님의 율법에 종속되어 있으며 우리는 그것으로 만족해야 하기 때문입니다.[16] 그러므로 오직 그 안에서만 유익을 얻고 그리로 가는 것들만 주목해야 하겠습니다. 더욱이, 만약 이스라엘 백성들이 자신들의 삶을 바쳐 하나님을 섬기지 않을 경우, 모세가 이러한 배은망덕함을 신랄하게 비난하리라는 것은 의심할 여지가 없습니다. 그는 이렇게 말하고 있는 것과 같습니다. "어떻게 우리가 살아있습니까? 그것은 우리 주님이 이 세상에 우리를 두셨기 때문 아닙니까? 또한 우리

---

16) 레 18:5, 겔 20:11, 롬 10:5, 갈 3:12.

의 생명은 그분으로부터 왔습니다. 그러므로 그분을 섬기는 데 우리의 생명을 드려야 하지 않습니까? 그분의 뜻에 전적으로 바쳐야 하지 않습니까?"라고 말입니다. 결국 여러분은 하나님의 말씀을 벗어나 이를 좇지 않는 자들을 모세가 어떻게 비난하고 있는지 알게 되었습니다. 이와 더불어, 우리는 제가 앞서 다루었던 바를 명심해야 합니다.

다시 말해서, 우리는 이삼일 정도만 지속되는 교훈을 가지고 있는 것이 아닙니다. 우리가 살아있는 동안 계속해서 이 교훈 안에 확고히 서 있어야 합니다. 일단 우리가 성경에 담겨있는 것을 받아들였다면, 그로부터 유익을 얻고자 해야 합니다. 하나님께서 우리를 이 세상에서 취하여 가실 때까지 그 안에서 자라갈 수 있도록 행해야 합니다.[17] 그분은 우리와 세우신 언약을 지키시고 불성실하거나 변개함이 없으시며 그 목적을 확고하게 이루어 가시리라는 것을 확신하면서 말입니다. 그분은 그러한 분이십니다. 따라서 우리도 동일하게 행해야 합니다.

그리고 우리가 살아있는 동안 하나님께 충실하고자 하는 것에만 관심 가져야 하겠습니다. 하나님께서 말씀을 통해 보여주신 것처럼 말입니다. 우리의 취향에만 맞추어 우리 하나님과 하나되고 연결되려 해서는 안됩니다. 우리에게 오신 그분 그대로의 모습으로 보아야 합니다. 그렇게 그분께 나아가야 합니다.

그리고 그곳에 다다른 후에는, 그곳에 자신을 남겨 두도록 주의해야 합니다. 이렇게 해서 여러분은 이 본문에서 우리가 얻어야 하는 것이 무엇인지를 알게 되었습니다. 그리하여 하나님의 율법과 계명과 관련하여, 이

---

17) 빌 3:12, 엡 4:15.

후에 우리가 얻게 될 가르침을 더욱 잘 받아들일 수 있도록 말입니다.

이제 우리의 죄를 시인하고 우리의 선하신 하나님의 임재 앞에 무릎 꿇도록 합시다. 우리가 행했던 것보다 더 절실하게 그 죄들을 느끼도록 해달라고 기도합시다. 그리하여 그분께 복종하기 위해 모든 노력을 다 할 수 있도록 해달라고 합시다.

우리가 우리 자신의 망상과 정욕에 우리를 더 이상 내어준바 되는 것을 묵인하지 않으시고, 우리에게 손을 뻗어주시기를 간구합시다. 오직 우리를 향해 베푸신 그분의 선하심을 찬미할 수 있도록 해달라고 기도합시다. 그리고 그분께 합당한 순종을 드림으로써 그분의 선하심에 따라 더욱 평안할 수 있도록 해달라고 간구합시다.

이는 특별히 하나님께서 우리를 율법으로 인도하시고 우리에게 그 율법을 선포하셨기 때문입니다. 우리에게 어떻게 하는 것이 잘 사는 길인지를 보여주셨을 뿐만 아니라 우리를 자녀로 삼으시고, 우리 주 예수 그리스도를 통해 하나님은 우리의 아버지이시며 구세주이시라는 것을 충분히 보여주셨기 때문입니다. 하나님은 이 은혜를 우리뿐만 아니라 모든 백성에게 주시기를 기뻐하실 것입니다.

차 례

- 서문 (신 4:44~5:3) _4

- 제1계명 _31
  너는 나 외에는 다른 신들을 네게 있게 말지니다 (신 5:4~7)

- 제2계명 _57
  너를 위하여 새긴 우상을 만들지 말고 그것들을 섬기지 말라 (신 5:8~10)

- 제3계명 _87
  너는 너의 하나님 여호와의 이름을 망령되이 일컫지 말라 (신 5:11)

- 제4계명 _115
  (1) 안식일을 기억하여 거룩히 지키라 (신 5:12~14)
  (2) 안식일을 기억하여 거룩히 지키라 (신 5:13~15)

- 제5계명 _171
  네 부모를 공경하라 (신 5:16)

- 제6계명 _199
  살인하지 말지니라 (신 5:17)

- 제7계명 _227
  간음하지 말지니라 (신 5:18)

- 제8계명 _255
  도적질 하지 말지니라 (신 5:19)

- 제9계명 _283
  네 이웃에 대하여 거짓 증거하지 말지니라 (신 5:20)

- 제10계명 _311
  네 이웃의 집을 탐내지 말지니라 (신 5:21)

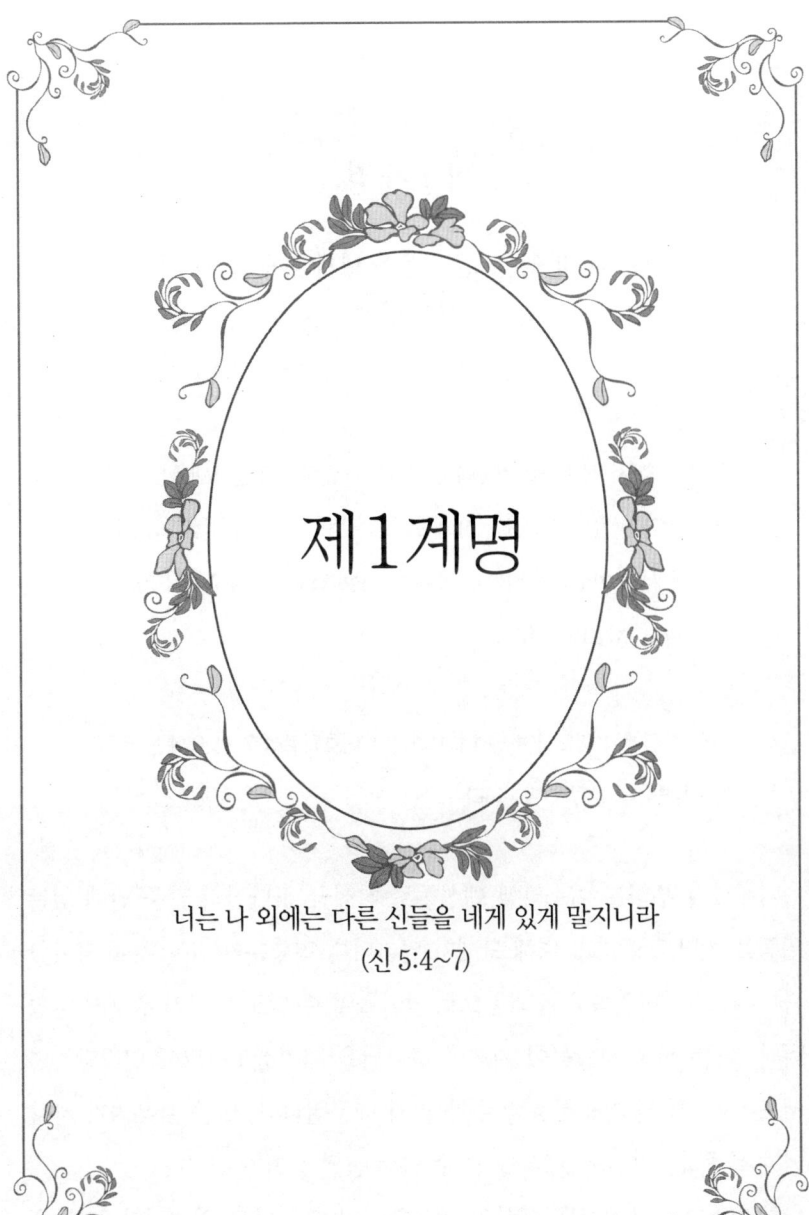

제1계명

너는 나 외에는 다른 신들을 네게 있게 말지니라
(신 5:4~7)

제 1 계명

너는 나 외에는 다른 신들을 네게 있게 말지니라
(신 5:4~7)

4 여호와께서 산 위 불 가운데서 너희와 대면하여 말씀하시매 5 그 때에 너희가 불을 두려워하여 산에 오르지 못하므로 내가 여호와와 너희 중간에 서서 여호와의 말씀을 너희에게 전하였노라 여호와께서 가라사대 6 나는 너를 애굽 땅에서 종

되었던 집에서 인도하여 낸 너희 하나님 여호와로라 7 나 외에는 위하는 신들을 네게 있게 말지니라

이제까지 우리는 이스라엘 백성들로 하여금 하나님의 말씀 안에 있는 위엄을 깨닫도록 하기 위해 모세가 얼마나 노력했는가 하는 것을 보아왔습니다. 그들이 말씀을 경외함으로 받아들일 수 있도록 하기 위해서 말입니다. 이는 비록 사람들이 기꺼이 하나님을 섬기겠노라고 호언장담하면서도, 여전히 말씀에 복종할 수가 없기 때문입니다. 말씀은 우리가 하나님께 복종하는가 하는 여부를 알 수 있는 참된 증거가 됩니다.

하지만 이들에게서는 세상의 패역함만이 드러나고 있습니다. 그들은

아무런 이의 없이 순순히 하나님의 말씀을 받아들여야 한다는 것을 인정합니다. 그럼에도 불구하고, 백 명 중 한 명이라도 하나님의 말씀에 합당한 권세를 부여하기 위해 열심을 다하여 자신을 겸비하는 사람을 찾을 수 없습니다. 도대체 왜 그런 것일까요? 그것은 여기에 나타나 있는 하나님의 위엄을 우리가 전혀 이해하지 못하고 있기 때문입니다. 따라서 여러분은 모세가 이제까지 종종, "하나님의 말씀은 우리에게서 모든 피조물이 두려워 떨 만큼의 위엄을 가지고 있어야 한다"라고 말했던 것이 무의미한 일이 아니라는 것을 알게 되었습니다.

그리고 지금 다시 한 번 그는 이 문제와 관련해 또 다른 증거를 덧붙이며 "하나님께서 산 위 불 가운데서 너희와 대면하여 말씀하시매"라고 말합니다. 이것은 "지금 여러분은, 제가 여러분에게 선포한 교훈이 하나님으로부터 난 것인지 사람으로부터 난 것인지 의심할 이유가 없습니다. 그것은 이미 충분히 입증되었기 때문입니다. 하나님께서는 가시적이고도 분명한 표적들을 통해 여러분에게 스스로를 나타내셨습니다. 그러므로 여러분은 여러분에게 말씀하신 이가 바로 그분이라는 것을 깨달을 수밖에 없습니다"라고 말하고 있는 것과 같습니다. 이제 우리는 모세가 의도한 바가 무엇인지를 알게 된 것입니다.

하지만, 이 문제에 대해 마무리짓기 전에 여기에서 한 가지 살펴보아야만 할 것이 있습니다. 하나님께서 대면하여 말씀하셨다고 기록되어 있는데, 인간은 그분의 무한한 영광을 이해할 수 없습니다.

이러한 사실에서 미루어 보면, 도대체 우리가 어떤 눈으로 하나님의 실재를 볼 수 있다는 말입니까? 우리는 너무도 연약합니다. 때문에 만약 하나님께서 그분의 광명의 빛을 우리에게 단 한 줄기라도 비추신다면 우리는 이내 완전히 눈이 멀게 되어 혼란에 빠져 버릴 것입니다.

게다가, 우리가 알고 있기로는, 우리가 새롭게 되기 전에는 하나님을 대면하여 볼 수 없으며, 마지막 때가 이르기 전에는 그 일이 있지 않을 것이라 기록되어 있습니다. 지금은 (사도 바울이 말하기를) 단지 거울로 보듯이 부분적으로 희미하게 볼 뿐인 것입니다.[18]

더욱이, 또 다른 구절에서 사도 바울은 우리가 그분을 볼 수 있도록 복음이 하나님의 위엄을 우리에게 드러내고 있다고 말하고 있습니다. 그러나 율법은 모호하고 수건에 가리어져 있어서, 조상들은 하나님을 그런 식으로, 그리고 오늘날 우리가 그분을 아는 것과 같이 친밀하게 알 수 없었다고 말합니다.[19]

참으로 그렇습니다. 율법을 복음과 비교한다면, 바울이 여기에서 말하고 있는 것이 사실임을 분명하게 알게 될 것이기 때문입니다. 당시에는 하나님께서 그분의 살아있는 형상이신 우리 주 예수 그리스도를 통해[20] 우리에게 하신 것처럼 그렇게 친밀하게 자신을 나타내신 바가 없기 때문입니다.

오늘날에는 하나님의 지혜라는 굉장한 보물이 우리 앞에 놓여 있는 것입니다. 그리하여 하나님께서는 우리를 자신의 왕국인 천국에 초청하시고 자녀이자 후사로 받아주셨다는 것을 보여주고 계십니다.[21] 그것은 율법의 시대에는 없었던 일입니다. 오늘날 우리는 그토록 크고 친밀한 지식을 소유하고 있는 것입니다.

---

18) 고전 13:12 19) 고후 3:15, 18
20) 골 1:15, 히 1:2~3
21) 골 2:3 엡 1:5,14 살전 2:12

그렇다 할지라도, 제가 방금 한 말, 즉 우리 역시 부분적으로만 본다는 것은 여전히 사실입니다. 왜 그렇습니까? 그것은 우리가 아직 하나님의 영광에 참여하지 못했기 때문입니다. 따라서 우리는 그분께 가까이 갈 수 없습니다. 오히려 우리의 미개함과 연약함의 정도에 준하여 하나님께서 스스로를 우리에게 나타내셔야 합니다. 심지어 태초부터 하나님께서 사람에게 나타나셨다 할지라도, 실제로 자신의 모습 그대로를 나타내셨던 것은 아니었습니다. 다만 사람이 감당할 수 있는 정도만 그렇게 하셨습니다.

그러므로 우리는 이것을 항상 명심해야 합니다. 즉, 하나님은 조상들에게 알려진 바 되지도, 오늘날 우리에게 그분의 실재를 드러내신 바도 없으셨다는 것입니다. 다만 우리에게 적합하게 자신을 조절하십니다. 우리가 우리의 능력에 맞게 그분의 임재를 인식할 수 있도록 하기 위해 하나님께서는 기꺼이 스스로를 낮추시는 것입니다.

그런데도 모세가 여기에서 "**하나님께서 대면하여 말씀하시매**"라고 말한 데에는 분명한 이유가 있습니다. 그가 말하고자 한 것은, 이스라엘 백성들이 하나님에 대해 어렴풋이 알고 있거나 단지 추측할 수밖에 없어서, 그분에 대해 미심쩍게 여길 수밖에 없는 상황이 아니라는 것입니다. 그들에게는 절대적으로 확실한 증거가 있습니다.

따라서 그들은 이렇게 결론 지을 수 있습니다. "이분은 우리 하나님이시다. 그분은 우리에게 자신을 전달하셨다. 따라서 우리의 신앙이 더 이상 불확실해서는 안 된다. 그리고 더 이상 그분의 이름으로 우리에게 반포된 교훈이 받아들여지기에 합당한가 그렇지 않은가 하는 문제로 논쟁해서는 안된다"라고 말입니다.

왜 그렇습니까? 그 이유는 하나님께서 우리에게 분명한 표를 주셨기 때문입니다. 그 표는 우리를 속이지도, 우리로 하여금 그것이 그분으로부터 기인된 것인지 의심하도록 내버려두지도 않기 때문입니다. 결국 이제 우리는 모세가 의도한 바가 무엇인지를 알게 되었습니다.

이와 관련하여 우리는 훌륭한 교훈을 얻게 됩니다. 즉, 하나님께서 우리가 바라는 만큼의 장엄한 방법으로 자신을 나타내지 않으신 것은 우리의 유익과 안녕을 위한 것임을 확신해야 합니다. 우리 자신의 연약함에 대해 깊이 생각해 본다면, 우리의 본성이 끊임없이 충동질하는 과욕을 끌어내릴 수 있게 될 것입니다. 끝도 한도 없이 하나님의 비밀에 대해 묻고자 하는 것이 바로 우리입니다.

왜 그렇습니까? 그것은 우리 자신의 무능력함을 알지 못하기 때문입니다. 그런 까닭에, 우리 하나님의 선하심을 찬미해야 할 것입니다. 우리와 우리의 미개함을 고려하시어 자신의 영광을 우리에게서 감추시기를 기뻐하시기 때문입니다. 그렇게 하심으로써, 우리로 하여금 그분의 영광에 압도되지 않도록 하십니다.

이미 말한 것처럼, 우리와 같이 연약한 존재로는 하나님의 영광을 감당할 수 없기 때문입니다. 하지만, 하나님께서 그분이 임재하고 계시다는 어떤 분명한 표적을 주실 때 우리는 어떤 변명도 없이 그분께 합당한 존귀를 내드려야 한다는 것을 깨달아야 하겠습니다. 그러므로 하늘이 갈라지고 낙원의 모든 천사들이 나타나면서 측량할 수 없는 영광 속에 하나님께서 오시기를 고대해서는 안되겠습니다.

단지 말씀하고 계신 그분이 바로 우리 주님이시라는 것이 확인되면 그것으로 족하게 여겨야 하겠습니다. 즉시 자신을 겸비해야 하겠습니다. 만약 이러한 상황에서 겸비하기를 게을리 한다면, 그분이 얼굴을 보이셨을 때 우리가 그분께 등 돌렸음으로 인해 책망 받게 될 것이기 때문입니다. 실제로 또 다른 곳에서는 인간이 하나님의 얼굴을 대면하면 죽게 된다고 기록되어 있습니다. 분명 민수기에 언급되어 있는 것처럼,[22] 하나님께서 모세에게는 스스로를 나타내 보이셔서 친구 처럼 친밀하게 대하셨습니다. 그렇지만 사실 모세는 하나님의 등만을 보았다고 기록되어 있습니다. 이는, 우리가 육체를 입고 있는 동안에는 하나님께 가까이 가려 해서도, 그토록 높이 오르려 생각해서도 안 된다는 것을 보여주는 것입니다.

하나님께서 나타나실 때면 스랍의 형상을 하고 있는 낙원의 천사들조차 자신을 숨길진대,[23] 하물며 이 땅 위에 기어다니는 존재인 우리가 어떻게 해야

하겠습니까? 어떤 상황에서든 간에, 우리가 그분의 얼굴을 바라보고자 하지 않고, 그분의 임재를 나타내고 있는 표적들만으로 충분한 것이라 여기지 않으면, 하나님께서는 우리의 배은망덕함을 책망하실 것입니다. 무엇보다, 이것을 명심해야 하겠습니다.

즉, 이는 율법뿐 아니라 복음에 대한 우리의 순종과도 관계가 있다는 것입니다. 하나님께서는 사람들에게 자신을 알리시어, 그들로 하여금 하나님의 입으로부터 나온 것이라면 그 어떤 것이라도 그대로 받아들이면서 그분께 경배하도록 하려 하시기 때문입니다.

그렇다면 우리는 모세의 이 말을 어떻게 적용해야 할까요? 바로 성경이 우리 앞에 놓여 있어, 그 말씀이 우리에게 선포되거나 해석되어질 때마다, 혹은 우리가 그 말씀을 읽을 때마다, 모세가 본론에 들어가기 전에 한

---

22) 민 33:11,20,23 (역자 주 : 민수기가 아니라 출애굽기임)   23) 사 6:2.

이 말로 인해 스스로를 겸비해야 할 것입니다. 온전한 경외함으로 하나님을 높여 드려야 할 것입니다. 그리고 그분의 말씀을 논박하려 하지 않고 이사야서에 기록된 대로 다만 그분의 말씀으로 인하여 떨게 되어야 할 것입니다.[24] 성경 안에 담겨 있는 모든 것은 우리에게 분명하게 입증되었습니다. 하나님께서는 사람들에게 말씀하셨으며, 게다가 가시적인 방법으로 그들에게 자신을 보이셨다고 말할 수 있을 정도로 말입니다.

이와 관련하여 지금 모세는 "백성들이 두려워하여 산에 오르지 못하므로 그가 여호와와 백성들의 중개자로 중간에 섰다"라고 덧붙이고 있습니다. 이를 통해 모세가 우리에게 알려주고자 하는 것은, 비록 율법이 육신을 입은 인간에 의해 전해졌지만 그러한 사실로 인해 율법의 권세가 약화되어서는 안 된다는 것입니다.

왜 그렇습니까? 백성들의 연약함 때문에 모세가 중개자가 되었던 것이기 때문입니다. 그것은 그들의 과오인 것입니다. 이 구절은 주목할 만한 충분한 가치가 있습니다. 우리는 항상 하나님의 말씀을 경시하기 위해 도망갈 만한 구멍을 찾기 때문입니다.

물론, 공공연하게는 이와 같이 감히 하지는 못합니다. 하지만 우리 모두는 안일하게도 "쳇, 이것이 하나님의 말씀인지 아닌지 내가 어떻게 알겠어. 이 말씀이 나를 향한 것인지 아닌지도 분간할 수가 없어. 난 그 말씀에 어떤 제약이 수반되는지 알 길이 없단 말이야"라고 말할 만한 핑계를 찾을 정도로, 음탕한 성향을 가지고 있습니다.

그러므로 우리는 세상이 하나님의 말씀에 순종치 않으려고 얼마나 부

---

24) 사 66:2,5.

단히 애쓰고 있는지를 알게 됩니다. 그리고 너무도 흔한 변명으로, "맞아, 하나님께서 순종 받으셔야 한다는 것은 사실이야. 그렇지만, 말씀을 선포한 이들은 우리와 같은 인간일 뿐이야. 그런데도 마치 그들이 하늘로부터 온 사람들인 것처럼 그들의 교훈에 복종하라고 하는 것인가?"라고 말합니다. 많은 사람들은 이러한 생각이 정당하다고 주장합니다. 이는 하나님을 배반하는 것이거나, 혹은 그분과 그분의 말씀을 전혀 따르고자 하지 않는 것임에도 불구하고 말입니다.

이제 여기에서 우리는 하나의 답을 얻게 되는데, 이 답을 통해서 이 모든 핑계거리들의 근거를 잘라내 버릴 수 있습니다. 즉, 하나님께서 인간의 손을 통해 말씀을 보내 주신 것은 인간의 부족함과 연약함을 고려하신 것입니다. 하나님은 그분의 영광을 나타내는 표를 우리에게 끊임없이 주고 계십니다.

따라서 이 표를 통해 그분의 말씀이 하늘로부터 난 것임을 충분히 알 수 있습니다. 이를 잘 살펴보면, 하나님께서 그에 대해 충분히 입증하셨다는 것이 분명해지기 때문입니다. 그러므로 모세가 이와 같이 말한 것은 단지 옛 조상들을 위해서만이 아닙니다.

그의 훈계는 또한 우리를 향한 것입니다. 다시 말해서, 비록 사람들이 하나님의 말씀을 선포하는 전도자로 임명되었지만 그로 인해 말씀의 위엄이 조금이라도 약해져서는 안 된다는 것입니다. 그런데도 실제로는 하나님께서 매일 기적 베푸시기를 갈망하고 있으니, 이는 우리가 우리 자신의 연약함을 제대로 주시하지 않고 있다는 것을 보여주는 것일 뿐입니다.

더군다나 진실로 우리는 우리에게 합당한 것이 무엇인지를 분간할 수 없다는 것입니다. 기적 역시도, 복음과 율법이 모두 진실이라는 것을 충분히 보증해 왔습니다. 그로 인해 우리는 이것들을 전적으로 확신할 수 있게 됩니다. 그렇지만 오늘날 하나님께서 우리와 비슷한 사람들에게 그분의 이름으로, 그분을 대신해서 우리를 가르치라는 사명을 맡기시어 보내신 것은 우리의 유익함을 위함입니다. 그렇게 하나님께서는 온유함과 공손으로 우리를 이끄십니다. 그런데도 아직도, 하나님께서 있는 모습 그대로 우리에게 나타나셨을지라도 우리가 그분의 임재를 감당할 수 있었을 것이라고 생각하십니까? 절대로 그렇지 않습니다.

  우리는 완전히 소멸되어 버렸을 것입니다. 하나님께서 그분의 위력을 발휘하여 말씀하시면 모든 바위와 산들조차 녹아 버릴 것이라고 기록되어 있다는 것을 우리는 알고 있습니다.[25] 하물며 말할 수 없이 연약한 우리가 그런 위력 앞에서 어찌 죽지 않고 생명을 보존할 수 있겠습니까?

  그러므로 하나님께서 말씀을 선포하시고 기록하실 때, 우리의 연약함에 자신을 순응하시고, 마치 자신이 육신을 가진 인간이신 것처럼 그렇게 우리를 다루셨다는 것을 유념해야 하겠습니다.

  이는 우리가 그분께 나아오는 것을 두려워하지 않도록, 온유함 속에 인도되도록 하기 위함이셨습니다. 게다가, 하나님께서 우리를 얼마나 존귀케 하고 계십니까? 그분은 우리 가운데 아무런 명성도 가지고 있지 않은 자들을 택하시어, 그들로 하여금 그분의 인격을 대신하여 그분의 이름으로 우리에게 전하도록 하기를 기뻐하십니다. 낙원의 천사들에게 무엇을 더 맡기실 수 있으시겠습니까? 그들에게 이보다 더 영화로운 책임과 직무를 주실 수 있으시겠습니까? 하나님께서는 자신의 말씀을 전할 수 있을

---

25) 시 97:5, 사 64:1,3, 미 1:4.

만큼 인간을 매우 귀하고 훌륭한 그릇으로 만들어주셨습니다. 그러한 사실을 통해 하나님께서는 우리를 향한 그분의 선하심이 얼마나 큰지 보여 주고 계십니다. 즉, 그것은 부성애 이상의 것입니다.

다른 한편으로, 하나님께서는 우리의 겸손을 시험하고 계시기도 합니다. 만일 하나님께서 하늘에서 큰 소리를 내시거나, 우리에게 가시적으로 나타나시거나, 혹은 천사들이 내려오거나 한다면, 인간이 그분의 말씀을 믿는다 할지라도 그것이 그다지 놀라운 일이 되지는 않을 것입니다.

하지만 큰 자든 작은 자든 모두가 하나님께서 교회에 제정하신 질서를 받아들일 때, 다시 말해서 우리가 선포된 말씀에 순종할 때, 비로소 우리의 신앙은 검증을 받게 되는 것입니다. 그렇지만 우리는 항상 이 점을 돌이켜 보아야 합니다. 하나님께서는 인간에게 자신을 충분하게 보이셨습니다.

따라서 우리에게는 그분의 말씀을 의심하거나 그 말씀이 어디로부터 온 것인지를 살피거나 할 만한 이유가 없습니다. 우리에게 주셨던 표적들을 거부하고자 하지 않는다면 하나님의 뜻을 충분히 확신할 수 있기 때문입니다.

그러므로 우리들은, 이스라엘 백성들이 두려움으로 인해 감히 산에 올라가지 못했다고 한 모세의 이 말에서 어떤 교훈을 얻어야만 하는지를 알게 되는 것입니다. 비록 오늘날 우리가 하나님께서 우리에게 직접 말씀하시는 것을 거부하지 않는다 할지라도, 모든 것을 고려해 볼 때, 그것은 우리에게 유익이 되지 않을 것입니다.

그러므로 하나님께서 인간이라는 매개물을 사용하신 것이 우리의 믿음을 굳건히 하는 데 있어서 전혀 문제가 되어서는 안 된다는 것을 깨달아야 하겠습니다. 결론적으로, 하나님께서는 "나는 너를 애굽 땅에서 인도하여 낸 너희 하나님 여호와로라 나 외에는 위하는 신들을 네게 있게 말지니라"라고 말씀하심으로써 이스라엘 백성들을 가르치고 있다고 기록되어 있습니다. 이스라엘 백성들이 항상 그분을 경외하도록 하기 위해, 하나님에 대한 앎이 그들로 하여금 모든 이방풍속들을 멀리하도록 만들어야 한다고 말씀하고 계시는 것입니다.

이방인들이 우상을 섬기고 그들의 죄와 방탕함을 좇아 헤매는 것은 그다지 놀랄 만한 일이 아니었습니다. 우리는 인간이란 원래 그런 존재라는 것을 깨달아야 합니다. 안타깝게도 우리는 너무도 쉽게 허황된 것에 빠져버립니다. 우리는 기만당하는 법을 배우기 위해 학교에 갈 필요가 없습니다. 이 점에 있어서는 우리 모두가 매우 탁월하기 때문입니다.

요컨대, 우리는 언제나 악을 향해 달려갑니다. 심지어 선이라는 미명 아래에서 말입니다. 그 결과 하나님을 섬기는 대신에 우리 안에는 타락과 우상숭배만이 있게 되는 것입니다. 이러한 이유로 이방인들은 잡다한 풍속들을 가지고 있었습니다. 모든 사람들이 자신이 원하는 것을 머릿속에서 만들어냈기 때문입니다.

반면 살아 계신 하나님은 모두로부터 버림을 받으신 것입니다. 그렇다면 왜 그런 것일까요? 그것은 하나님께서 모든 사람들에게 자신을 보이실 정도로 온 세상에 자비를 베풀지는 않으셨기 때문이었습니다. 그래서 인간은 어리석게 되었습니다. 가르침이 없었기 때문입니다.

그렇지만, 이것이 그들에게 변명이 될 수는 없습니다. 그들은 여전히 하나님 앞에서 죄인들이기 때문입니다. 게다가, 우상숭배의 원천은 스스로 살아 계신 하나님을 버린 인간의 배은망덕함과 음탕함이었습니다. 그리고 (이미 말씀드린 바대로) 세상이 일단 그 본연에서 벗어나게 되자, 불쌍한 이방인들은 눈먼 사람들처럼 타락해 갔습니다. 그들에게는 구원의 길을 보여줄 빛이 없었기 때문입니다.

만약 이스라엘 백성들이 하나님께서 주신 율법을 준행하지 않는다면, 하나님께서는 여기에 근거하여 그들의 패역함을 책망하실 것입니다. 왜 그렇습니까? "나는 너희 하나님 여호와"이시기 때문입니다. 하나님은 "나는 여호와로라"라고 말씀하심으로써 인간에 의해 만들어낸 모든 신들을 몰아내는 것입니다.

그것은 하나님께서 "오직 단 하나의 하나님만 존재할지니 그것은 바로 나로라. 그러므로 결론적으로 나를 알고도 우상으로 돌이킨 자들에게는 어떤 변명도 용납되지 않노니, 그들은 자기 멋대로 살아 있는 하나님을 버렸기 때문이라"라고 말씀하신 것과 같습니다.

그리고 모세가 "그분은 이 백성들의 하나님이시다"라고 덧붙인 것은 하나님께서 충분히 계시되셨다는 것을 보여주기 위함인 것입니다. 그것은 마치 "나는 너희를 다른 모든 사람들로부터 구별하였노라. 너희는 다른 사람들이 길을 잃고 헤매고 다니는 것을 볼지니, 그들에게는 길잡이도 누군가의 지도(指導)도 없기 때문이라.

그러나 나는 너희를 나의 백성으로 선택하였고 나 자신을 너희에게 주었노라. 게다가, 나는 너희 하나님이니 이제부터 나를 준행하라. 그렇지 않으면 너희는 이방인들보다 더 용서받지 못할 것이라. 만일 너희가 갑절로 징계 받을 만한 경우가 생긴다면 그 벌은 이방인들의 것보다 백 배나 더 가혹하게 될 것이니, 이는 너희들이 나에게 맹세한 믿음을 변질시키고 내가 너희와 맺은 언약을 깨뜨린 것이기 때문이라"라고 말씀하셨던 것과 같습니다.

그는 더 나아가 "그분이 그들을 애굽 땅에서, 종 되었던 집에서 인도하여 내었을 때"라고 말하면서 하나님이 백성들에게 베푸셨던 은혜를 언급하고 있습니다. 이렇게 함으로써 그는, 하나님께서 그런 식으로 이 백성들을 그분께 매여 있도록 하셨으므로, 그들은 더 이상 하나님을 배반할 수 없다는 것을 말하고자 하는 것입니다.

그럼에도 만일 하나님을 배반할 경우 그들은 징계 받아 마땅합니다. 애굽으로부터의 해방을 잊게 된다면, 그로 인해 그들의 배은망덕함은 갑절이 될 것이기 때문입니다. 하나님의 손으로 구속함을 받았으므로 마땅히 구속자이신 그분을 섬기는 데 있어서 자신을 온전히 내드려야 했던 것입니다.

그리고 그는 일부러 애굽을 "종 되었던 집"이라고 부름으로써, 그 백성들이 그곳에 있을 때 얼마나 비참하게 살았는지를 철저히 기억하도록 하고 있습니다. 우리는 출애굽기를 통해서 그들이 폭력과 학정에 눌려 한숨 쉬고 울부짖었던 것을 알 수 있습니다.[26] 그러한 그들이 하나님께서 구원하시자마자 다시 그곳으로 돌아가기를 바라고 있는 것입니다.[27]

이는 어디에서 기인된 것입니까? 그들이 더 이상 자신들이 겪은 압제를 기억하지 않았다는 것 아닙니까? 마귀가 그들의 눈을 가려 그들로 하여금 하나님께 합당한 영광을 돌리지 못하도록 한 것이 아닙니까? 이것이 바로 모세가 애굽을 "종 되었던 집"이라고 칭한 이유인 것입니다.

결국 십계명에는 그들이 자신들의 하나님으로 섬겨야 하는 "그분 앞에

---

26) 출 2:23. 27) 출 14:12; 17:3, 민 14:3~4.

서 다른 신들을 갖게 하지 말지니라"라는 계명이 첨가되고 있습니다. 이제 이 모든 교훈을 우리 자신에게 적용시켜 봅시다. 우선, 그분이 "나는 여호와로라"라고 말씀하실 때, 진실로 이 말씀의 중요성을 간과하지 않는 법을 익혀야 하겠습니다.

즉, 하나님의 위엄이 우리에게 나타났으므로, 우리는 어떤 다른 신도 마음에 품어서는 안됩니다. 하나님은 어떤 경쟁자도 용납하지 않으시기 때문입니다. 태양은 모든 별들의 빛을 가립니다. 이와 마찬가지로, 하나님께서 자신을 나타내시면, 모든 사람들이 그분을 경배하는 것이 합당하지 않습니까? 이전에는 영광이었던 모든 것이 완전히 소멸되는 것이 합당하지 않습니까?

그렇습니다. 그러므로 선지자의 말씀에 하나님께서 다스리실 때는 그분 외의 모든 빛이 사라질 것이며, 심지어 태양도 빛을 잃고 달도 어둠 속으로 돌아가게 될 것이라고 기록되어 있습니다.[28] 이는 만일 우리가 우리 머리에서 나온 허탄한 것을 하나님과 뒤섞을 경우, 그분께 속한 권리를 축내는 것임을 보여주기 위한 것입니다. 그분은 어떤 경쟁자도 용인하지 않으시기 때문입니다.

그러므로 "여호와"라는 이 단어는, 우리로 하여금 더 이상 이것저것 마음에 품지 않도록, 우리에게서 모든 허탄한 것을 몰아냅니다. 정말로 단 한 분이신 하나님을 섬기는 것으로 만족해야 합니다. 그분만으로 족하게 여겨야 합니다.

또한 동일한 이유로 우리 주 예수께서 세상에 좌정하실 때, 애굽의 우상

---

28) 사 13:10, 겔 32:7. 29) 사 19:1.

들은 무너질 것이라고 기록되었습니다.[29] 이제 이 본문은 우리에게도 해당됩니다. 모세가 그 옛날 백성들에게 말했던 것처럼, 여호와께서 우리들에게 나타나셨으므로, 우리들 역시 우리들 가운데 있는 온갖 우상들을 몰아내야 하기 때문입니다.

이제 하나님께서 독생자의 위격으로 우리에게 나타난 바 되셨으므로,[30] 모든 우상들이 멸해지는 것이 합당합니다. 우리는 이 애굽이라는 나라가 세상 어느 곳보다 우상으로 가득한 곳이었음을 알고 있습니다. 우리가 이전에는 거짓과 어둠 속에 내던져져 무수한 우상을 갖고 있었습니다.

하지만 이제 이 모든 것들은 사라지고 소멸되어야 합니다. 하나님께서 자신을 여호와라고 말씀하고 계시기 때문입니다. 게다가 그분이 스스로를 우리의 하나님이라 하신 것은, 우리에게 자신을 충분히 알리시어, 우리로 하여금 온유함으로 그분의 위엄을 알도록 하시기 위한 것입니다.

만일 하나님께서 단지 자신의 영원성과 본질에 대해서만 말씀하셨다면 우리는 대부분 이를 감당하지 못해 당황하여 어쩔 줄 몰라 했을 것입니다. 사실, 이것은 우리의 온갖 망령됨을 책망하기에 충분했을 것입니다. 하지만, 그럼에도 불구하고 그렇게 해서는 우리의 유익과 용도에 맞게 적절하게 가르침 받지는 못합니다.

그러므로 하나님께서 일단 자신만이 경배 받아야 하고 존귀하게 여김 받아야 할 분이라는 것을 우리에게 보이셨으므로, 또한 부드럽고 친밀한 방식으로 우리에게 오실 것입니다. 우리가 그분을 우리의 아버지이자 주인으로 여기고, 그분의 뜻이 우리와 언약을 세우는 것임을 알 수 있도록

---

30) 딤전 3:16.

말입니다. 그리하여 우리가 그분께 충실할 수 있도록 말입니다.

이것이 바로 이 본문에서 그분을 지칭하는 칭호를 통해 말하고자 하는 바인 것입니다. 이는 "나는 너희를 두렵게 하는 여호와일 뿐만 아니라 동시에 너희 하나님이니, 내가 너희를 택하였고[31] 나의 상속자가 되게 할 것이라"라고 말씀하시는 것과 같습니다.

이제 우리는 하나님께서 그분의 율법에 권세를 부여하셨다는 것을 알게 되었습니다. 이는, 우리로 하여금 경외함과 겸손함으로 말씀을 받아들이도록 하기 위한 것입니다. 동시에 하나님은 말씀을 사랑스럽게 하십니다. 이는, 우리가 말씀을 음미하고 즐거이 복종하며, 말씀이 담고 있는 교훈으로부터 다스림 받는 것을 감당하도록 하기 위함입니다.

그러므로 요컨대, 이제 오늘날 우리가 온갖 이방 풍속과, 하나님을 섬기는 것에 걸림돌이 되는 모든 것을 부인함으로써 우리 하나님을 존귀케 하지 않는다면, 그 어떤 변명도 우리를 용납하지 않을 것입니다. 왜 그렇습니까? 그것은 우리가 경외함에 붙잡힌 바 되도록 하기 위해 하나님께서 자신에게 부여하신 칭호들이 우리를 그분께로 이끌도록 하기 때문입니다. 하나님께서는 우리를 다스리는 하나님의 주권에 대해 말씀하시고 하나님이 우리 하나님이심을 말씀하실 때면, 그것을 통해 우리는 하나님 아버지가 주는 것과 같은 선하심을 맛보아야 합니다.

그리고 그 두 가지 모두가 여기에 담겨 있습니다. 따라서 우리는 다만 하나님의 율법 안에서 우리에게 들려주신 것들에 귀 기울이고 그것을 순전하게 준행해야 한다는 것을 알게 되었습니다. 이것이 바로 하나님께서

---

31) 신 4:20.

이스라엘 백성을 책망하신 이유인 것입니다. 그들은 하나님을 사랑하지도 두려워하지도 않았습니다.

하나님은 선지자 말라기를 통해 "내가 하나님이며 주인일진대 나를 두려워함이 어디 있느냐? 내가 아비일진대 나를 사랑함이 어디 있느냐?"라고 말씀하고 계십니다.[32] 모세가 여기에서 간략하게 다루고 있는 것에 말라기 선지자가 주목하고 있음은 의심할 바가 없습니다. 하나님께서 자신을 여호와라 칭하셨을 때, 그것은 우리로 하여금 그분이 받으시기에 합당한 경의를 표하도록 하기 위함이십니다.

그리고 자신을 그 백성들의 하나님이라 칭하셨을 때는, 화목함으로 그들을 얻고자 함이십니다. 더불어 그분이 그들을 택하셨으므로 그들은 그분의 손에 모든 것을 맡기는 것이 합당하다는 것을 보여주고자 함이신 것입니다. 율법 하에서도 그러할진대, 오늘날 우리에게는 더욱 그러합니다. 비록 하나님은 독생자의 위격으로 낮아지심을 감내하셨지만, 그럼에도 불구하고 그분의 영광은 여전히 지속되고 있었으며, 여기에서 언급된 그분의 고귀함은 조금도 감해지지 않았습니다. 우리 주 예수 그리스도의 낮아지심은 우리 하나님의 자비를 나타내는 확실한 증거였습니다.

하지만, 어쨌거나, 그로 인해 우리가 그분을 멸시해서는 안 되는 것입니다. 이는, 그렇게 낮아지심으로써 우리를 그분의 무한한 영광으로 이끌고자 하신 하나님의 뜻이었기 때문입니다. 우리로 하여금 하나님께서 그런 모습으로 우리에게 내려 오셨다는 것을 깨닫고 그분을 경배하도록 하기 위함이셨습니다.

---

32) 말 1:6.

따라서 그분이 오늘 우리를 책망하시는 것은 그에 걸맞은 이유가 있는 것입니다. 우리가 그분을 두려워하지도 사랑하지도 않는다면, 절대로 용서받을 수 없습니다. 하나님께서 자신을 우리의 하나님이자 우리의 주인으로 나타내셨기 때문입니다.

그런데도 우리가 그분의 계명을 중요시하지 않고, 그분의 위엄을 경시하며 여전히 악행을 저지르고, 이를 조롱하고 있다면, 우리의 두려움은 도대체 어디에 있는 것입니까? 하나님께서 자신을 우리의 심판자로 나타내시어 심판의 자리로 부르고 계신데도 불구하고 말입니다. 우리가 그분께 드려야 할 경외심은 어디에 있다는 것입니까?

뿐만 아니라 마치 강압에 의한 것처럼 비굴한 태도로 하나님을 두려워하는 것으로도 충분하지 않습니다. 우리의 두려움은 사랑과 조화되어야 합니다. 이 때문에 그분은 스스로를 우리의 아버지라고 칭하신 것입니다. 더군다나, 우리는 그분이 자신을 이스라엘의 하나님으로 나타내셨을 때, 그 말씀 가운데에는 그분이 또한 우리의 구세주라는 의미가 들어있음에 주목해야만 합니다.

(선지자 하박국은 이렇게 말합니다.) "당신은 우리의 하나님이십니다. 그러므로 우리는 사망에 이르지 않을 것입니다."[33] 결국, 이 이름들은 우리에게 해당하는 것이므로, 이를 마음 깊이 잘 간직해야 하겠습니다. 다시 말해서, 하나님의 위엄이 우리 주 예수 그리스도 안에 드러날 때면,[34] 그 이름들은 오늘날 우리를 가르치는 데 있어서 유익이 되어야만 합니다.

이와 더불어, 우리는 또한 그분이 자신의 백성들에게 부어 주신 은혜와

---

33) 합 1:12. 34) 딤전 3:16.

관련하여 무엇이라 덧붙여 말씀하고 계시는지에 주목해야 합니다. (그분은 이렇게 말씀하고 계십니다.) "나는 너희를 애굽 땅에서 인도하여냈느니라."

사실 이 말씀을 통해 하나님께서 말씀하시고자 한 것은, 다른 모든 백성들 가운데 특별히 이스라엘 백성을 택하셨다는 것입니다. 이것이 바로 그들의 해방됨을 분명하게 언급하고 계시는 이유입니다.

하지만 이때, 그분이 우리에게 매인 바 되심으로 인해 우리가 얻은 온갖 유익에 대해 생각해 보아야만 합니다. 그것은 무한하며 측량할 수 없습니다. 하지만 우리는 우리의 능력으로 그것들을 맛보아야 하고 완전하게 이해해야 합니다. 그리고 우리는 우리 자신이 그에 미치지 못한다는 것을 알고 있습니다.

따라서, 더욱더 노력해야 합니다. 적어도 그 유익들이 우리 하나님을 경외하고 사랑하도록 가르칠 수 있을 만큼은 깨달아야 합니다. 그렇다면 하나님께서는 무엇을 말씀하고 계십니까? 우리가 우선 생각해 보아야 할 것은, 그분은 우리를 창조하시고 빚으신 분이라는 것입니다.

그러므로 우리는 그분의 것입니다. 그것만으로도 이미 충분한 은혜입니다. 우리를 이 세상에 두시고 보존하시는 것보다 더한 은혜가 있습니까? 아무리 우리 모두가 힘을 다해 하나님을 섬긴다 할지라도, 합당한 보답을 드릴 수가 있겠습니까? 그럴 수 없습니다.

게다가, 하나님은 우리를 위해 세상을 지으셨습니다. 우리가 쓸 모든 것을 준비하시고 정하셨습니다. 우리의 영생을 위해 우리 안에 자신의 형상을 심으셨습니다.[35] 이 잠시 동안의 삶보다 더 좋은 유산을 우리를 위해 준비해 두셨습니다.[36] 이와 같이 하나님께서 우리에게 위엣 것과 아랫 것

모두를 주신,³⁷⁾ 그분의 사랑에 대한 기록을 보게 되고, 이 모든 것들에 대해 알게 된다면, 하나님을 경배하고 싶은 타오르는 소망으로 기뻐 뛰게 되지 않겠습니까? 그분께 우리 자신을 온전히 바치겠다고 맹세하게 되지 않겠습니까?

그런데도 만일 우리에게 그러한 마음이 생기지 않는다면, 이보다 더 완고한 것이 있을 수 있겠습니까? 그렇습니다. 이 뿐만 아니라, 우리는 하나님께서 우리에게 행하신 온갖 선한 행위들에 대해 생각해보아야 합니다. 특별하게 주신 은총과 일반적으로 주신 은총 모두를 말입니다.

결국 우리는 시편 40편에서 다윗이 한 것과 같은 고백을 해야 합니다. "주여, 당신이 베푸신 은혜를 생각하오니, 나의 지혜가 끝없는 수렁에 빠진 것과 같습니다. 그러나 죄는 나의 머리털보다 많으므로 내 마음이 사라졌음이니이다"³⁸⁾라고 말입니다.

이렇듯, 우리가 우리 하나님께로부터 얼마나 많은 일반 은총을 입고 있는지 알게 되었다면, 하나님으로부터 직접 받은 특별 은총들에 대해서도 생각해 보아야 할 것입니다. 그리고 옛날 이스라엘 백성들을 향해서는 "나는 너를 애굽 땅에서 인도해 내었다"라고 기록되었으므로, 우리 주님이 우리를 그분의 자녀와 교회로 삼으셨을 때, 우리를 어디로부터 구원시키신 것인지 생각해 보아야 하겠습니다. 우리는 아담의 후손이며, 본질상 저주받았고, 사망의 자녀이며, 완전히 죄로 가득할 뿐 아니라 결론적으로

---

35) 창 1:26~27, 9:6.
36) 히 9:15; 11:16, 벧전 1:4.
37) 창 1:28, 시 8:7.
38) 시 40:5,12.
39) 롬 5:14, 엡 2:3,12, 고전 15:22, 행 26:18, 딤후 2:26.

우리 하나님께 가증스러운 존재일 수밖에 없기 때문입니다.[39]

인간으로 하여금 자신이 원하는 만큼 스스로를 기쁘게 하고 영화롭게 만들도록 해 보십시오. 그들의 혈통이 어떠하든지 간에, 그들이 아무리 고귀한 자들이라 할지라도, 결국 사탄의 노예일 뿐입니다. 죄와 타락의 소굴입니다. 하나님의 진노와 저주가 머리 위에 놓여있을 뿐입니다. 요컨대, 그들은 천국에서 추방당한 존재로서 불행에 넘기운 바 된 자들입니다.[40]

하지만 우리 주님께서 독생자의 손으로 우리를 그곳에서 구원하셨습니다. 옛 백성들에게 하셨던 것처럼 우리에게 단지 모세만 보내주셨던 것이 아니었습니다. 독생자를 아끼지 않으시고 우리를 위해 그분을 사망에 넘기셨습니다.[41]

결국 우리는 하나님의 아들의 거룩한 피로 너무도 값지고 더할 나위 없이 귀한 대가로 구속받았습니다.[42] 따라서 그분께 우리 자신을 완전히 내드려야 하지 않겠습니까? 게다가 애굽을 종의 집이라고 일컬었듯이 마귀가 우리를 그의 굴레에, 그의 횡포 하에 움켜잡고 있으면 우리는 사망으로부터 도망갈 방법이 없고, 모든 구원의 소망으로부터 끊어지게 되며, 하나님 역시 우리를 대적하신다는 뜻이 아니겠습니까? 우리가 그 모든 것으로부터 구속받는다면, 모세가 여기에서 말하고 있는 것보다 훨씬 더 멋진 구속이 아니겠습니까?

그렇습니다. 그러므로 성경이 옛 백성들을 향하여서는 "너희 하나님이 너희를 애굽 땅에서 이끌어내셨다"라고 기록한 반면, 지금은 사도 바울이

---

40) 엡 2:12; 4:18.   41) 롬 8:32.
42) 벧전 1:19.
43) 롬 14:7~9, 고전 7:20,24.

로마서 14장과 고린도전서 7장에서 말하고 있는 것처럼, 우리가 우리의 것이 아니라고 기록하고 있습니다.⁴³⁾ 우리는 우리의 것이 아닌 것입니다. 믿는 자들에게는 그들이 원하는 것을 할 자유도, 자신이 바라는 대로 살 자유도 허락되지 않습니다. 왜 그렇습니까? 우리 주 예수님께서 산 자와 죽은 자 모두를 다스리시기 위해 죽으셨다가 다시 사셨기 때문입니다.

따라서 예수 그리스도께서 산 자와 죽은 자 모두의 주님이 되셔야 함이 마땅합니다. 그분은 우리의 구속과 구원이 필요할 때 자신을 아끼지 않으셨기 때문입니다. 더욱이, 하나님의 아들이 구속의 대가로 자신을 내어 주셨을 뿐만 아니라, 복음을 통해 오늘날 우리를 그 은총의 참여자가 되게 하셨다는 것을 깨달아야 합니다.⁴⁴⁾ 그분은 자신의 양떼로 삼기 위해 우리를 불러모으고 계시기 때문입니다.⁴⁵⁾ 사실 그분은 세상 죄를 씻기 위해 오신 흠 없는 양이십니다.⁴⁶⁾

그리고 인류와 하나님을 화해시키시기 위해 자신을 내어 주셨습니다.⁴⁷⁾ 하지만 그럼에도 불구하고 우리는 방치되어 있고 그들을 향해서는 문이 닫혀 있는 많은 사람들을 보게 됩니다. 하나님께서 그들에게는 우리처럼 믿음을 통해 깨닫게 되는 은혜를 주시지 않았습니다.

그러므로 우리는 복음이 우리에게 선포됨으로 말미암아 하나의 증거를 갖게 되었다는 것을 유념해야 하겠습니다. 그 증거란 하나님의 아들은 자신이 단번에 이루신 그 구속이 우리에게도 유용한 것이 되도록 하실 것이며, 그 구속으로 인한 은혜를 누리도록 하실 것이라는 것입니다.

---

44) 엡 1:13. 45) 엡 1:10.
46) 요 1:29, 딤후 1:9~10.
47) 롬 5:10, 고후 5:19.

따라서 만일 우리가 그렇게까지 우리를 구속하신 우리 하나님께 열심을 다해 자신을 내드리고자 하지 않는다면, 우리의 배은망덕함은 훨씬 더 수치스러운 것이 되리라는 것을 알아야 합니다. 불신자들이 고삐 풀린 망아지처럼 행동하고, 미신적인 풍속과 무분별한 생활에 지나치게 빠져 있는 것은, 그들에게 재갈이 없기 때문입니다. 하나님께서 자신의 권속에게 하듯이 고삐를 당겨 그들을 멈춰 세우지 않으셨기 때문입니다.

마찬가지로 우리는 교황제도에 끔찍한 혼란이 존재하고 있다는 것을 알고 있습니다. 그곳에는 인류를 하나님께로 돌이키게 할 만한 교훈이 없습니다. 아니 오히려, 그곳에 있는 교훈은 인류로 하여금 하나님으로부터 철저하게 멀어지게 합니다.

또한 우리는 마귀가 그곳에서 자기가 서 있을 만한 발판을 얻게 되었다는 것을 알고 있습니다. 모든 것이 겉만 번지르르하며 망상으로 가득합니다. 살아 계신 하나님은 버리운 바 되셨습니다. 이렇듯 여러분은 그곳에 끔찍한 혼란이 존재한다는 것을 알게 되었습니다.

반면 우리는 어떻습니까. 하나님께서는 우리를 그분께로 인도하고 계십니다. 이러한 사실은 우리를 그분과 완전하게 연합하도록 만들며, 그분의 이름으로 반포된 교훈에 순종하도록 만드는 더욱 엄중한 굴레가 되지 않겠습니까? 그렇습니다. 따라서 우리는 우리 하나님만을 섬기는 법을 배워야 하겠습니다. 우리가 머릿속에서 생각해낼 수 있는 모든 것을 단호히 끊어버릴 수 있을 만큼 말입니다.

그리고 더 이상 이쪽 저쪽으로 비틀거리지도, 혹은 어떤 식으로든 이리저리 동요되지도 않도록 주의해야 합니다. 오직 유일한 한 하나님만 계시며, 그분은 우리를 소유하기 원하신다는 것을 확신하도록 합시다. 게다가 그분은 그분의 존귀함을 빼앗기지도 않으시고 피조물들에게 내어 주지도 않으신 채, 이미 우리를 소유하고 계십니다.

또한 우리가 간청해야 할 분은 오직 그분뿐이며 그분만이 우리를 회복시킬 수 있는 은혜를 가지신 분이라는 것을 알 수 있도록 우리를 돌보아 주신다는 것을 확신하도록 해야겠습니다.[48] 결국, 그분의 뜻은 우리를 소유하시어 그분의 집에 거하도록 하시는 것입니다.

그러므로 우리는 그분의 임재 안에 있는 것처럼, 그분의 시야 안에 있는 것처럼 행해야 합니다. 그렇게 하여 우리의 유일하신 하나님으로서 하나님을 경배해야 합니다. 이는 단지 의식을 행하거나 겉으로 단언하는 것뿐만 아니라, 마음으로 행해야 합니다. 그분의 예배는 영적인 것임을 우리는 알고 있기 때문입니다. 요컨대, 그분께 우리의 몸과 영혼의 소유권을 내어 드려야 합니다. 그분께서 모든 면에서 완전하게 영광 받으실 수 있도록 말입니다.

이제 우리의 죄를 시인하며 우리의 선하신 하나님의 임재 앞에 무릎 꿇도록 합시다. 우리가 행했던 것보다 더 절실하게 그 잘못들을 느끼도록 해달라고 기도합시다. 그리하여 그것이 우리를 참된 회개로 인도하여 우리의 사악한 욕망들을 더욱 억제하고, 결국은 끊어내 버릴 수 있도록 말입니다. 그리고 그분을 경외하고 존귀하게 하는 데 전적으로 내어 준 바 될 수 있도록 말입니다.

하지만 우리는 연약한 육신 아래 붙잡힌 바 되어 있는 동안은, 하나님께서 받으시기에 합당한 만큼 완전하게 그분을 섬길 수 없습니다. 따라서

---

48) 시 116:8.

하나님께서는 그분이 우리를 그분의 의로 옷 입혀 주실 때까지 우리를 굳게 세우기를 기뻐하십니다. 그러므로 우리 모두는 "전능하신 하나님이여"라고 말해야 합니다.

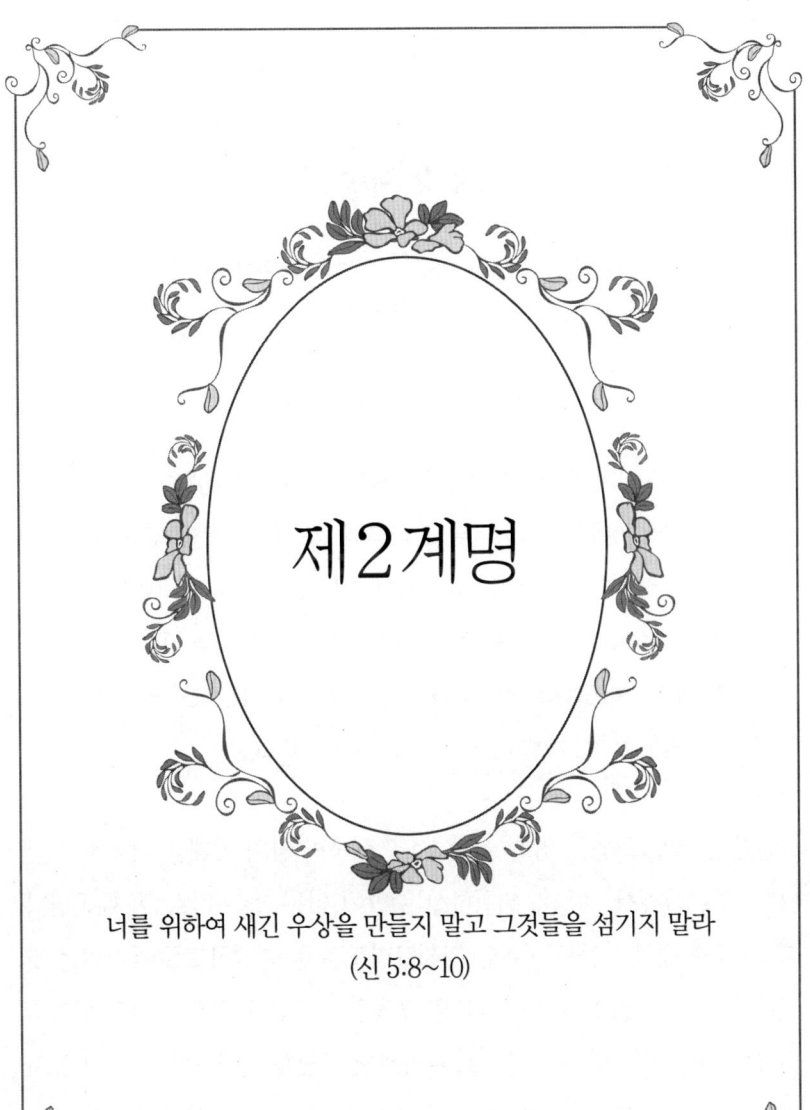

제2계명

너를 위하여 새긴 우상을 만들지 말고 그것들을 섬기지 말라
(신 5:8~10)

제 2 계명

너를 위하여 새긴 우상을 만들지 말고 그것들을 섬기지 말라
(신 5: 8~10)

8 너는 자기를 위하여 새긴 우상을 만들지 말고 위로 하늘에 있는 것이나 아래로 땅에 있는 것이나 땅 밑 물 속에 있는 것의 아무 형상이든지 만들지 말며 9 그것들에게 절하지 말며 그것들을 섬기지 말라 나 여호와 너의 하나님은 질투하는 하나님인즉 나를 미워하는 자의 죄를 갚되 아비로부터 아들에게로 삼 사대까지 이르게 하거니와 10 나를 사랑하고 내 계명을 지키는 자에게는 천 대까지 은혜를 베푸느니라

인간은 너무도 쉽게 악한 이방풍속으로 하나님의 예배를 더럽히려 합니다. 하나님께서 그들을 위협하실 수밖에 없는 것은 바로 이 때문입니다. 그렇게 해서 그들로 하여금 억지로라도 이를 준행하도록 하시려는 것입니다. 그렇지 않았다면 어리석은 그들은 하나님에 대해 그분의 위엄과는 전혀 어울리지 않는 방향으로 추측하게 되었을 것입니다. 우리가 앞서 다루어 보았던 것처럼, 이는 매우 두드러지게 나타나는 현상입니다. 이스라엘 백성들은 살아 계신 하나님을 알고 있었습니다.

따라서 그들에게 어떤 우상도 만들지 말라고 하는 것은 불필요한 말인

것처럼 여겨질 수도 있습니다. 하지만 우리의 성향은 너무도 가증스럽습니다. 우리가 여기에서 보고 있는 바와 같이, 이를 엄격하게 금할 필요가 있었습니다. 그리고 그렇게 하는 것이 우리에게도 유익합니다. 이러한 죄성은 우리의 뼈 속 깊은 곳에 뿌리 박혀 있기 때문입니다. 만일 하나님께서 우상숭배를 참지 않을 것이라 말씀하지 않으셨다면, 그렇게 우리를 위협하지 않으셨다면, 우리 가운데 그분을 빗대어 무수한 우상을 만들어 내지 않는 자가 없었을 것입니다.

그리고 그런 식으로 우리가 멋대로 만든 우상에게 살아 계신 하나님의 영광을 넘겨주었을 것입니다. 그런 까닭에, 우리가 여기에서 주목해야 할 것은, 우리 자신에게는 항상 이방풍속을 향해 나가려는 고집스럽고도 가증스러운 본성이 있다는 것을 인정해야 하는 것입니다.

따라서 폭력적인 방법으로라도 제지되어야 할 필요가 있다는 것을 인정해야 합니다. 그분께 합당하지 못한 그 어떤 것도 상상하지 않을 만큼 정결하게 우리는, 결코 자발적으로 하나님을 섬길 수 없기 때문입니다. 동시에 우리는 또한 우리의 선한 의도라고 하는 것이 어떤 식으로 우리에게 이바지하는지 알고 있습니다. 사람들은 끊임없이 스스로를 변명할 수 있는 무언가를 생각해 내려 하는데, 이 선한 의도라는 것 역시 우상을 만들어 내는 것과 관련이 있도록 만들기 때문입니다.

즉, 하나님을 경배하기 위해서가 아니면, 더 많은 헌신을 불러일으킬 수 있도록 하기 위해서가 아니라면, 하나님께서 그들의 간구를 들어주실 것이라는 더 큰 확신을 갖도록 하기 위해서가 아니면, 무엇 때문에 그들이 그런 우상들을 만들겠습니까? 이런 식으로 사람들은 선한 의도라는 구실 아래 숨으려 하는 것일지도 모릅니다.

하지만 이와는 반대로, 하나님께서 이를 끔찍이 싫어하신다는 것을 우리는 알고 있습니다. 자신의 생각대로 행하는 모든 자들에게 하나님께서 얼마나 끔찍한 심판을 선고하시는지 알고 있습니다. 그들은 하나님을 예배하려는 의도였다고 아주 그럴 듯하게 말할지도 모릅니다. (그리고 실제로 그렇게 말합니다). 하지만 그분은 그런 예배는 받지 않으십니다. 오히려 가증스럽게 여기시며 아주 혐오하십니다. 그분이 그렇게 여기시는 것은 당연합니다. (우리가 앞서 보았던 것처럼) 어떤 가시적인 형상으로 그분을 표현하려는 것은 그분의 위엄을 왜곡시키는 행위이기 때문입니다.

그러므로 본문은 우리 스스로에게 선한 것처럼 보이는 것일지라도 삼가야 한다고 가르치고 있습니다. 특히 그것이 하나님을 경배하는 것과 관련된 문제일 때는, 우리가 생각하는 것이 무엇이든지 간에 그것을 하고자 해서는 안됩니다. 오직 그분이 말씀을 통해 제정하신 것만을 그대로 따라야 하는 것입니다. 그것에 어떤 것도 추가해서는 안됩니다.

아주 조금이라도 이를 벗어나거나 우리가 할 수 있는 것이 도대체 무엇이냐고 주장하며 스스로를 정당화하려 하면, 하나님께서는 반드시 우리를 벌하실 것입니다. "그분은 질투하고 진노하는 하나님인즉 아비의 죄를 아들에게로까지 이르게 하거니와"라고 기록되어 있으니 이는 조금도 경솔히 여길 위협이 아닌 것입니다.

따라서 본문에서 우리는 두 가지를 기억해야 할 필요가 있습니다. 하나는, 우리는 본래 너무도 쉽게 우상숭배에 빠지므로, 하나님의 이 위협을 항상 명심해야 한다는 것입니다. 그리하여 어떤 것도 하나님의 말씀과 뒤섞지 않도록 해야 할 것이며, 어떤 우상숭배도 만들어 내지 않도록 해야 할 것입니다. 우리 멋대로가 아니라 오직 그분의 본성에 따라 정결하게 하나님을 섬겨야 할 것입니다. 이것이 우리가 기억해야 할 한 가지인 것입니다.

다른 하나로서 우리가 주시해야 하는 것은, 선한 의도를 가장하여 우리가 만들어 낸 것을 정당화시키지 말아야 한다는 것입니다. 오히려 이와 반대로 하나님께서 요구하시는 최고의 예배는 순종이라는 것을 명심해야 합니다.[49]

이제 여기에 기록된 말씀을 살펴보도록 합시다. 우선 하나님께서는 "나는 너희의 영원한 하나님이다"라고 말씀하시며, 심지어 "강한" 혹은 "전능한 하나님"이라고 말씀하고 계십니다. 여기에서 다시 한번 하나님께서는 우상에 반대하고 계신 것입니다. 지금까지 우리는 하나님께서 이방풍속을 징계하시기 위해 자신의 위엄을 드러내셨다는 것을 봐왔기 때문입니다.

그리고 분명 하나님의 현현(顯現)으로 말미암아 인간은 더 이상 어떤 변명도 할 수 없게 되었습니다. 참된 종교를 알지도 못하고 참된 하나님이 어떤 분이신지를 식별하지도 못할 때나 우리의 지혜가 여기저기를 헤매고 어떤 일정한 곳에 머물지 못한 채 이리저리 돌아다니다 결국은 타락하게 된다 할지라도 그다지 놀라운 일이 아닙니다.

하지만 이와 달리 일단 하나님께서 우리에게 자신을 나타내시고 우리로 하여금 그분의 진리를 알게 하셨을 때는 상황이 달라집니다. 이제는 우리의 모든 망령됨을 가라앉히고 우리가 알고 있는 것에 충실해야 합니다. 이 때문에 하나님께서는 이스라엘 백성들에게 자신을 선포하셨던 일과 심지어 지금 선포되고 있는 율법으로 다스리기 위해 그들을 택하셨던

---

[49] 삼상 15:22, 전 5:1.

일을 반복하여 말씀하고 계시는 것입니다.

그리고 스스로를 분명하게 "질투하는" 혹은 "진노하는" 하나님이라 일컫고 계십니다. 여기에서 사용되고 있는 히브리어는 이 두 가지의 의미를 모두 지니고 있기 때문입니다.

그리고 비록 여기에서는 스스로를 하나님이라 칭하시고 계시지만 그분이 사용하신 단어는 권능(strength)에서 기원된 것입니다. 결국 스스로를 "질투하는"이라고 하신 것은 분명 자신의 존귀함이 훼손되는 것을 참지 않으신다는 것을 뜻하고 계십니다. 그리고 만일 누군가가 마땅히 하나님께 속한 것을 피조물에게 돌린다면, 분명 그런 패역함을 참지 않으실 것입니다.

그러므로 하나님의 존귀가 우리로부터 마땅히 그래야 할 만큼 중요하게 간주되고 있지는 않다고 한다면 그분은 이를 간과하지 않으심을 나타내는 것입니다. 결국 우리는 하나님께서 아무것도 잊지 않으셨다는 것을 알게 될 것입니다. 성경 전체를 걸쳐 선언하고 계신 것처럼 하나님은 자신의 영광을 지속시킬 것이라는 것을 알게 될 것이기 때문입니다.[50]

사실 만일 우리에게 겨자씨만큼이라도 바람직한 이성이 있다면, 우리 하나님께 영광 돌리기를 열망하게 될 것입니다. 그리하여 그분의 영광을 열망하라는 권면을 받을 필요가 전혀 없을 것입니다. 오히려 시편에 기록된 대로, 그분을 위하는 열성이 우리를 삼켜 흥분하게 될 것입니다.[51] 그분의 위엄이 손상되거나 경솔히 여김을 받으시는 것을 보게 될 때마다 우리 안에서 타오르는 불을 느끼게 될 것입니다.

하지만 실제로는 어떻습니까? 우리는 우리 자신의 영광을 지키는 데에

---

50) 민 14:21, 레 10:3. 51) 시 69:9.

만 매우 신중합니다. 그러는 동안에 세상이 우상숭배에 빠져 하나님의 영광을 발아래 짓밟히는 것을 방관하고 있습니다. 비웃음 당하고 조롱거리가 되는 것을 방관하고 있습니다. 게다가 갈가리 찢겨지는 것을 묵과하고 있는 것입니다.

그런데도 우리는 우리의 의무를 다하지 않습니다. 그렇기 때문에 우리 주님께서는 우리의 음란함과 감사하지 아니함을 책망하시면서 비록 우리는 게으르고 태만할지라도 그분은 그분의 영광을 지속시키기 위해 요구되는 열심을 갖고 계시다는 것을 보여주실 수밖에 없는 것입니다. 그리하여 그분의 영광을 더럽힌 자들에게 보응하실 것입니다.

결국 우리는 하나님께서 자신의 영광을 뺏기지 않으시고 또한 우상숭배자들을 벌하실 수 있다는 것을 알아야 합니다. 이미 언급했던 것처럼 하나님께서는 권능이나 위엄의 의미를 가지고 있는 이름을 사용하고 계신 것입니다. 그리고 이 두 단어들은 하나인 것입니다.

모세가 말했던 바는 선지자 나훔에 의해 훨씬 잘 설명되었습니다. 나훔은 "여호와는 투기하시는 하나님, 보복하시는 하나님, 자기를 대적하는 자를 벌주시는 하나님, 대적을 감시하시는 하나님, 회리 바람과 광풍으로 오실 하나님이시니라"라고 말하고 있습니다.[52] 여기에서 나훔 선지자는 "여호와는 투기하신다"라고 말하고 있는데, 이는 즉 그분은 아무 것도 잊지 않으시고, 그분을 경멸하는 자를 눈 감아 주지 않으신다는 것을 의미합니다. 오히려 아주 사소한 것이라도 주목하고 계시며, 그분 목전에 기록하고 계십니다. 그러므로 그들은 그것에 대한 책임을 져야 할 것입니다.

---

52) 나 1:2~3.

또한 앞서 말씀드린 기질 다시 말해서 하나님은 자신의 영광을 지속시키실 것을 말씀하시고 계십니다. 그리고 동시에 그렇게 할 수단을 가지고 계시며 원수를 벌하시기 위해 무장하고 계시다는 것을 보여주고 계십니다. 그리하여 그들은 그분의 손에서 도망할 수가 없는 것입니다. 이것이 바로 회리 바람과 광풍에 대해 말씀하고 계시는 이유입니다. 이것이 바로 보응에 대해 말씀하고 계시는 이유입니다.

그리고 혹시나 하나님께서 잠깐 동안 이를 모른 체 하시는 것처럼 보일지라도, 그분은 대적에 대한 감시를 게을리 하지 않으십니다. 적당한 때가 되면 그들로 하여금 자신들이 누구를 상대해야 하는지를 깨닫도록 하실 것입니다. 그들이 살아 계신 하나님을 격동하게 했다는 것을 깨닫게 하실 것입니다.

이제 우리는 여기에서 모세가 의도했던 바가 무엇인지를 알게 됩니다. 하나님은 자신의 영광을 매우 중요하게 여기십니다. 다시 말해서 우리가 그분의 예배를 더럽히거나 혹은 어떤 식으로든 타락시켰다 해도 징계를 면하게 될 것이라 주장하지만 그럼에도 불구하고 하나님은 절대로 잊지 않으셨다는 것을 알려 주실 것입니다. 그리고 스스로를 보존하시리라는 것을 알려 주실 것입니다. 이 점을 주목하십시오.

이뿐 아니라 그분은 또한 자신의 투기를 실행하실 능력을 가지고 계신 분입니다. 그분은 유한한 인간과는 다릅니다. 인간 역시 자신이 어떤 모욕이나 사기, 혹은 해를 입으면 분을 내게 됩니다. 하지만 그들에게는 원하는 대로 행할 능력이 없습니다.

그러나 하나님은 다릅니다. 그분은 모든 대적을 꺾을 만한 능력으로 무장하고 계시기 때문입니다.[53] 사실 우리는 하나님 안에 어떤 인간적인 감정이 있어 사람들에게서나 볼 수 있는 것처럼 하나님 역시 그 마음이 요동하신다고 생각해서는 안됩니다. 하나님께는 진노라는 것이 없습니다. 우리는 하나님을 그분의 원 모습대로 이해하지 못합니다. 그 때문에 하나님께서는 어쩔 수 없이 스스로를 우리의 미개한 눈높이에 맞추어 말씀하시는 것입니다.

그러므로 성경이 "노(怒)"나 "진노", "분노"에 대해서 말할 때마다 그것은 하나님께 그러한 기질이 있으시거나 우리와 비슷하시거나 혹은 그러한 마음이 일어나신 것이 아닙니다 (그렇지 않습니다). 사도 야고보는 그분은 언제나 변함이 없으시며 그분 안에는 아주 희미한 그림자조차도 없다고 말하고 있습니다.[54]

이 비유를 통해 그분의 본질은 변화가 있을 수 없다는 것을 보여주고 있습니다. 그렇지만 노, 진노, 분노라는 단어를 사용하지 않으면 우리는 하나님의 심판과 위협을 이해할 수가 없습니다. 그렇기 때문에 성경은 하나님에 대해 그렇게 말하고 있는 것입니다.

그러므로 우리가 무엇보다 유념해야 할 것은 이 본문을 통해 하나님께서는 그분의 수중에 넘어가는 것이 얼마나 무서운 것인지를 보여주셨다는 것입니다.[55] 특히 우리가 만들어낸 사악한 것들로 그분의 예배의 순결함을 더럽히고 우리가 궁리해낸 것이 무엇이든 간에 우리를 꾀하려 하게 될 때면 우리가 상대해야 할 분이 누구인지 깨닫게 될 것입니다. 그리고 그런 식으로 우리가 희롱하기에는 그분은 너무도 위대한 주님이시라는 것을 깨닫게 될 것입니다.

---

53) 신 32:39,41.　54) 약 1:17.　55) 히 10:31.

더욱이 하나님은 율법을 저버리는 우상숭배자들을 위협하는 것만으로는 충분하지 않다고 생각하십니다. 그들 개개인을 징계하실 것이라 말씀하시는 것만으로는 충분하지 않다고 생각하시는 것입니다. 그들의 후손들에게까지 그 보응의 손길을 뻗치십니다.

말씀하시기를 "나는 질투하는 하나님인즉 아비의 죄를 자녀들에게로 삼 사대까지 이르게 하거니와"라고 말씀하고 계십니다. 언뜻 보기에 부모의 죄로 인해 자녀들을 징계하신다는 것은 하나님의 정의와는 어울리지 않는 것처럼 보입니다. 게다가 상식적으로도 납득이 되지 않습니다. 우리는 에스겔서에 어떻게 기록되어 있는지를 알고 있습니다.[56]

즉, 죄지은 자는 자신의 죄값을 담당할 것입니다. 그로 인해 그 아비가 아들의 죄를 담당치 않는 것과 같이 아들도 아비의 죄를 담당치 않을 것입니다. 결국 이 본문은 다소 가혹하며 신랄한 듯하게 보일 수도 있습니다. 뿐만 아니라 하나님 안에 있는 의와 공평을 손상시키는 듯 보일 수도 있습니다. 죄는 그에 따른 징벌, 즉 그것을 범한 자의 죽음을 필요로 하기 때문입니다.

그렇다면 무죄한 자가 죽는 이유는 무엇입니까? 그 이유에 대한 분명한 증거는 없습니다. 그렇지만 성경은 하나님께서 부모의 죄로 인해 무죄한 자녀들을 벌하지는 않으실 것이라 공언하고 있습니다. 심지어 하나님은 유대인들을 향해 참람하다고 책망하고 계십니다. "우리 아비가 신 포도를 먹었으므로 우리의 이가 시다"[57]라는 속담을 만들어 구전시키고 있기 때문입니다. 이 속담을 통해 그들이 말하고자 한 것은 "하나님께서 이토록

---

56) 겔 18:19. 57) 겔 18:2.

혹독하게 우리를 다루시는 것은 우리가 저지른 죄 때문이 아니다. 우리는 우리의 할 바대로 살았기 때문이다. 하나님께서는 단지 우리 조상들의 죄로 인해 우리에게까지 벌하시고 계시는 것이다"라는 것입니다. 이런 식으로 유대인들은 하나님을 향해 투덜거렸습니다. 하지만 하나님께서는 이 속담을 사용하는 그런 참람함이 더 이상 계속되지 않을 것이라 단언하고 계십니다.

그런데 이 모든 것을 주의 깊게 생각해본다면 거기에는 모순된 것이 전혀 없습니다. 앞서 말씀드린 에스겔서의 본문에서 하나님께서 말씀하고 계신 것은, 단지 징계 받은 사람들 중에 자신의 무죄를 주장할 수 있는 자가 없다는 것이었습니다. 혹은 하나님께서 자신들에게 그토록 가혹하게 행하시는 것은 잘못된 것이라고 말할 수도 없습니다. 오히려 그들 모두는 결국 스스로에게서 죄를 발견하게 될 것입니다. 그 결과 그분의 정당성이 드러날 것입니다.

그리고 그들 모두는 그분이 근거도 이유도 없이 행하시는 분이 아니시라는 것을 충분히 깨닫게 될 것입니다. 이는 분명한 사실입니다. 비록 하나님께서 아비로 인해 자녀들을 벌하실지라도 그런 징계로 인해 그분의 의로우심이 사라지는 것은 아닌 것입니다. 자녀들 역시 잘 살펴보면 그들 스스로도 죄를 발견하게 될 것이기 때문입니다.

그렇습니다. 심지어 세상에 알려져 있는 그 어떤 공공연한 잘못을 행한 적이 결코 없는 방금 태어난 아이들이라 할지라도 말입니다. 우리는 어떤 식으로 태어납니까? 날 때부터 철저한 죄성 외에 우리가 또 무엇을 가졌습니까? 결국 여러분은 심지어 아기들조차 이미 죄인이라는 것을 알게 되는 것입니다. 그들은 어머니의 뱃속에 있을 때 이미 하나님 앞에서 정죄 받았습니다. 물론 아직 죄악을 인식하지는 못하고 있습니다. 하지만 그들 모두의 본성은 죄로 가득하고 사악합니다. 때문에 그들은 은밀한 씨앗을 가지고 있는 것입니다. 그들은 이미 정죄함을 받았습니다. 모든 인류에게는 아담으로부터 내려 온 원죄가 있기 때문입니다.[58]

이렇듯 어린 아기라 할지라도 하나님의 진노와 저주에서 제외되지 않습니다. 그러므로 하나님께서 아기들을 벌하신다 할지라도 이는 분명한 이유가 있는 것입니다. 하나님께서는 선한 재판관처럼 언제나 바르게 일을 처리하신다고 말할 수 있습니다. 따라서 하물며 성장한 사람이 스스로 무죄하다고 공언할 수는 없습니다. 오히려 그들에게서는 훨씬 많은 죄를 발견하게 될 것입니다.

그러므로 에스겔이 말하고자 한 것처럼 하나님께서 아비의 죄로 인해 무죄한 자녀들을 벌하지는 않으신다는 것은 분명한 사실입니다. 그들에게도 역시 죄가 발견되기 때문입니다.

더 나아가, "그분은 아비의 죄로 인해 그 자녀들을 벌하신다"라고 말씀하시는 구절에서, 이것이 어떻게 이루어지는지를 주목하도록 합시다. 그러면 이에 대한 의심이 더욱 수월하게 풀릴 것입니다. 무엇보다 우리는 하나님께서 우리에게 빚진 것이 아무 것도 없으시다는 것을 알고 있습니다. 그러므로 만일 그분께서 우리에게 어떤 선을 행하신다면 이는 값없이 주시는 그분의 선하심으로 말미암은 것입니다. 결코 우리에 대한 의무 때문이 아닌 것입니다.

그런데 그분이 우리에게 엄격히 행하시려 하신다면, 이미 정죄받은 자

---

[58] 롬 5:14.

들처럼 역시 우리 모두 정죄하실 수 있습니다. 그러므로 하나님께서 자비를 거두시고 온 세계를 향해 스스로를 심판자로서 드러내신다고 해 봅시다. 어떻게 되겠습니까? 우리 모두는 버림받게 될 것입니다. 우리를 구할 수 있을 만한 아무런 방책도 없게 될 것입니다. 큰 자든 작은 자든, 아비든 자녀든, 우리 모두는 예외 없이 영원한 형벌을 받게 될 것입니다. 하나님께서 우리가 처한 저주스러운 상황으로부터 우리를 건져 주시지 않는다면 말입니다.

심지어 아무것에도 매인 바 없으신 그분이 단지 값없이 베푸시는 선하심으로 인해 건져 주시지 않는다면 말입니다. 이렇듯 하나님께서는 우리를 멸하실 수도 저버리실 수도 있는 분이십니다. 그러므로 그분이 누군가에게 선하심과 자비를 베푸시고, 그들을 부르시며, 그들이 처한 깊은 구덩이로부터 건져내시는 것을 기뻐하신다 하여, 그분을 비난할 수 있겠습니까? 그분에게서 어떤 잘못을 찾을 수 있겠습니까?[59] 없습니다. 그분은 자신의 피조물을 긍휼히 여기시는 분이십니다.

때문에 이를 악의에 찬 눈으로 바라보아서는 안됩니다. 비록 그분이 모든 인류를 향해 동일한 호의를 베풀지 않으신다고 할지라도 말입니다. 그럴지라도 우리는 입을 다문 채 잠잠해야 합니다. 단지, 하나님께서 하시는 일은 정당하며 공평한 것이라고 고백할 때만 가끔씩 입을 크게 열어야 합니다.[60] 그것이 우리가 이해하지 못하는 일일지라도 말입니다.

하나님께서 사람들에게 왜 그렇게 하시는지를 우리가 항상 이해할 수 있는 것은 아니기 때문입니다. 우리는 쓸데없는 말들을 내려놓아야 합니

---

59) 마 20:15. 60) 시 33:4.

다. 그리고 그분의 판단이 우리가 도달하기에는 너무도 높고 너무도 비밀스러운 것일 때에는 그저 그런 판단을 하신 그분을 경외하는 법을 익혀야 하는 것입니다. 어쨌든 간에, 이러한 보편적인 규칙을 세워야 하겠습니다. 즉, 하나님께서 만약 그것을 좋게 여기셨다면 원래 처해 있던 멸망 가운데 우리를 내버려두실 수도 있었습니다. 그리고 그런 식으로 온 세상이 멸망했을 수도 있었습니다.

하지만 하나님께서는 자신이 긍휼이 많고 인자한 분이시라는 것을 보여주기를 기뻐하십니다. 모든 사람이 아닌 그들 중 일부에게 일지라도 말입니다. 그 결과 하나님께서는 이 사람과 저 사람을 구별하고 계십니다. 그리고 태어난 모습 그대로 저주 가운데 두기로 하신 자들은 그대로 내버려두십니다.

이제 왜 하나님께서 어떤 이들에게는 그런 식으로 자비를 베푸시고 다른 이들에게는 엄격함을 보이실까 라는 질문이 제기될 수 있습니다. 사실 그에 대한 가장 첫째 되는 이유는 우리에게 알려져 있지 않습니다. 그리고 우리는 그에 대해 알고 싶어해서도 안됩니다. 왜 그렇습니까? 왜냐하면 그와 관련해서는 우리 지혜가 억눌려 있고 가두어져 있기 때문입니다.

우리는 단지 하나님께서는 그분이 바라시는 자들을 택하시고 그 남은 자들은 저버릴만한 자유로운 권세를 가지셨다는 것을 고백해야만 할 뿐입니다. 어쨌든 간에, 하나님께서는 믿는 자들에게 이것을 약속하고 계십니다. 즉, 그들의 자녀들에게 자비를 베푸실 것이라는 것입니다.

그리고 이미 그 부모들에게 그분의 자비를 베풀기 시작하신 것처럼, 천대에 이르기까지 계속 그러하실 것이라 약속하십니다. 이제 우리는 하나님께서 어떤 이들을 다른 이들보다 더 긍휼히 여기시는 데에는 무언가 이유가 있다는 것을 알게 되었습니다. 뿐만 아니라 이와는 반대로, 불신자들에게는 단지 그들뿐만 아니라 그들의 일족과 후손까지도 저주하실 것이라 위협하고 계신 것을 알게 되었습니다.

이제 하나님께서 베푸시는 자비와 징계라는 문제를 살펴보아야 하겠습니다. 하나님께서 믿는 자들의 자녀에게 베푸시는 은총은 부유함이나 건강 따위의 것들이 아닙니다. 세상적으로 성공하도록 만드는 것도 아닙니다. 그러한 것들은 하나님께서 주시는 가장 큰 은총이 아닙니다.

하나님께서 은총을 베풀기 시작하시는 목적도 아닌 것입니다. 그보다도 하나님께서 보여주시는 자비란 성령을 통해 그들을 다스려 주시는 것입니다. 그들에게 양자 삼으신 표를 주시는 것입니다. 그리고 그분의 형상을 따라 그들을 다시 빚으시기 위해 죄악으로부터 바로잡아 주시고 깨끗하게 해주시는 것입니다.

그러므로 여러분들은 하나님께서 믿는 자녀에게 베푸시는 자비란, 그들이 타락과 죄악에 머무는 것을 묵과하지 않으시는 것임을 알게 됩니다. 오히려 성령으로 그들을 변화시키고 다스리십니다. 이것이 이루어지면, 그때는 한 걸음 더 나아가서, 그들을 이 세상에서도 성공하게 만드시는 것입니다. 그분의 충만한 자비가 그들 위에 쌓일 때까지, 다시 말해서, 그들을 그분의 왕국으로 취하시어 그곳에서 영생을 주실 때까지 말입니다.

이에 반해서, 아비의 죄악을 자녀에게 갚으실 때는 그 아비가 처해 있는 곤궁한 상황에 그 후손 역시 동일하게 그대로 내버려두신다고 말할 수 있습니다. 예를 들어, 사악한 자나, 혹은 하나님을 멸시하는 자나, 위선자나, 불신자가 여기 있다고 해 봅시다. 그들에게는 분명 자녀가 있을 것입니다. 하지만 하나님께서는 (흔한 말로) 그 자녀들을 돌보지 않으십니다.

그들을 이방인처럼 여기십니다. 자신의 백성으로 인정하지 않으십니다.

그들에게 자신을 아버지와 같은 분으로 보여주기를 허락하지 않으십니다. 다만 그들이 배회하도록 내버려두십니다. 그리하여 결국은 사탄이 그들을 소유하게 될 수밖에 없도록 방치하시는 것입니다. 그들 안에 하나님의 영이 존재하지 않는다면, 완전한 타락으로 인해 결국 하나님을 더욱 진노하게 할 뿐, 그 외에 그들에게 무슨 일이 일어날 수 있겠습니까? 지금도 우리 주님이 이유 없이 그들을 벌하시는 것입니까? 아닙니다. 그들이 스스로를 무죄하다고 말할 수 있습니까? 물론 없습니다. 이미 그들 안에 충분한 죄가 있기 때문입니다.

그러므로 우리는 하나님께서 에스겔을 통해 선포하신 것이 참된 것임을 더욱 분명하게 알게 됩니다. 다시 말해서, 범죄한 자는 누구나 합당한 자신의 죄값을 받게 될 것입니다. 그리고 무죄한 자가 부정한 자와 죄인으로 인해 벌을 받게 되지는 않을 것입니다.

그렇지만 우리는 또한 하나님께서 아비의 죄악을 자녀에게 갚으실 것이라고 말씀하신 데에는 분명한 이유가 있다는 것을 알게 됩니다. 그렇다면 왜 그렇게 하신 것일까요? 그것은 악하고 믿음 없는 자들의 자녀들, 혹은 그분의 말씀을 업신여기는 자들의 자녀들, 하나님의 이름을 악용하는 위선자들의 자녀들에게는 은혜를 베풀지 않으시는 것이 그분의 속성이기 때문입니다. 그들의 일족(一族) 모두에게서 하나님의 영을 거두는 것은 전적으로 그분의 자유에 속한 문제인 것입니다.

그러므로 그들의 자녀들이 하나님으로부터 멀어진다면, 그들에게 남아 있는 것이 아담의 타락 외에 무엇이겠습니까? 그들에게는, 죄와 타락 외에는 아무 것도 없습니다. 그러므로 그들은 결국 하나님의 대적이 될 수밖에 없는 것입니다.[61] 따라서 여러분은 하나님께서 그들을 벌하시는 것이 어째서 정당한가를 알게 됩니다. 그들은 그분의 손아귀에서 벗어날 수 없다는 것도 알게 됩니다.

그리고, 그들은 하나님께서 자신들에게 부당하게 행하시는 것이라고, 혹은 그분이 자신들에게 잔혹하다고 말할 수도 없다는 것을 알게 됩니다. 이와 관련해서는 누구든지 아무런 말도 하지 말아야 합니다. 사실 패역한 자들은 이에 대해 결코 수긍하지 않을 것입니다. 우리가 알다시피 그들 중에는 겸손하고 근신하는 자들이 수치스럽게 여길 정도로 뻔뻔하게 하나님을 대적하는 자들이 있기 때문입니다.

하지만 그러한 자들이 실컷 떠들어 대도록 내버려둡시다. 그리고 그 동안에 우리는 겸손함으로 우리 하나님께 영광을 돌립시다. 동시에 하나님께는 자신이 선택한 자들에게 자비와 은혜를 베푸실 권세와 합당한 권리가 있다는 것을 인정하도록 합시다.[62]

그런 이유로 말미암아, 하나님께서 악인의 자손들에게서 자신의 영을 거두신다 할지라도, 잔혹하다 비난할 수 없습니다. 그들이 하나님으로부터 버림을 받는다면, 성령의 다스림을 받지 못한다면, 이는 그들이 벌받아 마땅하기 때문이라는 것을 여러분들은 알기 때문입니다. 그런 까닭에, 우리는, 이 말이 에스겔의 말과 상충되지 않는다는 것을 명심해야 하겠습니다.

이제 모세가 말하고자 하는 바로 돌아가도록 합시다. "너희가 신앙 안에서 무언가를 변질시킴으로 인해 하나님의 예배를 더럽힌다면, 하나님

---

61) 롬 8:7. 62) 출 33:19.

께서는 너희를 벌하실 것이다. 그리고 만일 너희가 어떤 형상을 만들어 그것을 그분이라 여길 경우에는 그분의 보복을 피할 수 있을 것이라 생각하지 말아야 할 것이다. 그분은 그런 식으로 자신의 존귀함이 더럽혀지는 것을 참지 않으시는 분이시기 때문이다"라고 모세가 말했을 뿐이라 할지라도, 그가 의도한 바는 우리로 하여금 하나님을 훨씬 더 두려워하도록 만들려는 것임에 의심할 여지가 없습니다.

하지만 인간은 너무도 강퍅하고 무심합니다. 때문에 모세가 그렇게만 말했다면, 그들은 두려움을 충분히 깨닫지 못했을 것입니다. 그러므로 여기에서 모세는 좀더 나아갑니다. (그가 말하기를) 하나님은 단순히 여러분 개인만을 벌하지 않으실 것입니다. 그분의 보응은 여러분의 후손에게까지 미칠 것입니다. 여러분의 자녀들뿐만 아니라 마지막 후손에게까지 보응하실 것입니다.

결국 여러분은 타는 불과 같은 그분의 진노를 항상 경험하게 될 것입니다. 그리고 여러분이 죽은 후에도 여전히 여러분의 사악함이 드러날 것입니다. 하나님께서는 여러분으로 하여금 노골적인 수치를 당하도록 하실 것입니다. 결국 여러분은 모든 이들로부터 주목을 받게 될 것입니다. 여러분이 흙으로 돌아간다 할지라도, 하나님의 응보가 그곳까지 따라갈 것입니다. 여러분의 죄가 세대를 거쳐 기억될 것이기 때문입니다.

그리고 한없는 은혜를 베풀어주신 그분께 여러분이 불순종했다는 것을 세상이 알게 될 것입니다. 여러분은 그분의 양떼가 되어, 그분의 말씀에 따라 그분으로부터 다스림 받아야 했기 때문입니다.

그러므로 이제 우리는, 하나님이 이런 식으로 일깨워주실 때면 꾸벅꾸벅 졸고있던 졸음에서 깨어나야 한다는 것을 깨달아야 합니다. 하나님께서 분명하게 말씀을 통해, 혹은 눈에 보이는 이적을 통해 분노를 드러내시면, 두려움과 공포에 휩싸여야 마땅합니다.

하지만 우리는 둔하여 그러한 자극을 깨닫지 못합니다. 때문에 하나님께서는 우리를 벌하실 뿐만 아니라 우리의 모든 후손들에게도 지속적으로 보응하리라 말씀하고 계시는 것입니다. 우리가 죽은 후에도 우리가 낳은 자들이 책망 받게 될 것이라 말씀하십니다.

하나님께서 이렇게 말씀하고 계시므로 우리는 적어도 좀더 신중해져야 합니다. 그분을 경외하며 살아야 합니다. 그리고 그분께로 돌아가야 합니다. 그분의 진노를 불러일으키지 않도록 하려면 말입니다. 그분의 진노는 너무도 무시무시한 것이기 때문입니다. 그러므로 여러분은 우리가 본문을 통해 어떤 유익을 얻을 수 있는지 알게 됩니다.

그런데 그는 "그분을 미워하는 자들"이라고 말하고 있습니다. 이 말은 그분의 율법을 어기는 모든 자들을 의미하는 것입니다. '하나님께 순종하지 않는 이들은 결국 모두 그분을 미워하는 것인가' 라고 묻는다면, 이 본문은 그렇다는 것을 보여주고 있습니다. 외관상으로는 그렇게 보이지 않을지라도 실제로는 그렇습니다.

이러한 경우에 우리의 판단을 의지해서는 안됩니다. 오직 하나님만이 그 문제에 대해 판결할 만한 합당한 재판관이시기 때문입니다. 인간은, 악한 행위에 빠질 때조차도, 그들이 죄를 지음으로써 하나님을 미워하는 것이라고 말하지도, 심중에 그렇게 생각하지도 않습니다.

하지만 악은 반드시 드러나기 마련입니다. 사실 위선자들은 하나님의 사랑으로 말미암아 자신들의 선한 면이 드러나는 양 가장합니다. 그리고 실제로 그들에게 그럴만한 얼마간의 씨앗이 있을 수도 있을 것입니다. 그러나 그것은 거짓되고 타락한 씨앗일 뿐입니다. 이렇게 하나님에 대한 미움이 위선자에게서도, 심지어 난잡하고 방탕한 삶을 사는 사람들에게서도 나타나지 않는 경우가 있습니다.

하지만 우리가 알아차리지 못할지라도 그들 안에는 분명 하나님에 대한 미움이 있습니다. 마치 세상에 재판관도, 질서도, 통치도 없는 것을 원하는 악인들처럼, 자신이 하나님의 주권 아래 있다는 것을 (적어도 자진해서) 인정하지 않는 자들은 모두 그분을 경멸하는 것이기 때문입니다. 그들은 그분을 하늘에서 끌어내릴 때 비로소 만족할 것입니다.

이러한 모습은 의도적으로 그렇게 행하는 자들에게서 분명하게 나타납니다. 인간이 일단 스스로 고삐를 던져 버리고 죄악에 빠지게 되면 더 이상 바로 잡힘을 원치 않게 됩니다. 가르침을 받을 만한 상태가 되지도 않습니다. 만일 누군가가 위협하면 그를 향해 이를 갑니다. 그에게 분노합니다.

그리고 노발대발하여 하나님께 대항합니다. 그러므로 하나님에 대한 이러한 미움은 불법적으로 악을 행하는 자들에게서, 음란에 넋을 잃은 자들에게서, 죄에 몰두하는 자들에게서 두드러지게 나타나게 되는 것입니다. 게다가, 사실 하나님을 두려워하는 자들에게서는 하나님에 대한 미움이 드러나지 않습니다. 그리고 누군가 하나님과 그분의 정의에 대해 말하면 양심의 가책을 느끼는 사람들 역시도 하나님을 미워하고 있다는 것이 드러나지 않습니다.

하지만 그들 또한 그 안에 하나님에 대한 미움이 존재합니다. 사실 그들은 그렇게 생각하지 않습니다. 하지만 하나님은 우리보다 훨씬 더 분명하게 알고 계십니다. 우리는 깨닫지 못하는 데 반해 그분은 알아차리고 계십니다. 우리는 사도 요한이 "하나님은 우리 마음보다 크시고"[63]라고 한 말을 항상 기억해야 합니다. 다시 말해, 우리의 양심도 우리의 범죄에 대해 증언할진대, 하나님께서도 그동안 주무시고만 계시지 않으신다는 것입니다.

그러므로 요컨대 하나님께 순종하지 않는 자들은 모두 그분을 미워하는 것임을 기억하도록 합시다. 그분을 섬기고 그분께 영광을 돌리기 위해 그분의 위엄 아래 겸손히 나오지 않는 자들은 모두 그분을 미워하고 있는 것임을 기억하도록 합시다. 비록 그들이 처음에는 그런 모습을 드러내지 않아 세상이 그들을 식별할 수 없을지라도 말입니다. 그리고 이러한 이유로 하나님께서 계명을 지키는 자들에 관해서 말씀하실 때 사랑에서부터 시작하고 계시는 것입니다.

모세는 "그분은 자신을 사랑하는 자에게는 천대까지 은혜를 베푸시느니라"라고 말하고 있습니다. 왜 그런 것일까요? 그것은, 여기에서 말하고 있는 사랑을 우리가 느끼지 못하면 하나님께 영광을 돌리고 그분께 충실하기를 바란다는 것이 불가능하기 때문입니다. 그리고 이것은 우리에게 유익한 교훈이 될 수 있을 것인데, 후에 이와 관련하여 살펴보게 될 것입니다. 아무튼 모세는 "주 너희 하나님이 너희 이스라엘에게 무엇을 요구하고 계시는가? 단지 전심을 다하여 그분을 사랑하고 섬기라는 것뿐이 아닌가?"[64]라고 말함으로써 율법을 요약해 주려 합니다.

만일 우리가 앞서 말한 사랑에서부터 시작하지 않는다면, 하나님의 율법을 준수하고 그것에 따라 사는 것이 어떤 것인지 절대로 알 수 없습니

---

63) 요일 3:20.   64) 신 10:12.

다. 왜 그렇습니까? 하나님께서는 자발적인 순종을 요구하시기 때문입니다.[65] 그분은 우리가 두려움 때문에 주인을 섬기는 노예처럼 그분을 섬기는 것을 원하지 않으십니다.[66] 자유롭고 기꺼운 마음으로 행하기를 원하십니다.

그리고 심지어 그분께 영광을 돌리는 것을 기뻐하기를 원하십니다. 이는 우리가 그분을 사랑하지 않는다면 이루어질 수 없는 것입니다. 따라서 순종의 시작이자 근원이며 기초일 뿐 아니라 그 뿌리인 것은 바로 앞서 말한 하나님에 대한 사랑임을 명심해야 합니다.

결국 우리는 강요로 인해 그분께 나아오는 것이 아닙니다. 그분께 나아오는 것이 둘도 없는 기쁨이 되는 것입니다. 동시에 우리의 참된 행복은 그분의 뜻에 따라 온전히 다스림 받기를 소망하며, 우리 스스로를 전적으로 그분의 뜻에 맞추는 것임을 확신하게 됩니다.

뿐만 아니라, 우리 하나님의 선하심을 맛보기 전까지는 이러한 사랑이 우리 안에 있을 수 없다는 것을 유념해야 합니다. 하나님을 적대자로 생각하는 한은 반드시 그분을 멀리하려 하게 될 것이기 때문입니다. 그렇게 되면 우리가 그분을 사랑하겠습니까? 그분께 순종하려 하겠습니까? 그분을 섬기는 것이 기쁨이 되겠습니까? 우리는 먼저 그분이 우리의 아버지이시며 구세주이심을 깨달아야 합니다.

그리고 그분은 우리에게 오로지 은혜를 베풀기 원하신다는 것을 깨달아야 합니다. 그렇게 우리를 향한 그분의 사랑을 맛보게 된다면, 그분을 우리 아버지로서 사랑하게 됩니다. 이 사랑이 우리 안에 있다면, 그분께

---

65) 고후 9:7. 66) 롬 8:15.

순종하게 될 것이라는 데 의심의 여지가 없습니다.[67] 그리고 그분의 법이 우리의 생각을, 우리의 정욕을, 우리의 모든 요소를 다스리게 됩니다. 이미 말씀드린 것처럼, 우리가 하나님께 불순종하는 이유가 그분에 대한 미움 때문이 아니라면 무엇이겠습니까?

그러므로 이와 반대로, 하나님에 대한 사랑은 우리로 하여금 그분을 섬기도록 할 것입니다. 그분의 의에 복종하게 될 것입니다. 그로 인해 사람들은 하나님의 법과 우리의 모든 바램과 정욕이 일치되고 부합되는 것을 보게 될 것입니다. 하지만 이를 좀더 잘 이해할 수 있기 위해서, 우리는 하나님이 어떤 분이신 지를 생각해 보아야 합니다. 그분은 우리의 본성에 준하여 알려지고자 하지 않으시기 때문입니다.

그리고 그분을 하나님이라고 부르고 있는 데, 사실 이 칭호는 그분의 속성을 나타내기에 충분하지 않습니다. 그분은 그분의 실제 모습으로 알려지기 원하십니다. 다시 말해서, 그분은 의로우시고, 선하신 분으로서, 완벽 그 자체이시고 모든 지혜의, 모든 능력의, 모든 정의의, 그리고 모든 공평의 근원이십니다.

그러므로 그분을 그분 그대로 이해하도록 해야 합니다. 그렇게 되면 그분을 닮아가기만을 바라게 됩니다. 반대로, 우리가 허탄한 것을 사랑하고 그것에 열중한다면 반드시 하나님을 미워하게 됩니다. 왜 그렇습니까? 그분의 있는 그대로의 모습에는 논의의 여지가 없기 때문입니다. 우리는 하나님을 우상과 같은 존재로 생각해서는 안됩니다. 그분의 정의와 공평으로 이해해야 합니다.

---

67) 요 14:15.

그러므로 우리가 하나님 안에 있는 것을 미워하면 다시 말해서, 그분의 정의와 의로움을 미워하면, 그분 자체를 미워하게 될 수밖에 없습니다. 그분은 스스로를 부인할 수 없고[68] 스스로를 위장할 수 없기 때문입니다. 자신을 우리식대로 변형시킬 수 없기 때문입니다. 그분은 영원히 스스로의 모습을 지속하십니다.

그러므로 (이미 말씀드렸던 것처럼) 하나님을 사랑하는 자들은 모두 자신들이 그분의 법에 순종치 않게 될까 봐 근심할 필요가 없습니다. 그분의 계명을 지키지 않게 될까 봐 근심할 필요가 없습니다. 이들은 서로 하나가 되어 나뉘어질 수 없기 때문입니다. 이것이 바로 우리가 이 부분에서 주목해야 하는 것입니다.

그리고 이로써 우리는 이전보다 더욱 모든 강퍅함과 모든 죄를 멀리하라는 권고를 받게 됩니다. 하나님의 대적이라 선언되고 그분을 대적하여 전쟁을 일으키는 자가 되는 것은 결코 작은 문제가 아닙니다. 이런 상황으로 인해, 우리는 스스로를 그분보다 높일 수도, 그분을 외면할 수도, 그분의 멍에를 거부할 수도 없게 됩니다. 다만 한때는 우리가 그분의 대적이었으며, 그분을 대항하여 공공연히 전쟁을 일으켰다는 것을 깨닫게 됩니다. 이는 참으로 가증스러운 일이 아닙니까?

따라서 우리는 우리의 죄와 악을 경멸하는 법을 익혀야 합니다. 그것들은 우리를 타락시켜 하나님의 대적이 되도록 하기 때문입니다. 그로 인해 하나님께서도 자신이 우리의 적이 되신다는 것을 나타내 보이실 수밖에 없게 되기 때문입니다.

---

[68] 딤후 2:13.

또한 이와 더불어, 우리는 순결하고 진실한 마음으로 하나님을 의뢰하라는 권고를 받습니다. 우리의 발과 손과 눈이 악을 멀리하는 것만으로는 충분하지 않기 때문입니다. 마음이 앞서 나가야 하며 참된 애정을 갖고 하나님을 섬겨야 합니다.

그리고 이 애정은 강요되어진 것이어서는 안됩니다. 하나님을 향한 참된 사랑으로부터 나온 것이어야 합니다. 그러므로, 우리가 율법을 잘 준수하고자 한다면, 먼저 하나님께서는 우리에게 선하고 다정한 아버지 되신다는 것을 깨달아야만 합니다. 우리를 향한 그분의 사랑을 온전히 확신할 수 있도록 말입니다.

그리고 더불어, 아무 의미 없이 하나님을 사랑한다고 고백하는 일은 생각조차 해서는 안됩니다. 이는 우리의 삶 전체를 통해 드러날 수 있어야 합니다. 여기에서 모세는 하나님의 사랑에 대해 말하면서, "그분을 사랑하는 자는 또한 그분의 계명을 지키느니라"라고 덧붙이고 있기 때문입니다. 따라서 우리의 삶이 그 점에 있어서 답할 수 있어야 하며, 바로 그 삶을 통해 우리가 그분을 사랑하는가 혹은 미워하는가를 증명해야만 합니다.

더욱이 여기에서, 하나님께서 진노와 보응을 자비와 비교하시면서, "그분은 자신을 미워하는 자의 죄를 갚되 삼 사대까지 이르게 하거니와 자신을 사랑하는 자에게는 천대까지 은혜를 베푸느니라"라고 말씀하고 계시는 데에는 분명한 이유가 있습니다. 성경의 다른 본문에서 이와 관련하여 좀 더 분명하게 설명되고 있습니다. 즉, 그분은 노하기에 더디하시고 자비하심이 풍부하시며 동시에 오래 참으십니다. 그로 인해 그분의 진노는 아주

---

69) 시 103:8,9,17.

잠깐 동안 지속되는 반면 자비는 평생동안 영원히 지속됩니다.[69]

결국 여러분은 여기에서 하나님의 참된 인격을 경험하게 됩니다. 그분은 온유하심으로 사람들을 인도하기만을 원하시며, 그들에게 선하심을 베풀고자 합니다. 그분이 벌하실 때는, 그것은 (흔히 말하듯) 그분의 본성을 거스르는 일입니다. 하나님께서는 자비를 베푸시는 것만큼이나 징계하실 권리도 가지고 계신 분이지만, 우리에게 그분의 선하심이 훨씬 크다는 것을 보여주기 원하십니다. 요컨대, 하나님께서는 가혹한 분이 아니십니다. 오히려 우리가 그분을 인정하기만 한다면, 우리를 향한 그분의 선한 뜻을 말씀하시기를 바라십니다.

사실, 하나님께서는 선하고 긍휼하신 분으로 알려지기 원하시기 때문입니다. 그리고 그러한 상태에서 그분의 영광이 가장 빛을 발합니다. 따라서 우리는 모세가 여기에서 하나님의 자애와 관련해서는 천대를 언급하고 그분의 진노와 보응은 삼 사대로 제한한 것에는 분명한 의미가 있다는 것에 주목해야 합니다. 그것은 마치 이렇게 말하고 있는 것과 같습니다.

"진실로 우리 주님은 이방풍속을 향해 벌을 면치 않으실 것이다. 너희가 망령됨으로 말미암아 하나님의 예배를 타락시키고 그분의 영광을 더럽힌다면, 그에 대한 벌을 받게 될 것이며, 심지어 너희 자녀들까지도 그러하게 될 것이다. 하나님의 진노의 불이 너희에게 임하면, 그 불은 너희가 생각한 만큼 빨리 사라지지 않을 것이다. 그럼에도 불구하고 그분은 여전히 긍휼을 베푸시기를 멈추지 않으실 것이다. 그분의 자비는 언제나 진노보다 더 클 것이다"라고 말입니다.

사실, 하나님께서 우리가 앞서 들은 바 있는 위협으로 인해 세상이 바른 신앙을 간직하게 되기를 원하셨습니다. 그 결과 그들이 우상과 괴상한 형상들에 얽매이지 않도록 하려 하셨던 것입니다. 뿐만 아니라 여기 담겨 있는 약속으로 인해 우리가 그분께로 이끌리도록 만들기를 원하셨습니다.

만일 우리가 그분께 합당한 사랑과 경의를 표한다면 하나님께서는 위협이라는 방법으로 우리를 속박하기보다는 그분의 선하심을 통해 우리의 마음을 얻고자 하실 것입니다. 그 때문에 이렇게 말씀하십니다. "나의 자녀들아, 내가 너희를 벌할 것이라 생각하지 말지니라. 실제로 너희가 나를 격노케 한다면, 나는 내 자신이 너희 손에서 조롱당하도록 묵인하고만 있지는 않을 것이라. 하지만 그럼에도 불구하고, 너희에게 나의 분노에 대해 말했을 때조차도 나에게는 너희를 훈련시키고 자비로써 너희의 마음을 얻을 만한 많은 방법들이 있었노라. 그러므로 너희에게 말하노니, 만일 너희가 순전하고 온전한 마음으로 나에게 순종한다면 나는 천대에 걸쳐 계속해서 너희에게 선을 베풀 것이니라. 그로 인해 너희 뒤를 이어 너희 자녀들도 동일한 나를 발견케 될 것이니라"라고 말입니다. 이로써 우리는 이 본문에서 기억해야 하는 것이 무엇인지를 알게 됩니다.

더욱이 결론적으로, 하나님께서 이 "자비"라는 단어를 사용하신 것은 무의미한 일이 아닙니다. 그것이 그분께 드려진 예배에 대한 보상처럼 여겨질지라도 말입니다. 그분은 아마도 이렇게 말씀하셨을 수도 있습니다. "나는 나를 존귀케 하고 나를 섬기는 자들의 예배를 주시할 것이라. 그리고 사람들이 나의 계명을 지킴으로써 나에 대한 사랑을 나타낸다면 나를 존귀하게 하기 위해 애쓴 그들의 수고가 헛되지 않았다는 것을 그들에게 보여줄지니라"라고 말입니다. 하나님은 바로 이와 같이 말씀하셨을 수도 있습니다.

하지만 그 대신에 "자비를 보여줄 것이라"라고 말씀하고 계십니다. 왜 그렇습니까? 이는 마치 우리가 하나님을 섬기면, 그에 대한 보답을 주시는 것이 마땅한 것처럼 보이지 않습니까? 하지만 그렇지 않습니다. 오히려 하나님께서는 그분을 존귀케 하고 그분의 계명을 따르는 자들에게 선을 베푸시는 것이 의무에 매여있기 때문이거나 그들의 어떤 공적 때문이 아니라는 것을 보여주고 계십니다. 단지 그분이 자비를 베풀기로 결정하셨기 때문에 그렇게 하시는 것입니다.

그러므로 이 "자비"라는 단어는 인간의 모든 자만을 꺾습니다. 그리고 그 결과로서 인간은 마치 자신들이 보상받을 자격이 있는 것 마냥 자신이 한 업적에 대해 자랑할 수 없게 됩니다. 오히려 그것을 통해 하나님께서 말씀하시고자 하는 것은 우리가 최선을 다해 그분을 섬길 때조차도 그분의 도우심이 필요하다는 것을 깨닫게 됩니다. 우리의 죄와 연약함이 탕감되어야 한다는 것을 깨닫게 됩니다.

그러므로 이 본문에서 우리가 주목해야 할 것은 두 가지입니다. 하나는, 우리가 아무리 순결하게 하나님을 섬긴다 할지라도, 그분이 그에 대한 보상을 우리에게 주시는 것은 우리에게 무언가 빚을 지고 있기 때문이 아니라는 것입니다.[70] 사실, 우리가 그분을 섬긴다는 것 자체가 어디에서 온 것입니까? 순전히 그분의 은혜에서 온 것이 아닙니까? 그러므로 그분이 우리에게 무엇을 빚졌다는 것입니까? 아니, 오히려 그 이상의 본질적인 문제가 있습니다.

즉, 만일 그분이 엄격하게 우리를 살피고자 하신다면, 그분의 눈으로 보시기에 우리 모두는 죄인인 것입니다. 그런데도 하나님께서 우리가 그분

---

70) 고전 15:10.

을 섬기는 것에 대해 보상을 해주시는 것은 그분의 순수한 선하심에서 기인한 것입니다.[71] 결코 의무에 매였기 때문이 아닙니다. 오히려 (그 이상으로) 그분은 기꺼이 우리의 죄를 용서하시고 우리를 참아 주시고 계십니다. 심지어 우리가 선을 행할 때조차도 그렇습니다. 그런 까닭에, 하나님께서는 스스로를 인자하고 관대하신 분으로 나타내고 계시다는 것을 주시해야 합니다. 그분은 우리로 하여금 그분의 엄격함을 절실히 느끼도록 하실 수 있습니다.

그런데도 오히려 우리의 연약함을 참으시는 그분의 자비를 맛보도록 하시기 원하십니다. 이러한 그분의 자비가 없다면 우리는 모두 멸망하게 되었을 것임을 분명히 깨달아야 합니다. 그리고 우리가 아무리 그분께 순종하고자 애쓸지라도, 앞서 말한 그분의 인자하신 선하심이 아니었다면 우리는 유죄 판정을 받았을 것입니다.

그러므로 우리가 구원에 대해 확신을 얻고자 한다면, 그분의 자비를 피난처 삼아야 합니다. 이제 우리의 죄를 시인하며 우리의 선하신 하나님의 임재 앞에 무릎 꿇도록 합시다. 우리가 행했던 것보다 더 절실하게 그 잘못들을 느끼도록 해달라고 기도합시다. 그리하여 그것이 우리를 참된 회개로 인도하여 그분을 경외해야함을 깨달을 수 있도록 말입니다.

또한 그분이 진노하심으로 우리를 위협하시자마자 그분을 경외할 수 있도록, 우리 자신을 겸허히 낮추기 위해 그분 안에 있는 힘을 깨달을 수 있도록 해달라고 기도합시다. 아버지의 선하심에 의지할 수 있도록 해달라고 기도합시다. 일단 그분께서 우리를 향해 자신을 아버지이자 구세주

---

71) 롬 3:4.

로 보이기 시작하셨다면, 그분은 심지어 우리가 죽은 후에도 여전히 계속해서 그러하실 것임을 의심치 않으면서 말입니다.

  그 결과 우리는 우리 자신의 완악함과 불순종 속에서도 그분을 겁내지 않게 됩니다. 하나님은 이러한 은혜를 우리뿐만 아니라 이 땅의 모든 민족과 나라에 베풀기를 기뻐하십니다.

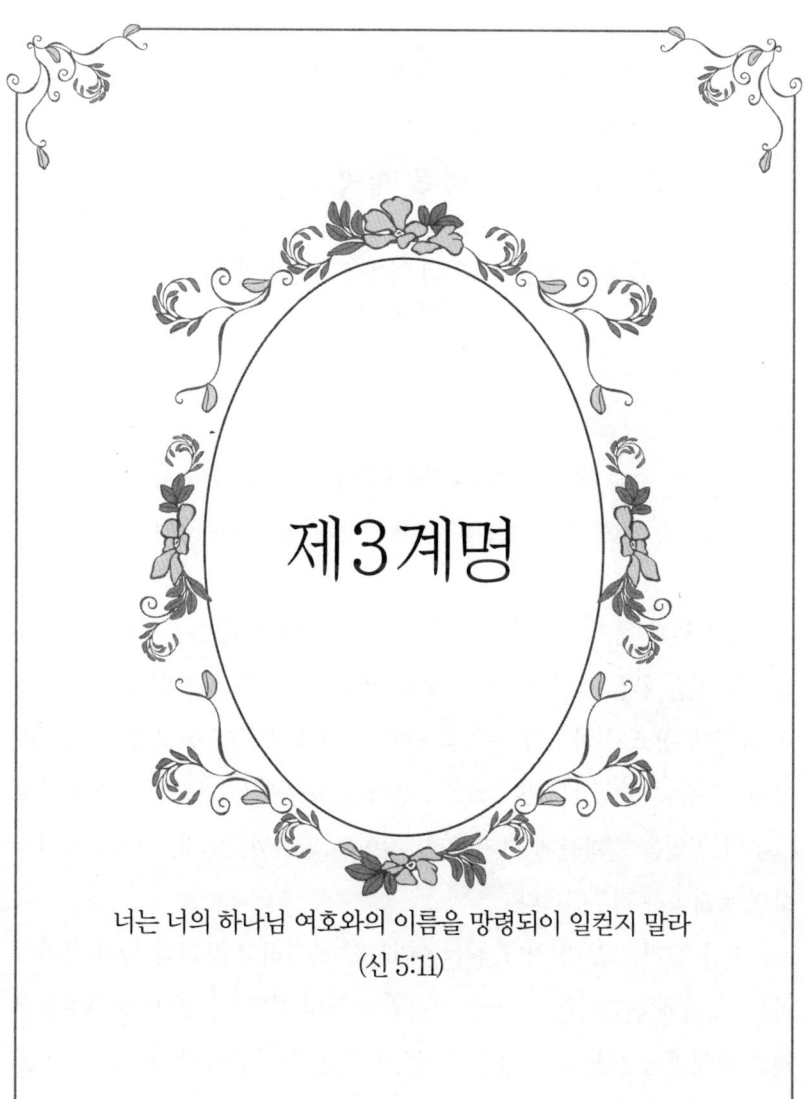

제3계명

너는 너의 하나님 여호와의 이름을 망령되이 일컫지 말라
(신 5:11)

제 3 계명

너는 너의 하나님 여호와의 이름을 망령되이 일컫지 말라
(신 5:11)

11 너는 너의 하나님 여호와의 이름을 망령되이 일컫지 말라 나 여호와
는 나의 이름을 망령되이 일컫는 자를 죄 없는 줄로 인정치 아니하리라

만일 우리가 현명하다면 굳이 하나님을 경외해야 한다는 가르침을 받을 필요가 없습니다. 자연적으로 그렇게 되었을 것이기 때문입니다. 우리가 이 세상에 창조된 목적이 무엇입니까? 우리가 이곳에 살고 있는 목적이 무엇이겠습니까? 온갖 선한 것으로 은혜를 입고 있는 그분을 존귀케 하고 그분의 위엄을 영화롭게 하기 위한 것이 아닙니까? 이것이 바로 우리의 삶의 목적이자 전부입니다.

하지만 우리는 우리 하나님을 존귀하게 해드리고 우리의 삶의 목적인 바로 그 길에 전념하는 대신에, 그것과는 전혀 상반되는 음모를 꾸며왔던 것으로 생각됩니다. 우리 가운데 어떤 이들은 하나님에 대한 모든 기억을 매장해 버리려 했습니다. 어떤 이들은 그분을 경멸하고 조롱합니다. 또 어떤 이들은 노골적으로 그분을 모욕합니다.

결국 우리는 우리가 무엇 때문에 살고 있는지 혹은 무엇 때문에 살아야

하는지를 전혀 모르고 있다는 것을 충분히 드러내고 있는 셈인 것입니다. 우리 안에는 이러한 죄악이 가득합니다. 때문에 하나님께서는 이를 바로잡고자, 적어도 우리가 그분의 거룩한 이름을 악용하지는 않아야 한다고 말씀하고 계시는 것입니다. 그분의 이름을 악용하는 것은 그분을 모욕하는 것이 되기 때문입니다. 따라서 하나님께서는 인간들이 "**그분의 이름을 망령되이 일컫는 것**"을 금하셨습니다. 이 말씀을 통해 하나님께서 실제로 말씀하시고자 하는 것은, 우리가 그분의 이름을 바르고 정당하게 사용하는 것이 어떤 것인지를 깊이 생각해 보아야 합니다.

사실 우리는 어떤 식으로든 주님의 이름을 입에 담을 만한 자격이 전혀 없습니다. 선지자 이사야가 6장에서 "주여, 나는 입술이 부정한 사람이요 입술이 부정한 백성 중에 거하면서"[72]라고 말했던 것을 기억해야 합니다. 우리 안에는 오염되고 더러운 것만이 있습니다. 그러므로 분명 우리는 하나님의 이름을 [우리의 입으로] 일컬을 수가 없습니다.

단 예외가 있다면 선하신 하나님께서 우리가 그분의 이름을 사용하여 그분께 영광을 돌리는 것을 기뻐하시는 경우에만 가능합니다. 이렇듯 "**우리는 하나님의 이름을 망령되이 일컬을 수 없으니**"라고 기록되어 있는 바, 우리가 말씀 속에 제시되어 있는 규율을 좇아 그분께서 허락하신 대로 그분의 이름을 사용하는 지혜를 갖고 있지 못하고 있다면, 우리 주님께서 우리에게 그 배은망덕함에 대한 책임을 물으신다는 것을 유념해야 합니다. 그 규율만이 우리가 하나님의 이름을 바르게 사용할 수 있는 정당한 방법이기 때문입니다.

---

[72] 사 6:5.

어쨌든, 이를 좀더 분명하게 이해하기 위해, 우리는, 어떤 특별한 사항을 통해 하나님께서 그분의 이름 안에 어떤 위엄이 존재하는지를 보여주려 하셨다는 것에 주목해야 합니다. 이는 우리가 그분의 이름을 입 밖으로 낼 때에는, 그분을 온전히 경외하며 존귀히 여기는 마음을 가지도록 만들기 위한 것입니다. 그 때문에, 하나님께서는 하나의 특별한 방법, 즉, 맹세라는 방법을 취하고 계십니다. 특히 어떤 경우에 맹세를 하며, 그분의 이름이 조금이라도 욕되게 사용되고 있는지를 눈여겨보십시오.

우리는 우리 주님께서 우리를 얼마나 사랑하는지 알고 있습니다. 우리에게 그분의 이름을 빌려 주시어 그것을 이웃과 나눌 수 있도록 하시기 때문입니다.[73] 그로 인해 우리 가운데 어떤 의심이나 불화가 생길 경우, 그분의 이름을 사용하여 신속히 해결할 수 있게 되었습니다. 다시 말해서, 우리가 신뢰받지 못하며 어떤 문제가 미심쩍게 될 경우, 하나님의 이름이 모든 논쟁을 해결하는 판정자가 될 수 있는 것입니다. 그렇게 그분의 이름으로 확인함으로써 문제가 확실해지고 분명해지게 됩니다.

이와 같이 우리에게 자신의 이름을 허락하실 만큼 하나님께서 스스로를 낮추신다는 것은 측량할 수 없는 선하심이 아니겠습니까? 물론입니다. 그렇다면 왜 그렇게 하시는 것일까요? 분명 하나님의 위엄은 매우 귀중한 것이어서 그 품격이 떨어져서는 안됩니다.

하지만 하나님께서는 우리에게 자신을 쏟아 부어주시고 계십니다. 따라서 만일 우리가 맹세로 인해 하나님의 이름을 모욕한다면 우리의 극악함은 말할 수 없이 심각하게 되는 것입니다. 그런데 우리가 맹세를 깨뜨

---

73) 출 22:10~11, 히 6:16.

릴 때만 그렇게 되는 것이 아닙니다. 충분히 신중을 기하여 말하고 있는가 하는 것을 아랑곳하지 않거나, 또한 다루고 있는 문제가 섣불리 단정지을 수 있는 것이 아닌데도 부주의하게 하나님의 이름을 일컬을 때도 마찬가지가 됩니다.

그러므로 그렇듯 부주의하게 행하는 것도 하나님의 이름을 모욕하는 것입니다. 사실 사람들이 그분의 이름으로 맹세할 때면 하나님께서는 그것도 일종의 예배로 간주하십니다. 맹세로 인해 그분이 우리에게 은혜를 입는 것이 아니라 오히려 그 반대가 되는 것입니다.

이미 살펴보았던 것처럼, 이러한 상황에서 우리가 생각해 보아야 할 것은, 하나님께서 우리로 하여금 자신의 이름을 사용하도록 하심으로써 우리를 얼마나 참아주고 계시는가 하는 것입니다. 게다가 맹세를 통해 우리는 하나님께서 우리보다 절대적으로 높으신 분이심을 인정하게 되는 것입니다. "사람들은 자기보다 더 큰 자를 가리켜 맹세하나니"[74]라고 히브리서 기자는 말하고 있습니다.

그리고 그 맹세가 어떤 목적에 이바지하는지를 우리가 분명 알고 있다면, 그것은 하나님의 위엄을 인정하는 것일 수밖에 없습니다. 우리의 의도는 은밀하면서도 사람들 가운데에서는 증거를 얻을 수 없는 것들을 보증하고자 하기 때문입니다.

하지만 이것은 어떤 피조물에 의해서도 이루어질 수 없습니다. 오직 하나님께서만이 하실 수 있습니다. 그분만이 우리 마음의 가장 밑바닥까지 살펴보실 수 있기 때문입니다.[75] 게다가 하나님께서 스스로에게 진리의

---

74) 히 6:16. 75) 렘 17:10, 대하 6:30, 시 31:7, 고전 4:5.

칭호를 부여하시는 것은 부당한 일이 아닌 것입니다. 결국 우리는 맹세를 통해, 하나님이 우리의 재판관이시라고 주장하고 있는 것입니다.

그리고 그분만이 미심쩍고 은밀한 상황에서 우리가 의뢰하는 유일한 분이신 데, 그러한 일들을 밝히 드러내는 것은 그분만이 하시는 일이라고 주장하는 것입니다. 또한 진리는 그분의 명예에 속한 것이기 때문에 하나님께서는 이를 수호하실 것이라고 주장하는 것입니다.

따라서 우리는 그분께 경의를 표하고 있는 것임을 알게 됩니다. 그것이 바로 사람들이 그분의 이름으로 맹세할 때면 하나님께서 그것을 일종의 예배로 간주하시는 이유입니다. 불필요한 맹세를 한 것이 아니라면 말입니다.[76] 그리고 이로써 우리는 맹세를 깨뜨리는 자들이나 경솔하게 맹세한 자들은 그 죄가 훨씬 더 막중해진다는 것을 알게 됩니다. 그것은 하나님의 예배를 범하는 것이며 예배를 폐하는 것과 같기 때문입니다.

맹세를 깨뜨린 자들을 살펴봅시다. 그들은 단지 하나님의 이름을 망령되이 일컫고 그것을 부정하게 남용한 죄를 지은 것만이 아닙니다. 그들은 반역자이자 악한 비겁자들입니다. 그분의 진리를 멸하거나 손상시키는 것보다 하나님께 더 큰 불법을 행하게 되는 것을 생각해 낼 수 있습니까? 그럴 수 없습니다. 그분께 이보다 더 괴팍한 것은 없기 때문입니다. 그것은 마치 우리가 그분을 보좌에서 넘어뜨리고자 하는 것과 같습니다.

뿐만 아니라 그분에게서 모든 신적인 존귀와 영광을 빼앗으려 하는 것과 마찬가지가 됩니다. 누구든지 그분의 진리를 거짓으로 바꾸려 할 때마다 그렇게 됩니다. 따라서 맹세를 깨뜨린 자는 누구든지, 다시 말하면, 악

---

76) 렘 5:2.

한 마음으로 하나님의 이름을 일컫는 자는 누구든지 분명 그렇게 함으로써 그분을 모욕하는 것이 됩니다. 그것이 거짓을 그럴듯하게 꾸미려 하는 것이든지, 기만하려 하는 것이든지, 본질을 숨기려 하는 것이든지 간에 말입니다. 저는 일부러 "우리가 본질을 숨기려 할 경우에"라고 말씀드리고 있습니다. 왜 그렇습니까? 이는 많은 이들이 사람들 앞에서 맹세를 깨뜨렸다는 비난을 당할 수 없다는 구실 하에 스스로에게 면죄부를 제공하고 있기 때문입니다. 어떻게 말입니까? 그들은 변절하고도 마치 맹세를 저버리지 않았다는 듯이 태연한 얼굴을 하고 있습니다.

하지만 하나님은 그런 교활함을 용납하지 않으십니다. 따라서 그런 술책이나 핑계를 사용함으로써 그분으로부터 용서받고 벌을 면하게 될 수 있을 것이라 생각해서는 안됩니다. 결국 우리는 사실상 하나님의 이름을 성실히 그리고 순수하게 일컫지 않은 자들은 모두가 그분을 모욕하는 것임을 알게 됩니다. 그것이 맹세를 하지 말아야 하는 한 가지 이유입니다.

이제 목적도 분별도 없이 맹세하는 자들을 살펴보도록 합시다. 그들은 자신들이 하나님을 조금도 중요시 여기지 않으며 단지 그분을 조롱하고 있는 것에 불과하다는 것을 충분하게 보여주고 있습니다. 사실 그들은 그와는 정반대로 주장합니다. 자신들의 의도는 전혀 그렇지 않다고 너무도 그럴듯하게 말합니다. 그것은 위선일 뿐이라고 합니다.

하지만 실제로 그들은 스스로 하나님을 경외하지 않는다는 것을 충분하게 보여주고 있습니다. 유한한 인간이라 할지라도 우리가 그를 존중한다면, 그의 이름을 망령되이 일컫지 않을 것입니다. 뿐만 아니라 사람들이 그 이름에 대해 이러쿵저러쿵 지껄이거나 경멸과 조소의 말로 참견하려 하는 것을 원치 않을 것입니다. 오히려 그것을 치욕으로 여길 것입니다.

그런데 우리가 살아 계신 하나님보다 더한 특권을 가지고 있는 것입니까? 우리는 가증스러운 썩은 고기에 불과하고 거름에 불과한 자들일 뿐입니다. 그런데도 우리에게 영광과 존귀가 있기를 바라는 것입니까? 우리 하나님께서 우리보다 못한 존재이기를 바라는 것입니까? 결국 우리는 오늘날 세상에 참된 신앙이 거의 없다는 것을 알게 됩니다. 비록 많은 이들이 그리스도인인 체 하기는 합니다.

하지만, 그들은 하나님을 경배하는 것이 어떤 것인지도, 그분을 경외하는 것이 어떤 것인지도, 그분께 합당한 예배를 드리는 것이 어떤 것인지도 알지 못하고 있습니다. 그로 인해 하나님의 이름이 얼마나 많은 곳에서 언급되고 있습니까? 사람들은 맹세 없이는 조금[의 포도주]도 매매할 수가 없는 지경이니 말입니다. 만일 우리가 하나님의 존귀함을 중요하게 여긴다면, 분명 그런 불필요한 맹세를 삼갈 것입니다. 아니 오히려 그런 맹세를 몸서리칠 정도로 경멸할 것입니다. 하지만 오늘날 사람들은 그런 불필요한 맹세를 즐깁니다. 그리고 그런 맹세를 한 것에 대해 책망을 받게 되면, 마치 엄청난 해를 입은 것처럼 생각합니다.

만일 누군가가 어떤 사람에게 유익이 되지 않는 말을 했다고 생각해 봅시다. 그는 그것에 치를 떨며 불평할 것입니다. 심지어 그것을 비난할 것입니다. 마찬가지로 우리에게 하나님을 향한 어떤 열심이 있다면 그분의 이름이 남용되는 것으로 인해 마음 아파하게 되는 것이 당연합니다. 그런데도 머지 않아 누군가 맹세를 책망한 그에게 시비를 걸어옵니다. 그를 멸시합니다. 그리고 그를 향해 이를 갑니다. 세상은 철저히 하나님을 경멸하고 있는 것입니다.

그리고 그분에 대해 무감각한 것입니다. 결국 그것은 사람들이 그분의 위엄에 대해 조금도 알지 못하고 있다는 표시인 것입니다. 더욱이 사람들은 맹세하는 것이 일상적인 일이라는 구실 아래 불법을 행하며 그런 관습을 법률화했습니다. 하지만 하나님께서는 결국 자신이 자신의 이름을 인간들이 여기는 것보다 더 중요하게 여기고 있다는 것을 보여주실 것입니다. 그리고 우리가 만일 그것을 함부로 취급한다면 그에 대한 값비싼 대가를 지불해야 하게 될 것입니다.

결국 우리는, 우리가 머물고 있는 이 땅을 우리 자신이 더럽혔다는 것을 알게 될 것입니다. 뿐만 아니라 우리가 그곳에서 받은 유익과 하나님께서 우리에게 주신 모든 은혜를 정산하기 위해 소환되어야 한다는 것을 알게 될 것입니다. 그 모든 은혜가 어디로부터 왔는지를 시인하고 그분께 그에 대한 합당한 영광을 돌려드렸어야 했는데 그렇게 하지 않았기 때문입니다 이렇게 해서 여러분은, 우리가 이 본문에서 첫 번째로 주목해야만 하는 것은, 하나님께서 우리를 길이 참으시며 온유함을 베풀고 계시다는 것임을 알게 됩니다. 합당한 경우에는 우리가 그분의 이름을 사용하도록 하실 정도로 말입니다. 그러한 그분의 허락하심으로 말미암아, 우리는 그분이 우리에게 아버지 이상이 되신다는 것을 깨달을 수 있습니다.

그러면서도 하나님께서는 우리에게 모든 사악한 맹세를 삼가기에 더욱 주의하라고 권고하십니다. 맹세를 깨는 것은, (제가 앞서 말했던 것처럼) 우리가 그분께 수치스럽고도 저주스러운 행위를 저지르는 것이 됩니다. 이로 인해 그분의 진리가 거짓이 되기 때문입니다. 우리가 힘을 다하여 거짓된 행위를 일삼는 자가 되기 때문입니다. 따라서 여러분들은 그것이 매우 치명적인 범죄라는 것을 알게 됩니다.

하지만 맹세를 깨지 않는 것만으로는 충분하지 않습니다. 또한 우리의 맹세가 진지한 것인지를 살펴보아야 합니다. 그리고 하나님의 이름이 우리 가운데에서 테니스 공처럼 이리저리 내던져지고 있지는 않은지 살펴보아야 합니다. 오직 부득이한 경우에만 그 사용이 용서받을 수 있습니다. 그리고 맹세를 통해 우리는 하나님께서 우리보다 절대적으로 높으신 분이라는 것을 깨닫게 됩니다.

따라서 우리는 피조물의 이름으로 이루어지는 맹세들은 사악한 것이며 이방풍속에서 유래한 것임을 알게 되는 것입니다. 예를 들어, 교황제도에서는, 사람들이 성자 앤소니(S. Anthony)나 성자 요한(S. John)에게 맹세합니다. 그것은 그들을 우상화하는 것과 같습니다. 왜 그렇습니까? 우리는 제가 앞서 인용했던 사도의 말을 항상 숙지하고 있어야 하기 때문입니다.

즉, 하나님의 이름에 맹세함으로써 우리는 그분이 우리보다 뛰어난 분이시며, 게다가 우리의 주권자이심을 인정하는 것이 됩니다. 바로 이러한 이유 때문에, 하나님께서는 우리로 하여금 그분의 약속 안에 확고히 거하도록 하시거나, 그분이 보시기에 우리가 괴팍하고 죄에 대해 무감각하게 되어 그분의 심판을 두려워하지 않게 되면 우리를 일깨우시려 맹세하고 계신 것입니다. 그분이 맹세하고 계십니다.

그렇다면 누구에게 맹세하시는 것일까요? 이는 스스로에게 하시는 것입니다. 하나님은 스스로에게 그런 영광을 예비하고 계십니다. 이것에 관해서는 이 책 신명기서의 6장[77]에서 좀더 상세하게 증거됩니다. 그러므로 피조물에게 맹세하는 자들은 우상숭배자들입니다. 이러한 이유로, 이방풍속에 대해 언급할 때면, 맹세를 사람들이 율법의 순수성을 저버렸다는

---

77) 신 6:13

증거로 간주하고 있는 것입니다. (예레미야가 말하기를) "하나님의 사람들을 인도하는 책임을 맡고 있는 목자들은 그들에게 하나님의 이름으로 맹세하도록 가르쳐야만 합니다."[78] 다시 말해서, 다른 모든 맹세들은 내다 버리고 어떤 피조물로도 맹세하지 않도록 가르쳐야 합니다. 게다가, 하나님의 이름이 언급되고 있다 할지라도, 우리는 단순히 그 단어에 대해 말하는 것만 금지된 것이 아니라는 것에 주목해야 하겠습니다. 이미 말씀드린 대로, 우리는 그것의 본질을 고려해야만 합니다. 하나님께서는 우리에게 경박한 궤계를 쓰시는 궤변가가 아니십니다. 그분은 행위 그 자체를 눈여겨보십니다.

사실, 일부러 하나님의 이름에 맹세하지 않는 사람들이 있습니다. 하지만 그렇다고 그들이 죄를 짓지 않아 죄인이 되지 않는 것은 아닙니다. 우리는 마태복음 5장에서 우리 주 예수 그리스도께서 말씀하신 내용에 주목해야 합니다. 그분은, "너희가 하늘에 맹세할 때, 그것은 살아 계신 하나님의 보좌가 아니냐? 만일 너희가 그분의 성전으로 맹세한다면, 그것은 그분의 위엄이 머무르는 곳이 아니냐?"[79]라고 말씀하고 계십니다.

그러므로 만일 우리가 하나님의 이름을 명시하지만 않으면 책망 받게 되지 않을 것이라 생각한다면, 그것은 대단히 잘못 생각하고 있는 것입니다. 그런 식으로 스스로를 기만하지 않도록 해야 합니다. 그것은 너무도 유치한 변명이기 때문입니다. 왜 그렇습니까? 하늘은 하나님의 위엄을 나타내고 있는 것이 아닙니까?

따라서 여러분은 하늘로 헛된 맹세를 할지라도 하나님의 영광이 줄어

---

78) 렘 12:16.   79) 마 5:34~35.

든다는 것을 깨닫게 됩니다. 땅에 대해서도 마찬가지입니다. 앞서 인용했던 구절에서 예수 그리스도께서 보증하신 것처럼, 그것은 그분의 발등상인 것입니다. 그런 까닭에, 간단히 말하자면, 하나님의 이름을 경외하는 법을 배워야 합니다. 어쩔 수 없는 불가피한 일이거나 하나님께서 자신의 이름을 빌려주신 경우를 제외하고는 어떤 맹세도 하지 말아야 합니다. 더욱이, 우리는 항상 말을 함에 있어서 '그것은 그렇다' 라는 식으로 단순하게 해야 합니다.

그리고 그 이상의 것은 어떤 것이라도, 다시 말해, 우리가 하나님의 이름을 망령되이 일컬을 경우, 이는 악한 것이며 율법에 의해 책망 받게 된다는 것을 확신해야 합니다.[80] 실제로 모든 불필요한 맹세에는 이중의 해악이 발견됩니다.

그리고 그것으로 인해 하나님의 이름이 합당한 영광을 얻지 못하게 됩니다. 사람들이 기어이 맹세를 한다는 것은 자신이 말한 것을 스스로가 보증하지 못한다는 표시이기 때문입니다. 더군다나, 이는 어디에서 비롯된 것입니까? 사람들이 너무도 거짓과 기만으로 가득 차, 누군가가 다른 사람에게 한 말을 믿을 수 있는 사람이 아무도 없다는 것 아닙니까? 정말로 그들은 너무도 강퍅하고 사악합니다. 하나님께서 우리에게 혀를 주셨을 때, 그것은 그 혀를 통해 다른 사람과 무언가를 공유하도록 하려는 목적도 얼마간 있었습니다. 이는 흔히 마음의 전달자라고도 말해져, 그것을 통해 마음속에 품고 있는 것을 표현하기 때문입니다.

결국 우리는 불필요한 맹세가 사람들의 불신에서 비롯된 것임을 알게

---

80) 마 5:37.

됩니다. 그리고 그 문제에 대해 조사해 볼 필요도, 오래도록 시험해 볼 필요도 없습니다. 누구나 알고 있기 때문입니다. 어쨌든 간에, 우리는 이런 점에서 정숙하게 자신의 혀를 사용하는 법을 배워야 합니다. 하나님께서는 분명한 이유 없이는, 혹은 필요 없는 경우에는 맹세하지 말라고 명하고 계시기 때문입니다.

그런데도 불구하고, 이 문제를 너무도 쉽게 생각하여, 많은 이들이 자신의 신앙에 맹세하는 것은 그다지 중요한 것이 아니라고 주장한다는 것입니다. 사실 그들 중 대부분은 그 어떤 것에도 맹세하지 않습니다. 그들은 개만큼의 믿음도 가지고 있지 않기 때문입니다. 그들에게는 양심도 종교도 없습니다.

하지만 이 "신앙"이라는 단어를 하나님께서도 귀하게 여기시지 않는 것은 아닙니다. 그분은 그것을 매우 값진 것으로 여기십니다. 더럽혀질 수도 더럽혀져서도 안 되는 거룩한 것으로 여기십니다. 만일 죄를 범하고자 하지 않는다면, 그리고 우리가 보았듯이 여기에 언급되고 있는 위협의 위험에 빠지고 싶지 않다면 말입니다.

따라서 "**하나님께**"라고 분명하게 맹세하는 것을 삼가는 것만으로는 충분하지 않다는 것을 명심해야 합니다. 만일 누군가가 자신의 신앙에 맹세하거나 아니면 하나님의 위엄을 나타내고 있는 것에 근거하여 자신의 말을 확증하려 한다면, 그렇게 함으로써 하나님의 이름이 더럽혀지게 됩니다.

그렇다면, 문제를 그럴듯하게 보이도록 하기 위해 거짓 맹세를 하는 자들과, 분명치 않은 사실에 대해 위험을 무릅쓰고 맹세를 하며 마치 경멸과 조롱을 섞어하듯 맹세하는 자들은 어떻게 되겠습니까? 뿐만 아니라 끔찍한 모욕을 하나님께 퍼부어, 결국은 살도 피도 죽음도 그 어떤 것도 남겨두지 않은 자들은 과연 어떻게 되겠습니까? 그들이 단순히 하나님의 이름을 남용한 죄만 범한 것입니까? 아닙니다. 그들은 있을 수 있는 가장 극악한 범죄를 저지른 것입니다.

우리 주 예수 그리스도, 영광의 주님을 보십시오. 사도 바울이 말한 것처럼 그분은 잠시동안 스스로를 낮추셨습니다. 생명의 근원이 되시는 그분께서 육체를 가진 인간이 되신 것입니다. 하늘의 천사를 다스리시는 그분께서 종의 형체를 가지셨습니다.[81] 이는 우리의 구속을 위해 자신의 피를 쏟으시고, 우리에게 임한 저주를 대신 받으시기 위함이셨습니다.[82]

그런데도 불구하고, 주님께서 오늘날 스스로를 기독교인이라고 부르는 자들의 더러운 입에 의해 갈가리 찢겨지는 것으로 보상받으셔야만 하겠습니까? 그들이 그분의 피로, 그분의 죽음으로, 그분의 상처로, 혹은 그 무엇으로든 간에 그것으로 맹세한다면, 이는 진정 하나님의 아들을 다시 십자가에 못박는 것이 되지 않겠습니까? 그분을 조각조각 찢는 것이 되지 않겠습니까? 따라서, 그런 자들은 하나님의 교회로부터, 심지어 세상으로부터도 끊어짐을 당해야 마땅하지 않겠습니까? 더 이상 하나님의 피조물의 대열에 포함하지 않아야 마땅하지 않겠습니까? 우리 주 예수께서 자신을 낮추시고 겸손을 취하신 대가로 우리에게서 그런 보상을 받으셔야만 하겠습니까? 하나님께서 백성들을 이렇게 책망하고 계십니다. "내 백성아, 내가 무엇을 네게 행하였느냐? 내가 너를 애굽 땅에서 인도하여 내어 광야 내내 인도하였고, 너를 친절과 자애로 양육하였노라. 나의 기업에 너를 심어 나에게 좋은 과실을 내는 포도나무가 되게 하였노라. 그렇게

---

81) 빌 2:7.　82) 갈 3:13.

너를 갈고 거름을 주었노라. 그런데 지금 너는 내게 쓴맛을 내느냐? 그런 열매로 나를 실망시키느냐?"[83]라고 말입니다.

이것은 오늘날 우리에게도 해당됩니다. 하나님의 아들, 세상의 심판자 되신[84] 그분이 마지막 날 오실 때, 우리에게 이렇게 말씀하실지도 모르기 때문입니다. "이게 어찌된 일이냐? 너는 나의 이름을 지녔고, 내가 너의 구속자라는 것을 기억하고 증거함으로써 침례를 받았노라. 나는 너를 구덩이에서 건져내었으며, 가장 잔혹한 죽음을 견디어 너를 영원한 사망에서 구원하였느니라. 내가 인간이 된 것은 그것 때문이었으니, 심지어 하나님 나의 아버지의 저주를 감내하였음이라. 이는 나의 은혜와 방법으로 네가 복을 받도록 하기 위함이었노라.

그런데도, 여기 네가 그에 대한 보답으로 내게 준 것을 보아라. 너는 나를 갈기갈기 찢었느니라. 나를 조롱거리로 만들었느니라. 너를 위해 견디어냈던 죽음이 너희들 사이에서 조롱당하고 있느니라. 너의 영혼을 씻기고 깨끗이 한 나의 피가 발 밑에 짓밟히고 있노라. 다시 말해, 너는 마치 내가 몹시 사악하고 혐오스러운 피조물인양 기회를 틈타 나를 저주하고 모욕하였느니라"라고 말입니다. 주권자의 심판이 이에 대해 우리를 책망할 때면, 천둥과 같이 임해 우리를 음부의 바닥에 내던지지 않겠습니까? 그렇습니다.

하지만 이를 기억하는 사람은 거의 없습니다. 만일 불필요한 맹세가 마땅히 그래야만 하는 만큼 오늘날 사람들에게 굉장히 혐오스러운 것이라면, 그렇게 쉽게 자신들의 맹세를 저버리는 방종과 무모함에 빠지지 않았

---

83) 미 6:3.   84) 요 5:22.

을 것이기 때문입니다. 신성모독의 경우에도, 그것이 어디로부터 비롯된 것인지 정녕 세상이 알지 못하고 있단 말입니까? 그런데도 우리는 우리 자신의 명예와 평판에만 열심을 내곤 합니다.

그리고 그러는 동안 하나님의 이름은 우리 발아래 짓밟히고 있습니다. 만일 자신의 아버지에 대해 누군가가 실언을 했다고 합시다. 그는 곧 분쟁을 일으켜 그를 법정에 세우려 하거나, 아니면 자신의 손으로 직접 복수하고자 하는 마음을 갖게 되었을 것입니다. 그리고 사람들은 자신들이 부모를 위해 싸우는 것이 정당하다고 여길 것입니다.

보십시오, 여기 우리의 주권자이신 아버지가 계십니다. 그분 역시 같은 방식으로 해를 입고 계십니다. 심지어 그분은 영광의 주님[85]이라고 불리실만한 분명한 이유를 가지신 분이십니다. 사도 바울이 빌립보서에서 증거하고 있는 것처럼 그분의 아들 앞에서도 모두가 무릎 꿇습니다.[86] 그런 그분이, 사람이 그분의 얼굴에 침을 뱉는 것 외에는 그 이상 그분께 죄를 지을 수는 없을 것이라고 할 만큼 조롱당하고 계십니다. 더군다나 심지어 자신을 기독교인이라고 부르고 그분께 영광을 돌리는 체하는 자들이 가장 극심하고도 가장 혐오스럽게 그분을 모독하고 있는 것입니다.

그럼에도 불구하고, 이미 말씀드린 바와 같이, (그분 스스로가 공언하신 것처럼) 우리 주님께서는 중단 없이 자신의 영광을 지키실 것입니다. 그리고 인간들이 힘을 다하여 그분의 위엄을 손상시키려 할 만큼 매우 불경스럽게 행할 때면, 그것에 대해 보응할 것이라는 엄숙한 맹세를 하고 계십니다. (주님이 말씀하시기를) "분명 나는 내 영광을 다른 자에게 주지

---

85) 시 24:7.　86) 빌 2:10.

아니하리라."[87] 하나님은 자신의 영광을 우상에게 넘겨주지 않으실 것입니다. 이 말씀은 그 이상의 것에도 마찬가지로 적용됨이 분명합니다. 다시 말해서, 사람들이 그분의 거룩한 이름을 부정하게 남용할 경우에는, 곧 하나님이 그 이름을 얼마나 귀하게 여기시는지를 깨닫게 될 것입니다.

그러므로 우리는 그럴 생각조차 말아야 합니다. 단지 우리 하나님과 모든 주권적 위엄을 가지신 그분, 즉 우리 주 예수 그리스도를 경외하는 법만을 배워야 합니다. 이와 더불어 맹세를 통해 우리가 그분께 속해 있음과 그분은 우리의 아버지이시자 우리의 창조주이시며 우리의 심판자 되신다는 것을 언제까지나 보증하게 된다는 사실을 배워야 하겠습니다. 이렇게 하여, 여러분은 우리가 이 본문에서 사실상 놓치지 말아야 하는 것이 무엇인지를 알게 됩니다.

하지만 인간들은 어리석게 행동하고, 사탄이 그들을 미혹하여 하나님의 진노가 목전에 있음에도 불구하고 그것을 깨닫지 못하여 하나님의 위협이 더하여지고 있습니다. "나는 나의 이름을 망령되이 일컫는 자를 죄 없는 줄로 인정치 아니하리라." 하나님은 이렇게 말씀하고 계십니다.

따라서, 이미 말씀드렸던 것과 같은 극악한 맹세로 인해, 그들의 머리가 주뼛이 서야 하지 않겠습니까? 누군가가 경솔하게 자신의 신앙에 맹세하고 있다면, 보십시오, 하나님께서는 싸울 준비를 하시고 이렇게 말씀하십니다. "아니 될지니, 네가 나를 공경하지 않았으므로 너는 그 허물로 인해 판단 받아야 할지니라"라고 말입니다. 하나님께서는 사소한 거짓도 용납하시지 않으십니다. 하물며 맹세를 저버리는 것은 이보다 더 악한 행위입

---

87) 사 42:8; 48:11.

니다. 더 나아가 신성모독을 행하는 것은 이 세 가지 중 가장 큰 죄악인 것입니다. 하나님을 공공연하게 무시하는 것만큼이나 악한 것입니다. 마치 그분께 달려들어 상처 입히려는 것과 같습니다.

만일 하나님의 이름을 부정하게 악용하거나 그분의 명예를 손상시킨 자들에게 징계가 준비되어 있을을 전혀 생각하지 못하고 있는 어떤 사람이 있다고 해봅시다. 그는 지독하게 술 취한 자이며, 제 정신을 잃은 자일 뿐만 아니라, 사탄이 완전히 눈멀게 한 자라고 말할 수 있지 않겠습니까? 물론 그렇습니다! 그런데도 이러한 일이 흔하게 일어나고 있는 것입니다.

만일 어떤 주인이 가솔들에게 "나는 모든 면에서 순종을 원한다. 하지만 무엇보다 원하는 것이 하나 있는데, 누구도 이를 범하는 것을 용서치 않을 것이다. 이를 범하는 자는 곧 문밖으로 내쳐질 것이며 그에 합당한 징계를 받게 될 것이다"라고 말했다고 합시다. 주인이 그토록 중요하게 여기는 일이 있다면, 그 가솔들은 다른 나머지 일에 있어서는 신중을 기하지 않을지라도, 이 점만은 염려하게 될 것입니다. 더군다나 보십시오, 하나님은 어떤 조항이든지 자신의 율법을 위반한 모든 자를 저주하시는 분입니다. "아비와 어미를 경홀히 여기는 자는 저주를 받을 것이라. 도둑질하는 자는 저주를 받을 것이라. 음란을 행하는 자는 저주를 받을 것이라. 율법에 속한 모든 것을 실행치 않는 자는 저주를 받을 것이라."[88] 그리고 여기에 특히, 하나님의 이름을 남용하는 자에 대한 위협도 있습니다. 이로써, 하나님께서 우리에게 보여주시고자 하는 것이 있습니다. 즉, 하나님께서는 우리로 하여금 그분의 모든 율법을 지키도록 하고 그것을 통해 우리의 삶을 인도하고자 하신다는 사실입니다.

그 중에서도 자신의 이름이 특별하게 취급받기를 원하십니다. 그런데도 이 위협이 무시된다고 해봅시다. 그리하여 우리가 그것을 마음에 새기지 않는다거나, 뻔뻔스럽게도 하나님과 그분의 위엄을 희롱하는 일들을 조금도 삼가지 않는다고 해봅시다.

(이미 언급했던 것처럼) 이는 마귀에게 사로잡혀 우리의 분별력과 이성을 빼앗긴 것이라고 생각될 수밖에 없지 않습니까? 그렇습니다. 만일 이 위협이 오늘날 우리를 일깨우지 않는다면, 결국 우리는 하나님께서 그것과 관련하여 말씀하셨던 것이 결코 그릇된 경종이 아니었다는 것을 분명하게 알게 될 것입니다.

이렇게 하여 우리는 우리 주님께서 우리를 매우 엄히 단속하시며 자신의 이름을 남용하는 모든 자를 대적하심을 보여 주셨다는 것을 깨닫게 됩니다. 그러므로, 우리는 스스로를 철저하게 돌아보는 법을 깨달아야 합니다. 도대체 온갖 거짓된 맹세뿐만 아니라 경솔한 맹세, 그리고 특히 신성모독을 삼가는 데 어떤 대가가 필요한 것입니까? 그들의 죄를 덜어줄 만한, 그들이 가지고 있는 가장 큰 변명은 관례에 의해 그것에 익숙해졌기 때문에 삼갈 수가 없다는 것입니다. 그렇습니다. 하지만 하나님은 심판자 되신다는 것을 모든 사람들이 명심한다면, 분명히 즉시 맹세하는 것을 잊게 될 것입니다. 그리고 하나님의 이름을 사용할 때면 성심을 다하게 될 것입니다. 만일 사람들이 율법을 향해 나아간다면 그곳에 임재해 계시는 하나님의 위엄을 경험하게 될 것입니다. 그리하여 그분을 증인으로 요청했는데도 불구하고 그곳에 재판관으로 좌정해 계시는 것을 보게 될 것입니다. 그리고 사도 바울이 말한 것처럼, 온전한 거룩함이 수반되지 않고

---

88) 신 27:16,20,24,26.

서는 하나님의 이름을 사용하지 않게 될 것입니다.[89]

그러므로 이것에 한치의 오류도 없어야 합니다. 하지만 어떻습니까? 우리의 혀는 너무도 방탕하여 앞서 말했듯이 심지어 하나님의 이름을 경멸하기까지 합니다. 그래서 사람들이 아무리 애원해도, 게다가 (흔히 말하듯) 방망이로 우리에게 이를 주입시킨다 할지라도(하나님의 이름을 남용하는 것과 관련하여 성경이 말하고 있는 것들은 하나님께서 우리에게 방망이로 강력하게 내려치시는 것과 같기 때문입니다) 우리는 계속해서 이전처럼 행동하고 있고 하나님의 이름은 이전보다 더 존귀함도 위엄도 받지 못하고 있습니다.

그렇지만, 하나님의 이름을 깨닫고 자각한 사람들은 여기에 기록된 바를 깊이 생각해보아야만 합니다. 더욱이, (이미 말씀드렸던 것처럼) 우리가 지금까지 살펴보았던 것, 다시 말해서, 일찍이, 말씀하시는 그분은 여호와이시며, 우리의 창조주이시고 구속자 되실 뿐만 아니라 스스로 우리의 아버지이자 구세주 그 이상이 되신다는 것을 보여주셨다는 권고를 받았을 때, 그것을 마음 속에 깊이 각인했다면, 분명 모든 맹세는 쉽게 잊혀지게 될 것입니다.

하지만 만일 우리의 행습이 계속된다면, 스가랴 선지자에 의해 기록된 것이 우리에게도 실현될 것입니다. 다시 말해서, 그들이 그 찌른바 그를, 즉 그들이 상처 입힌 그분을 바라보게 될 것입니다.[90] 인간들은 서로를 추켜세우고, 자신의 맹세를 경시하며, 또한 그들의 맹세가 쉽게 용서받을 수 있는 일이라 생각합니다. 하지만, 하나님께서는 그것으로 인해 상처

---

89) 딤후 2:19. 90) 슥 12:10.

입으십니다. 그리고 결국에는 사람들이 그런 식으로 그분께 경솔하게 행동해서는 안 된다는 것을 보여주실 것입니다.

이와 더불어, 우리가 주목해야 할 것은, 하나님께서는 이것을 통해서 우리가 그분의 이름에 실제로 어떻게 경의를 표해야 하는지를 보여주고자 하셨다는 것입니다. 사실 하나님께서 여기에서 명백하게 말씀하고 계신 것은 맹세에 대한 것입니다. 하지만 이 교훈은 그 이상의 것으로 확대 해석되어야만 합니다. 즉, 우리가 하나님에 대해 생각할 때면, 혹은 그분에 대한 언급을 듣게 될 때면, 온전한 경외함이 수반되어야 한다는 것입니다.

이로 인해 결국 우리가 깨닫게 될 수 있는 것은, 무엇보다 그분께 영광을 돌리고 찬미해야 할 뿐만 아니라 천사들조차도 그분의 측량할 수 없는 영광을 보고 떤다는 것을 주시해야 한다는 것입니다. 그러므로 불쌍한 피조물이며 덧없는 존재인 우리는 그분에 대해 언급될 때마다 우리 하나님의 주권적 위엄에 경의를 표해야 합니다. 이것이 바로 우리가 이 구절에서 중요하게 여겨야 할 부분입니다.

사실 이 교훈은 원래 매우 쉬운 것입니다. 하지만 그다지 실행되고 있지 않기 때문에 우리에게는 모호하게 들립니다. 우리가 하나님에 대해 생각할 때면, 얼마나 많은 헛된 생각들이 우리 머릿속으로 밀려들어옵니까? 사실 그것이 우리의 본성입니다. 온갖 거짓으로 가득한 사람들처럼 말입니다. 그리하여 우리 안에는 어둠만이 존재할 뿐입니다. 누군가가 하나님의 영광에 반하는 음탕하고 사악한 생각들에 마음을 내어준다면, 그것은 그가 마귀와 공모하며 연합하고 있다는 것을 충분히 드러내 보여주고 있는 것입니다. 그런데도 음탕한 생각이 떠오를 때 이에 대해 깊이 생각하는 사람이 얼마나 있습니까? 양심이 악한 것이고 하나님의 영광을 가리우는 것이라고 말해주는 그것들을 억지로 억제하고 억압하려고 얼마나 노력하고 있습니까? 아니요, 오히려 그들은 그것을 즐기고 탐닉합니다. 사람들의 영이, 즉 그들의 명철이 그렇게 더럽혀지게 되면, 그 나머지는 쉽게 타락하게 됩니다. 그에 대한 증거로서, 사람들이 대부분 하나님에 대해 얼마나 싸구려처럼 말하고 있습니까? 그분에 대해 어떤 식으로 말하고 있습니까? 그들은 마치 타락하고 싶어 안달이 난 것처럼 보입니다. 우리를 타락시키고 악한 행습에 물들게 하는 이러한 사악한 이야기를 다루면서, 사도 바울은 덩어리 전체를 발효시키는 데 필요한 누룩은 아주 조금일 뿐이라고 말하고 있습니다.[91]

하지만 이보다 더 악한 것은 조롱하는 식으로 하나님에 대해 말할 때입니다. 하나님을 향해 빈정대며, 악하고 경박할 뿐만 아니라 수치스럽고 혐오스러운 말로 그분을 경멸한다는 것이 도대체 무엇을 말하는 것입니까? 그것은 그분의 위엄을 고의적으로 더럽히는 것이 아닙니까? 그런데도 사람들은 그렇게 하고 있으며, 게다가 이것은 너무도 흔한 일입니다. 여러분이 어떤 사람들 사이에서 긴 이야기를 나누다보면, 하나님을 경멸하는 소리를 얼마간은 들을 수 있게 될 정도로 말입니다. 결국 이로써 우리가 하나님을 경배하는 것이 어떤 것인지를 전혀 알지 못한다는 것을 보여주는 것이 아니겠습니까?

우리는 매일 너무도 쉽게 "이름이 거룩히 여김을 받으시옵소서"라고 말합니다. 하지만 그와는 전혀 반대로 행하고 있습니다. 우리를 정죄하는 데 있어서 그보다 더한 말이 필요하겠습니까? 여기 교회에 나올 때면, 우

---

91) 고전 5:6.

리는 우리의 입으로 하나님의 이름이 합당한 영광을 보존하기 바란다고 고백합니다. 식탁에서도 마찬가지입니다.

그리고 모든 사람들이 잠자리에서 일어나거나 혹은 잠자리에 들 때에도 동일하게 말합니다.(저는 완전히 짐승과 같지는 않지만, 하나님께 기도하는 것이 무엇인지를 알지 못하는 자들을 말하고 있는 것입니다) 하지만 매우 정직하게 하나님께 기도하는 자들조차도 너무도 쉽게 그들의 입으로 "이름이 거룩히 여김을 받으시옵소서"라고 말하고 나서, 그 말이 혀끝에서 떨어지자마자 곧 거짓 맹세를 그 입에 담습니다. 그리고 하나님의 이름을 여기저기에서 사용합니다. 그러할진대 그 거짓말이 하나님의 위엄을 더럽히는 것이 아니라면 도대체 무엇이겠습니까? 이는 마치 그분을 비수로 찌르거나, 그분의 얼굴에 침을 뱉는 것과 같습니다.

그러므로, 제가 이미 말씀드린 것처럼, 하나님께서 그분의 이름의 거룩함을 보존하기를 바란다고 하면서도 동시에 그것을 훼손시키려 애쓴다면, 우리가 하는 이 고백이 바로 우리의 어리석은 맹세를 정죄할 재판관이 될 것입니다. 이렇듯 하나님에 대해 말할 때면 온전한 경외함으로 해야 합니다. 특별히 그분의 사역을 언급할 때도 그렇습니다. 어떻게 말입니까? 날씨에 대해 말해 봅시다. 맑든 비가 오든 간에, 날씨는 그분의 위엄을 드러냅니다. 그분이 우리에게 어두운 날씨를 주셨다면, 이는 자신을 심판관으로 나타내시어 우리로 하여금 그분의 분노를 깨닫도록 하시는 것입니다. 우리로 하여금 자신의 죄를 살펴보도록 하기 위해서 말입니다. 그리하여 그 죄를 후회하며 회심으로 인도되도록 하십니다.

하지만 우리는 하나님 앞에서 스스로를 겸비하지 않고 그분을 격노케 한 것을 후회하는 대신에, 제멋대로 행합니다. 보통 사람들이 투덜거리며

"이 날씨가 계속될 것인가?"라고 말하듯이 말입니다. 그리고 우리 하나님에게로 돌아가지도 않습니다. 우리의 죄를 용서해 달라고 하지도 않습니다. 다른 경우에도 마찬가지입니다. 제가 언급한 것은, 하나님의 사역에 대해 말할 때면 우리는 그분을 선하신 아버지나 혹은 엄하신 심판자로 생각해야만 한다는 것을 보여드리기 위한 하나의 예에 불과한 것입니다.

따라서 우리가 탐탁히 여기지 않는 일들을 하나님께서 행하실 때마다, 그리고 우리의 바램이나 소원과는 반대로 행하실 때마다, 이는 그분이 우리를 벌하시는 것이며 길들이시는 것임을 깨달아야 합니다. 우리가 우리의 죄를 살펴보고 그것들을 책망하며 돌이키도록 하기 위해 말입니다.[92] 만일 우리가 이런 식으로 하나님을 영화롭게 하지 않는다면, 우리는 그분의 거룩하신 이름을 더럽히는 것이 됩니다. 게다가 이와는 또 반대로, 하나님께서 사랑이 많고 긍휼이 풍성하신 아버지처럼 인자함으로 우리를 이끄시는 것은, 우리로 하여금 그분께로 인도되어 그분께 더욱 영광 돌리도록 하기 위함입니다.

만일 우리가 하나님께서 말씀하신 첫 마디에서부터 그분께 영광을 돌리지 않아 그 배은망덕함을 책망 받게 되었다고 해봅시다. 모든 것들이 우리를 비난하여, 모든 면에서 우리를 소유하고 계셨던 하나님께서 우리를 어떤 식으로도 취할 수 없게 된다면, 그로 인해 하나님께서 우리가 그분의 위엄을 멸시하고 그분의 사역을 발로 짓밟거나 돼지처럼 코로 그 사역들을 뭉개버렸다는 것을 보여주신다면, 우리는 어떻게 되겠습니까? 이에 대한 책임이 우리에게 돌아오게 된다면, 끔찍한 책망을 받게 되지 않

---

92) 고전 10:32.

겠습니까?

이렇듯 하나님께서는 그분의 모든 사역에 흔적을 만들어 놓으셨으므로, 우리는 맑은 날씨와 나쁜 날씨, 덥고 추운 날씨, (요컨대) 모든 자연의 질서 속에서 그분을 알게 되어야 합니다. 하지만 그렇다 할지라도, 하나님께서는 주로 자신의 말씀에 흔적을 만들어 놓으셨습니다. 사실 그분이 우리에게 행하신 선한 것들 속에서 그분을 인정하지 않는다면 이미 그것은 용서할 수 없는 범죄입니다. 우리는 그분으로 인해 생명을 얻었습니다. 그러므로 사도 바울이 말한 것처럼, 우리가 사는 것은 그분의 안에서입니다.[93] 이 모든 은혜에도 불구하고 우리가 하나님을 기억하게 되지 않는다면, 그것은 이미 지극히도 몰상식한 것입니다. 그런데도 (이미 말씀드린 바대로) 그 중에서도 하나님께서는 그분의 말씀에 자신의 흔적이 찍히도록 하신 것입니다.

그러므로 하늘과 땅을 바라봅시다. 그렇게 하면 도처에서 하나님을 보게 될 것입니다. (사도 바울이 말한 것처럼) 이 땅이 하나님이 스스로를 드러내고 계시는 살아있는 형상이 아니라면 무엇이겠습니까?[94] 물론 그분의 본질은 보이지 않습니다. 그렇다 할지라도, 그분은 여전히 그곳에 스스로를 나타내시어 우리로 하여금 그분을 경배하도록 하십니다. 더군다나 성경으로 돌아가면, 그분이 하늘이나 땅에 하신 것보다 훨씬 더 허물없이 자신을 나타내신 형상을 발견하게 됩니다.[95] 해나 달도(비록 그것들이 세상에 빛을 주기는 하지만) 율법과 선지자들과 복음만큼이나 하나님의 위엄을 나타내지는 않습니다.

---

93) 행 17:28.   94) 롬 1:20.
95) 고후 3:18.

그런데도 사람들이 그것들에 대해 어떤 식으로 말하고 있습니까? 그것들을 대함에 있어서 얼마나 뻔뻔스럽습니까? 사람들이 오늘날 너무도 자기 멋대로 하나님의 이름에 대해 말하고 있지 않습니까? 그들이 술집이나 식탁에서 잔을 부딪히면서 성경에 대해 논할 때면, 스스로를 겸비한 채 이야기합니까? 자신들의 무지와 연약함을 깨닫고 하나님께 성령의 은사를 간구할 수 있을 정도로 말입니다. 우리에게 합당한 만큼 그분의 신비를 다룰 수 있도록 말입니다. 아니, 그렇지 않습니다. 오히려 그들의 논쟁은 마치 조롱하는 식으로 이루어집니다. 그렇게 함으로써 오늘날 세상에는 참된 그리스도인이 거의 없다는 것을 필요 이상으로 잘 보여주고 있을 뿐입니다.

분명 어떤 이들은 성경을 희롱하고 왜곡하여 웃음거리가 되게 합니다. 그것을 오락거리와 장난거리로 삼습니다. 마치 누구든 임의로 빚기도 하고 부수기도 하는 밀랍으로 만든 코에 불과할 뿐인 것처럼 말입니다. 또 어떤 이들은 이것은 왜 이렇고 저것은 왜 저런지를 물어보면서 그것에 대해 이야기하는 것을 좋아합니다.

반면에, 하나님의 높은 신비에 도달하게 되었을 때, 만일 무언가가 탐탁지 않으면 그 모든 것을 도말해 버릴 것입니다. 그것은 마치 우리가 하나님을 하늘로부터 끌어내리려는 것과 같습니다.

그러므로 우리는 무엇보다 하나님께서 우리에게 그분의 말씀의 영광과 권세를 맡기셨다는 것을 배워야 하겠습니다. 그것은 마치 성경에 담겨있는 것은 무엇이든지 온전한 겸손으로 수용해야 한다고 말씀하고 계시는 것과 같습니다. 그리고 그 안에 담겨 있는 것들에게 스스로를 순순히 내어드려야 한다고 말씀하시는 것과 같습니다. 아니 그뿐만 아니라, 비록 우리가 그것을 도저히 이해할 수 없어 하나님께서 우리 식으로 말씀하시기를 원한다 할지라도, 그분께 영광을 돌리며 우리가 가지고 있는 모든 지혜를 내려놓도록 해야만 합니다. 그리고, "주님, 우리는 당신의 제자입니다. 그러므로 우리는 당신이 우리에게 가르치기를 기뻐하시는 것이라면 그 어떤 것이라도 조용히 받아들이겠습니다. 그것이 우리의 유익과 행복을 위한 것임을 확신합니다"라고 말해야 합니다. 다시 말해 성경에 담겨 있는 것이라면 그 어떤 것이라도 예외 없이 경외함으로 받아들여야 한다는 것입니다. 그리고 하나님의 거룩한 신비에 대해 의문이 들 때에는, 그것들을 우리의 이해에 근거하여 평가하지 말아야 하겠습니다. 무언가 우리에게 선하고 유익한 것처럼 보이지 않다 할지라도, 스스로를 억눌러야 하겠습니다.

그리고 하나님께서 충분한 여지를 가지심으로 말미암아 그분의 말씀이 합당한 자유를 누릴 수 있도록 해야 하겠습니다. 또한 이와 동시에 우리가 성경을 읽거나 설교를 듣기 위해 나올 때면, 이렇게 생각해야 한다는 것을 기억해야 하겠습니다. 즉, "봐, 우리 하나님께서 이곳에 자신을 나타내고 계셔. 그리고 우리의 심판관으로 좌정하고 계셔. 그러니 설교를 듣기 위해 나온 상당수의 사람들이 하듯이 그분을 걷어차거나 쫓아내어서는 안 돼"라고 말입니다. 하지만 어떻습니까? 그들은 오히려 하나님과 그분의 말씀을 증오했습니다. 그로 말미암아 단지 악한 것만을 거두어들일 수 있을 뿐입니다. 심지어 그들은 누군가 그들이 원하는 대로 말하지 않으면 식탁에서도 신에 대한 불경을 토해낼 정도로 더욱 더 타락해 갑니다.

(여러분이 생각하기에) 그것이 하나님의 이름을 영광스럽게 하는 것입니까? 결국 우리가 성경을 읽고 있든 아니면 설교에서 성경에 대해 다루든

간에, 하나님의 이름을 항상 경외하는 법을 배워야 하겠습니다. 선지자 이사야가 말한 것처럼, 누군가가 그것에 대해 말하는 것을 듣게 될 때면, 특히 그분의 말씀이 선포될 때면, 그것에 전율케 될 정도로 말입니다.[96]

  이렇게 함으로써 우리는 입으로만이 아니라 정말로 우리가 참된 신자라는 것을 보여주게 될 것입니다. 그리고 하나님께서도 우리를 그분의 백성으로 받아들이실 것이며, 결국 우리를 천국의 상속자로 불러모으실 것입니다. 이제 우리의 죄를 시인하며 우리의 선하신 하나님의 임재 앞에 무릎 꿇도록 합시다. 그리고 지금까지 우리가 범했던 죄를 우리에게 돌리지 말아 주십사 기도합시다. 오직 그분을 존귀케 하기 위해 우리의 모든 노력을 기울이고, 우리 자신을 내어드려 그분을 섬길 수 있을 만큼 우리를 변화시키는 것을 기뻐하시기를 기도합시다. 그분이 우리 가운데 머무르시고 우리 주 예수께서 성령과 말씀으로 우리를 다스리게 해달라고 기도합시다. 그렇게 우리 모두 "전능하신 하나님 하늘 아버지여"라고 말해야 하겠습니다.

---

96) 사 66:2,5.

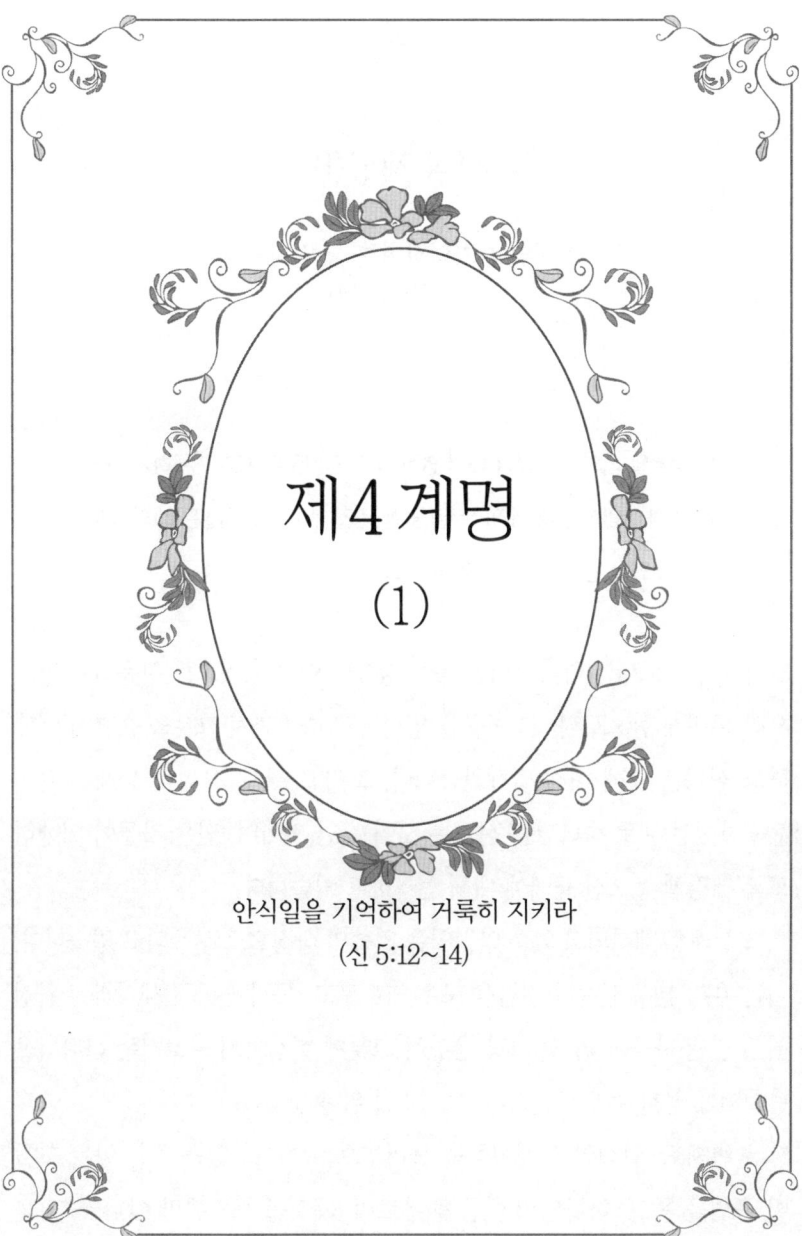

제4 계명
(1)

안식일을 기억하여 거룩히 지키라
(신 5:12~14)

제 4 계명(1)

안식일을 기억하여 거룩히 지키라
(신 5: 12~14)

12 여호와 너의 하나님이 네게 명한 대로 안식일을 지켜 거룩하게 하라 13 엿새 동안은 힘써 네 모든 일을 행할 것이나 14 제칠일은 너의 하나님 여호와의 안식인즉… 아무 일도 하지 말고

지금까지 모세는 하나님의 이름을 맹세나 여타의 것으로 사용하지 않고 오직 존귀케 함으로써, 그 이름을 영화롭게 하기까지 그분을 순결히 예배하고 섬기는 것에 대해 말해왔습니다. 그리고 이제, 율법을 통해 그분이 요구하셨던 대로 하나님을 섬기는 것이 어떤 것이며, 믿는 자들이 이행하도록 제정해 놓으신 규례에 대해 언급하고 있습니다.

그 실례로 제시되고 있는 안식일은 일종의 상징으로 사용되고 있습니다. 이는 우리 본성에 속한 것들을 모두 억누르고, 동시에 마치 세상과는 완전히 구별된 자들이 된 것 마냥 온전히 그분께 헌신하지 않고서는 하나님을 충성되게 섬길 수 없다는 것을 보여주기 위한 것입니다.

두 번째로, 안식일은 백성들을 불러모으는 예식이었습니다. 이는 그들이 율법을 듣고, 하나님의 이름을 부르며, 제사를 드릴뿐만 아니라 그 외

에도 영적인 부분을 관리하는 것과 관련된 여타의 것을 드릴 수 있도록 하기 위함이었습니다. 따라서 이제부터 우리는 안식일에 대해 어떤 식으로 언급되고 있는지를 보게 될 것입니다.

하지만 그것은 앞서 언급된 두 측면을 구별하여 조금씩 펼쳐 놓지 않고서는 쉽게 이해되지 않을 것입니다. 그러므로 우리는 우리 주 예수 그리스도가 오시기 전까지는 안식일이 율법 아래 있는 그림자였다는 것을 주목해야만 합니다. 이를 통해 사람들은, 하나님께서 그들에게 자신의 모든 일을 완전히 중지하도록 하셨다는 것을 깨달아야 합니다.

제가 말하고자 하는 것은, 한 마디로, 만일 우리 하나님을 따르고자 한다면 우리의 본성에 속한 것들을 모두 억눌러야 한다는 것입니다. 사도 바울이 말하고 있는 것이 바로 그것입니다.

뿐만 아니라, 우리는 신약에서 그것에 대한 많은 기록들을 볼 수 있습니다. 하지만 좀더 정확한 본문을 언급해야 할 필요가 있습니다. 즉, 골로새서에 기록되기를, 우리는 율법 아래 있었던 것들의 실상과 몸을 소유하고 있는 바, (바울이 말하기를) 예수 그리스도 안에서 소유하고 있는 것입니다.[97] 옛 열조들은 안식일뿐만 아니라 다른 예식들을 통해서도 이러한 소망에 단련될 필요가 있었습니다.

하지만 이제 우리에게는 그 실상이 주어졌으니, 더 이상 그림자에 머물러 있어서는 안됩니다. 사실 율법이 정말로 폐지된 것은 아닙니다.[98] 우리는 여전히 그것의 본질과 진리를 붙잡아야 합니다. 다만 그것의 그림자가 우리 주 예수 그리스도께서 오심으로 말미암아 폐지된 것입니다.[99]

---

97) 골 2:17. 98) 마 5:18.
99) 엡 2:15, 골 2:14,17.

옛 열조들이 그것을 어떻게 알았을까 하는 의문이 든다면, 모세가 그에 대한 답을 우리에게 주고 있습니다. 출애굽기에서 충분하게 보여주고 있습니다. 출애굽기 20장에서 모세에게 율법을 선포하셨던 하나님께서는 그에게 그것의 목적이 무엇인지 밝히고 계십니다. 안식일을 제정하시어, 이스라엘 백성이 하나님께 대하여 거룩하다는 보증이 되도록 하셨다고 말씀하고 계시는 것입니다. "안식일은 (그분이 말씀하시기를) 나의 거룩함의 상징으로 너희 가운데 제정한 것이라." 성경이 말하는 하나님께 대하여 거룩하게 되는 것이란, 그분을 섬기는 것을 거스르는 모든 것으로부터 자신을 구별하는 것을 의미합니다.

하지만 그런 순수함을 어디서 발견할 수 있을까요? 우리는 세상 가운데 있습니다. 그리고 사도 요한이 그의 서신에서 말하고 있는 것처럼, 이 세상에는 오직 강퍅함과 사악함만이 존재한다는 것을 우리는 알고 있습니다.[100] 참으로 사람들은 하나님과 그분의 의에 대항하여 싸우기 위해 자신을 부인해야 할 필요가 없습니다. 우리의 모든 지각과 정욕은 그 자체로서 (사도 바울이 로마서 8장에서 말하고 있는 것처럼) 하나님과 원수가 되기 때문입니다.[101] 사람들이 자신의 생각과 바램, 욕구, 욕망 등에 귀기울이면, 공공연하게 하나님과 대적하게 됩니다. 우리는 창세기 6장에 어떻게 기록되어 있는지 알고 있습니다. 즉, 사람이 생각할 수 있는 모든 것은 항상 악할 뿐이며, 사람이 계획하고 준비해 둔 모든 것은 하나님 앞에서 철저히 패역하고 타락하였습니다.[102] 그러므로 그분을 대적하는 부정한 것들로부터 구별되고, 우리 본성에 속한 것들이 폐하여지지 않고서는, 우리 하나

---

100) 요일 5:19. 101) 롬 8:7. 102) 창 6:5.

님께 대하여 거룩할 수 없다는 것을 우리는 매우 잘 알고 있습니다.

다시 말해, 우리는 그분을 순결하게 섬길 수 없는 것입니다. 이 모든 것들이 옛 열조들에게는 어떤 상징으로 나타내어져야 할 필요가 있었습니다. 예수 그리스도께서 아직 그들에게 온전하게 계시된 것이 아니었기 때문입니다. 하지만 오늘날 우리에게는 예수 그리스도 안에서 그 모든 것들이 온전히 성취되고 실행된 것입니다. 그에 대한 증거로서, 사도 바울은 옛 사람은 그분과 함께 십자가에 못 박혔다고 말하고 있습니다.[103]

이 때 사도 바울이 말하는 옛 사람이란 우리가 아담으로부터 받은 것들을 의미하는 것입니다. 그 모든 것들은 죽어져야 하고 멸해져야 하는 것입니다. 결코 우리의 몸이나 영혼의 본질을 말하고 있는 것이 아닙니다. 우리 안에 있는 악에 대해 언급하고 있는 것입니다. 우리를 타락하게 만드는 무분별함과 하나님의 의에 철저히 불순종하는 사악한 욕망은 억눌려야 합니다. 그것들은 아담으로부터 온 것이기 때문입니다.

그렇다면 어떻게 그같이 될 수 있습니까? 그것은 우리 자신의 능력이나 방법으로 되어지는 것이 아닙니다. 오직 우리 주 예수 그리스도를 통해서만이 가능한 것입니다. 그분은 우리의 죄를 씻어 그 죄들이 더 이상 우리에게 전가되지 못하도록 하기 위해 우리를 위해 죽으신 분이기 때문입니다.[104]

또한 그분은 성령을 통해, 우리에게 세상과 우리 자신을 버릴 수 있는 특권을 주셨습니다. 그 결과 우리의 육신의 정욕은 더 이상 우리를 지배하지 못합니다. 그리고 비록 우리가 불순종으로 가득할지라도 하나님의 영은 우리를 지배하실 것입니다. 그리하여 우리의 불순종을 억누르고 제

---

103) 롬 6:6.　104) 고전 15:3, 롬 6:4,5.

어하실 것입니다.

따라서, 우리는 그분과 함께 다시 살았다고 기록되어 있습니다. 앞서 언급되었던 본문인 골로새서에서 사도 바울 역시 이와 같이 말하고 있습니다.[105] 하지만 율법 아래에서는 이것이 아직 분명하지 않았습니다. 그러므로 그 당시에 살았던 열조들에게는 제사와 같은 어떤 보조장치가 필요했습니다. 그러한 보조장치를 통해 그들은 우리 주 예수 그리스도의 죽음이라는 소망 중에 양육되어야 했던 것입니다.

이로 말미암아 그들의 죄가 중재자의 피를 통해 깨끗케 된다는 것을 깨달을 수 있어야 했습니다. 이와 같이 그들에게 있어서 안식일은, 우리의 생각과 정욕들을 억제하여 하나님께서 성령의 능력으로 우리 안에 사실 수 있도록 우리를 취하셨다는 은혜의 증표였던 것입니다.[106] 이제 우리는 앞에서 간단하게 언급했던 것을 이해하기 위해 필요한 몇 가지 관문을 갖게 됩니다.

다시 말해서, 안식일은 우리 주 예수 그리스도께서 오실 때 비로소 성취될 바를 나타내는 일종의 상징이었습니다. 그러므로 우리는 안식일에 대한 문제가 하나님을 섬기는 모든 문제로까지 확대된다는 것에 주목해야 할 것입니다. 이는 사람들이 자신을 부인하지 않고는, 그리고 세상과 자신의 육신의 더러움으로부터 구별되지 않고는 그분을 온전히 존귀케 할 수 없다는 것을 보여주기 위한 것입니다.

그리고 바로 이러한 이유 때문에 유대인들은 선지자 에스겔로부터 안식일을 준수하지 않았다고 책망 받았습니다.[107] 에스겔은 마치 그들이 일

---

105) 골 2:12. 106) 갈 2:19,20. 107) 겔 20:21; 22:8; 23:38.

상적으로 모든 율법을 위반했다는 듯이 책망하고 있습니다. 하지만 이는 부당한 책망이 아닙니다. 안식일을 경시하는 자는 하나님을 섬기는 것과 관련된 모든 것을 하찮게 여기기 때문입니다.

더군다나 만일 안식일이 준수되지 않는다면, 남은 다른 날 역시 아무런 가치가 없습니다. 이사야 선지자의 말에 따르면, 사람들은 자신의 오락을 버리고 그것들을 삼가야 합니다.[108] 그렇게 하지 않는다면 이 날은 주님의 안식일이 아닙니다. 그분은 그 날을 기뻐하지도 인정하지도 않으십니다. 이로써 우리는 이 날이 예식 그 자체를 준수하는 것만을 목적으로 하는 것이 아님을 알게 됩니다.

유대인들이 아무리 자신들의 집안 일에 손가락 하나 까딱하지 않고 안식일에 모임으로써 예식을 엄격하게 준수했다 할지라도, 동시에 사악한 정욕을 품고, 후에 그러한 정욕을 드러낸다면, 그것은 그분을 조롱하는 것일 뿐입니다. 하나님의 이름을 남용했기 때문입니다. 그분이 제정하셨던 모든 규례를 더럽히고 왜곡했기 때문입니다.

이 때문에 하나님께서는 그들을 책망하셨던 것입니다. 안식일의 주요한 목적은 이 상징이 가리키는 참된 의미를 주목하는 것이었습니다. 다시 말해서, 하나님을 영적으로 섬기는 것이었습니다. 게다가 유대인들은 그들에게 명해진 그 예식 또한 지켜야 했습니다.

하나님께서 그들에게는 그와 같은 고삐를 채우신 채, [그 자체로의] 실상을 갖도록 허락하지는 않으셨기 때문입니다. 우리 주 예수 그리스도께서 오시기 전까지는, 그 고삐를 통해 단지 그림자만을 갖게 하셨습니다.

---

108) 사 58:13.

이렇게 하여 우리는 사도 바울이 말한 바가 무엇인지를 깨닫게 됩니다.[109]

즉, 이제 우리는 더 이상 안식일을 준수하라는 옛 굴레에 매어있지 않습니다. 우리는 예수 그리스도께서 율법 아래 있던 외형적인 것으로가 아닌, 그분의 인격을 통해 우리를 인도하심에 기뻐하며 그분께 더욱 영광을 돌려야 하는 것입니다.

이렇게 하여 우리는 이러한 결과가 오늘날 우리와 어떠한 관련을 갖게 되는지 알게 되었습니다. 이미 말씀드린 대로, 예식 그 자체는 과거에 속한 것입니다. 그러므로 우리는 실상에 다다라야만 합니다. 다시 말해 하나님을 잘 섬기기 위해, 우리는 우리의 모든 의지와 우리의 모든 생각과 정욕을 억제하는 법을 배워야 합니다. 왜 그렇습니까?

이는 하나님을 섬기기 위해 우리 딴에는 이것저것 생각하려 애쓰게 되면, 오히려 모든 것을 망치게 되기 때문입니다. 따라서 우리의 지혜를 내려놓고, 하나님께서 하시는 말씀에 귀를 기울여야 합니다. 우리 자신의 의지나 생각을 따르지 않고 말입니다.

그러므로 안식일을 지키기 위해 우리가 마땅히 해야 할 첫 번째 관문은, 우리에게 선한 것처럼 보이는 것을 믿지 않는 것입니다. 우리는 안식해야만 하기 때문입니다. 그렇다면 어떻게 안식해야만 합니까? 그저 그대로 있어야만 합니다. 그리하여 우리의 생각이 이리저리 헤매며 이것저것 고안해 내지 않도록 해야 합니다. 우리는 (말하자면) 우리 하나님께 대한 순종 안에 계속해서 잠잠히 머물러야 하는 것입니다.

그리고 우리의 욕망으로부터 유혹을 받을 때면, 우리의 정욕은 너무도

---

109) 골 2:20.

음란하고 순종과는 거리가 멀어 하나님과 원수가 된다는 것을 주시해야만 합니다.[110] 그리하여 우리는 이 모든 것들에 대해 안식하고, 우리 자신을 하나님께 의탁하여, 그분 홀로 우리 안에서 일하실 수 있도록, 그분 홀로 성령을 통해 우리를 인도하고 다스리실 수 있도록 해야 합니다.

이로써 우리는 하나님께서 안식일을 제정하셨을 때 그 어떤 것도 그냥 지나치지 않으셨다는 것을 알게 됩니다. 따라서, 성령께서 제시하신 것을 우리가 소유하고 있다면, 완벽하고도 거룩한 교훈을 배우기 위해 우리에게 무엇이 더 필요하겠습니까? 문제는 우리 하나님께 순종하며 경건하게 살아야 한다는 것입니다.

그러면 그것은 어떻게 이루어집니까? 그분의 온전한 말씀을 받아들이고 그분의 의에 근거하여 스스로를 빚어 나감으로써 이루어집니다. 그런데 우리의 본성 가운데 있는 것은 그와 반대로 행합니다. 때문에 우리는 우리 자신을 부인하는 것에서부터 시작해야 합니다.[111]

그것이 이루어졌을 때 비로소 우리는 하나님을 섬기는 데 있어서 필요한 모든 것을 소유하게 되는 것입니다. 하지만 그것은 몹시도 어려운 일입니다. 그러므로 하나님께서 안식일을 지키라 명하신 것을 듣게 되었을 때면, 그것은 저절로 이루어지는 것이 아니며, 우리 스스로를 강제해야만 한다는 것에 주의를 기울이고 주시해야 하겠습니다.

그리고 우리가 그것을 잘 지킨다면, 즉, 우리가 소유하고 있는 것이 무엇이든지 간에 이를 부인하고 우리 하나님께 우리 자신을 전적으로 바친다면, 일생동안 우리는 굉장한 유익을 얻게 될 것입니다. 또한 우리는 주

---

110) 롬 8:7.   111) 마 16:24, 눅 9:23.

님의 안식일을 영적으로 지키는 데 있어서 좀더 열심을 내야 합니다.

우리는 율법에 노예처럼 종속되어 있지도 않으며 하나님께로부터 옛 열조들보다 더 많은 특권을 받았기 때문입니다. 하나님께서는 우리가 옛 사람 안에서 죽어 성령의 힘으로 다시 회복되기를 기뻐하십니다.

뿐만 아니라 우리는 더 이상 율법 아래에서 매우 엄격하게 지켜져야 했던 예식에 매여있지 않습니다. 하나님께서는 매우 다정하게 우리를 다루십니다. 따라서, 우리는 안식일을 합당하게 지키는데 있어서 중요한 문제들에 좀더 주목해야 하겠습니다.

게다가 우리는 옛 열조들에게는 자신들을 소생시키는 예식이 있었으며, 그것은 그들에게 자극제로서의 역할을 했다고 말해서는 안됩니다. 우리 주 예수 그리스도께서 오심으로 말미암아, 우리는 외면적이고 가시적인 징조보다 훨씬 더 많은 것을 가지고 있기 때문입니다.

그리고 그림자로 예표되었던 모든 것이 그분 안에서 성취되었으므로,[112] 우리는 더 이상 율법 아래 있는 것들을 열망해서는 안됩니다. 이렇게 해서 여러분들은 안식일과 관련하여 여기에 규정된 것이 지금 어떻게 성취되었는지 알게 되었습니다. 적어도 열조들이 단지 그림자로만 소유하고 있었던 그 상징이 가지고 있는 실상에 관해서 말입니다.

그리고 사실, 안식일과 관련하여 명해진 것은 그들뿐만 아니라 우리에게도 해당될 수밖에 없다는 것에 주목하십시오. 우리가 하나님의 율법을 있는 그대로 받아들인다면, 영원한 의의 법칙을 가지게 될 것이기 때문입니다. 그리고 분명 십계명 하에서 하나님께서는 우리에게 영원히 지속될

---

112) 골 2:17.

법칙을 주고자 하셨습니다. 그러므로 모세가 안식일에 관하여 말했던 것들이 우리에게는 의미 없는 것이라고 생각해서는 안됩니다.[113]

그 상징이 여전히 유효한 것이기 때문이 아닙니다. 우리는 그것의 실상을 가지고 있기 때문입니다. 이러한 이유로 히브리서 기자는 4장에서 안식일에 대해 기록된 것들을 기독교인들과 새로운 교회의 교훈으로 적용하고 있습니다.[114] 그는 우리가 우리 하나님을 닮아가야 하며, 이것이야말로 우리의 완전한 행복이자 완성이라는 것을 보여주고 있는 것입니다.

인간의 가장 최고의 행복은 하나님의 형상을 따라 창조되었다는 것에 있기 때문입니다. 이러한 형상이 죄로 인해 손상되었으니 이제 어떻게 해야 합니까? 그것이 다시 고침 받을 수 있도록 해야 하지 않겠습니까? 따라서 우리가 완성에 이를 방법은 우리 하나님을 닮아가고 그분의 뜻에 복종하며, 그분의 사역을 알아 가는 것임을 깨닫게 됩니다. 그 일을 감당할 수 있기 위해서 말입니다.

그러므로, 오늘날 우리는 하나님을 잘 섬기기 위해 자신의 생각과 정욕과 욕구를 억제하는 데에 온 힘을 다하라는 명을 받았음을 깨달아야 하겠습니다. 하나님께서 우리 안에 거하시고 성령을 통해 우리를 다스리실 수 있도록 말입니다. 따라서 모든 위선자들이 그럴듯한 말로 꾸미고 자신의 행위를 정당화하는 것은 헛된 일입니다. 사악한 탐욕이 그들의 가슴속에 잠재해 있는 한, 시기와 증오, 야심, 잔혹함, 기만으로 가득 차 있는 한, 그들은 안식일을 범할 수밖에 없기 때문입니다.

결국 앞서 에스겔서에서 인용한 바에 따르면, 그들은 하나님에 대한 온

---

113) 시 19:8~10, 마 5:18.　114) 히 4:3,10.

전한 섬김을 폐하고 있는 것이라고 결론 내릴 수 있습니다. 예레미야서에도 동일하게 기록되어 있습니다.[115] 그리고 사실 그것이 이 예식이 율법 아래에서 그토록 엄격하게 보여졌던 이유인 것입니다. 인간의 나태함을 하나님께서 기뻐하셨다고 생각하는 것입니까? 분명 아닙니다.

그런데도 하나님께서는 안식일에 일한 자들을 사람을 살인한 자들만큼이나 책망하셨습니다. 왜 그렇습니까? 안식일에 장작을 팼다는 이유로 마치 살인을 저지른 것처럼 죽임을 당하는 것은 너무도 잔인하게 보입니다.[116] 하지만 하나님께서는 안식일에 장작 팬 자를 죽이라고 하셨습니다. 왜 그런 것일까요? 그것은 하나님에 대한 온전한 섬김이라는 것이 이 상징 안에 포함되어 있기 때문입니다.

그리고 같은 이유로, 예레미야서에는 그들이 안식일에 짐을 지고 짐마차를 끌었다고 기록되어 있습니다.[117] 왜 그렇습니까? 이는 마치 하나님께서 너무도 사소하고 보잘것없는 문제에 매여 계시는 것처럼 보이기도 합니다. 하지만, 그분은 안식일을 규례를 통해 드러난 사실에 주목하고 계십니다. 그것이 유대인들로부터 멸시받았다는 것은, 곧 패역함을 의미하는 것입니다. 그들이 율법을 전혀 의식하지 않고 있다는 것을 보여주고 있는 것입니다.

결국 다시 우리의 상황으로 돌아와 보면, 오늘날 우리에게는 이렇듯 엄격하게 지켜져야 할 상징이 없습니다. 하나님께서는 우리에게 더 큰 자유를 주신 것입니다. 그리고 이 자유는 우리 주 예수 그리스도의 죽으심과 수난으로 우리를 위해 사신 것입니다.[118]

---

115) 렘 17:24. 116) 민 15:32,35.
117) 렘 17:21,22,28. 118) 골 2:14.

따라서 우리는 열심을 다해 그분께 헌신하는 법을 배워야 하겠습니다. 또한 깨달아야 할 것은(제가 앞서 말씀드렸던 것처럼), 어떤 면에서든 열심을 다해야 한다는 것입니다. 하지만 만일 하나님께서 온전히 우리를 다스리실 수 있을 만큼, 그분 안에서 안식하는 것 외에는 아무 것도 바라지 않는다고 말할 수 있을 만큼, 우리의 정욕을 억눌러 우리 자신의 생각과 욕망을 부인하려 애쓰지 않는다면, 이 모든 열심은 무의미한 것이 될 것입니다.

그리고 그러한 이유로 하나님께서는 자신을 본보기로 제시하고 계십니다. 사람들에게 안식하라고 명하는 것만으로는 충분하지 않다고 생각하시고 그 방법을 보여주셨습니다. 세상과 세상에 속한 모든 것을 창조하신 후에, 그분 스스로가 안식하신 것입니다.[119]

이는 하나님께서 피곤하셨기 때문이거나 안식이 필요하셨기 때문이 아닙니다. 우리를 권하여 그분의 사역을 바라보도록 하기 위한 것이었습니다. 우리가 그 안에서 안식하고, 더불어 그분을 닮아갈 수 있도록 하기 위해서 말입니다.

따라서 영적 안식을 소망하고 있습니까? 그렇다면 하나님께서 안식하셨다고 기록되어 있는 것처럼, 우리 또한 안식해야 합니다. 우리 자신에게 선한 것처럼 보이는 것이나 우리의 본성이 탐하는 것이라면 그것이 무엇이든 간에 중지해야 합니다.

만일 하나님의 본을 따르지 않는다면, 우리는 우리의 행복을 원하지도, 어떤 식으로든 추구하지도 않는다는 것을 보여주는 것이 될 뿐입니다. 오

---

[119] 창 2:2.

히려 일부러 우리의 곤고하고 저주스러운 상태를 고집하려 한다는 것을 보여주는 것이 될 것입니다.

(앞서 말씀드린 것처럼) 사람들에게 있어서 가장 최고의 행복은 하나님을 충실히 섬기고 그분과 연합되어 있는 것입니다. 보십시오, 우리 주님은 우리를 부르고 계시며, 우리가 안식하지 않으면 참된 거룩함도 그분과의 연합도 소유할 수 없다고 말씀하고 계십니다.

그런데도 만일 우리가 우리 멋대로 팔 다리를 사용하여 선하다고 생각되는 것을 행하려 한다면, 이는 결국 하나님과 우리 사이를 연결하고 있는 끈을 자르는 것과 같습니다. 그분으로부터 떨어져 나와 가능한 한 멀리하려 하는 것과 같습니다. 이것은 우리가 더 이상 하나님의 보호 아래 있지 않음으로 인해, 사탄의 먹이로 남겨지려 하고, 사탄에게 사로잡혀 괴롭힘 당하고자 애쓰는 것처럼 보이지 않습니까? 그렇습니다.

하지만 실제의 경우는 어떤가요? 그렇게 생각하는 사람은 거의 없습니다. 세상은 모든 사람들이 제멋대로 행동하고 있다는 것을 알고 있습니다. 만일 누군가가 어떤 사람에게 다가가서 자기 멋대로 행해서는 안 된다고 말해 준다고 해봅시다. (그는 이렇게 말할 것입니다) "체! 나는 내가 어떻게 행동해야 하는지 알고 있어" 하지만 그런 패역함보다 더 분명하게 하나님을 괴롭힐 수 있는 것을 생각해낼 수는 없을 것입니다.

그것은 마치 그분이 우리보다 뛰어난 분이기를 원치 않는다는 것을 보여주고자 하는 것과 같습니다. 사실 사람들은 이를 인정하고자 하지 않을 것입니다. 하지만 그것은 사실입니다. (제가 이미 말씀드렸던 것처럼) 우리가 우리의 생각과 정욕을 삼가는 것에서 시작하지 않는다면 그것은 하나님을 섬기는 것이 아닙니다.

그러므로 사람들이 스스로 현명해지려 하고 자신의 지혜를 신뢰하여, 결국 자신들이 바라는 것을 행한다면, 자신의 정욕과 망상을 따른다면, 그것들을 억제하려 하지 않고, 심지어 누군가가 그들의 잘못을 고쳐주려고 할 경우 오히려 화를 낸다면, 그것은 그들이 하나님을 섬긴다는 것이 어떤 것인지를, 혹은 율법에 있어서 가장 중요한 점이 무엇인지를 결코 알지 못한다는 징조입니다.

따라서 하나님께서 자신을 본보기로 언급하시는 목적은 우리를 온유함으로 권하시어 영적으로 안식하도록 하시려는 것임을 깨달아야 하겠습니다. 제가 앞서 다루었던 것처럼, 그분으로부터 멀어지게 되는 것을 우리가 불행하게 여길 수 있도록 말입니다. 보십시오, 이러한 확신의 끈으로 인해 우리는 그분에 대한 신앙과 진리로부터 멀어지려 하지 않게 됩니다. 오히려 그분의 다스림을 받게 됩니다.

이제 다음과 같이 물어볼 수 있을 것입니다. 왜 유대인은 단지 제 7일에만 안식하라는 명령을 받았을까요? 우리의 생각과 정욕은 일주일에 단 하루 동안만 부인되어서는 안 되는 것인데도 말입니다. 오히려 우리는 평생 동안 이러한 마음을 지속해야 합니다. 요컨대, 하나님께서 우리에게 명하신 안식은 끝없이 계속되는 것입니다. 흔히 말하는 것처럼 가끔 한 번씩 변덕스럽게 안식하는 것이 아닙니다.

그런데도 왜 하나님께서는 일주일 중 단 하루만을 선택하셨을까요? 그것은 우리가 우리의 악한 욕망과 거짓된 겉치레와 우리의 본성에 속한 것은 무엇이든지 이를 억제하려고 갖은 노력을 다할지라도, 육신을 완전히 벗어버릴 때까지는 그것에 온전하게 이를 수 없다는 것을 알려주시기 위한 것입니다.

사실 믿는 자들은 자신의 뜻과 일을 삼가고 모든 겸손과 순종으로 하나님께 헌신코자 열심을 다함으로써, 평생동안 안식일을 지켜야 합니다. 그리하여 결국 조용히 그분께 순종할 수 있도록 말입니다. 말씀드리건대, 우리는 반드시 그렇게 해야 합니다. 만약 그렇지 않으면 우리가 하나님께 드리기 원하는 모든 섬김은 거짓이 될 것입니다. 하나님께서는 이를 허락하지 않으실 것이며 물리치실 것입니다. 그럼에도 불구하고 우리는 우리의 정욕을 부인할 수가 없습니다. 우리 안에는 항상 책망 받기에 합당한 것만 존재할 뿐입니다.

사도 바울은 분명 세상이 자신을 대하여 십자가에 못 박혔고 자신 또한 세상을 대하여 그러하다며 이에 대해 기뻐하고 있습니다.[120] 그럼에도 불구하고 그는 그의 육신이 영과 싸우고 있으며 그것들 사이에는 결코 어떤 타협도 존재하지 않는다고 끊임없이 말하고 있습니다.[121] 심지어 그는 로마서 7장에서, 자신 안에서 끊임없이 일어나는 어떤 싸움을 느낀다고 고백하고 있습니다. 행해야 할 바 선은 행하지 않은 것입니다.[122]

다시 말해서, 열심을 가지고 행하지 않았다는 것이거나, 혹은 하나님의 뜻에 따라 행하기로 온전히 작정하지 못했다는 것입니다. 그에게는 항상 그를 훼방하는 어떤 장애물이 있었습니다. 이로 인해, 스스로 생각하기에, 힘있게 뛰어가는 대신에 절름거리며 걸어갔던 것입니다.

그러므로 하나님께서 제 7일을 안식의 날로 제정하신 데에는 분명한 이유가 있다는 것을 유념해야 할 것입니다. 하나님께서는 이를 통해 하루든 한 달이든 간에 우리 힘으로는 그분이 요구하신 완벽한 거룩함에 이를 수

---

120) 갈 6:14. 121) 갈 5:17. 122) 롬 7:15,19.

없다는 것을 이해시키려 하신 것이기 때문입니다.

왜 그렇습니까? 그것은 우리가 아무리 우리의 육신의 정욕과 악한 생각에 맞서 열심히 싸운다 할지라도, 우리가 하나님과 완전하게 연합하여 그분이 천상의 왕국으로 우리를 데려가시기 전까지는, 항상 어떤 석연치 않은 앙금이 남아 있을 것이기 때문입니다. 그때까지는, 우리 안에는 항상 어떤 유혹과, 고통과 불안이 존재할 것입니다.

그리하여 우리는(하나님을 섬기는 데 열심인 우리와 같은 자들을 말하는 것입니다) 우리가 아직도 많은 유혹과 우리를 이것저것으로 유인하는 많은 자극의 영향 아래 있다는 것을 인식하게 될 것입니다. 그러니 이 모든 것들이 우리의 영적인 안식을 훼방하는 방해물이 아니겠습니까?

만일 어떤 사람이 하나님 안에서 마땅히 누려야 할 안식을 누리고 있다면, 그는 자신을 바른 길에서 돌아서게 할만한 무언가를 마음에 품지 않게 될 것입니다. 어떤 사악한 욕망도 탐욕도 소유하지 않게 될 것입니다. 그 모든 것이 그로부터 멀어지게 될 것입니다.

반면 우리가 수많은 음란한 생각을 품을 때면, 사탄이 우리를 공격하고 불안에 사로잡혀 초조하게 만들기 위해 다가옵니다. 그리고 우리의 마음이 일단 악을 행하는 쪽으로 치우치게 되면, 우리 안에는 우리를 자극하고 재촉케 하는 수많은 것들이 존재하게 됩니다. 뿐만 아니라 우리가 악을 미워할지라도, 그와 같은 유혹으로 인해 우리에게는 그 악을 행하려는 마음이 일게 됩니다.

이 때문에 우리의 사악한 욕망으로부터 스스로를 돌이키고 그것들이 더 이상 우리를 다스리지 못하도록 하는 것을 성취해내는 것은 결코 쉬운 문제가 아닙니다. 그러므로 우리는 하나님의 영적 안식일을 지키고자 노력해야 하겠습니다. 생의 끝에 이를 때까지도 이를 완전하게 성취할 수 없을 것이기 때문입니다.

이로써 우리는 두 가지 사실을 상기하게 됩니다. 하나는, 스스로를 혐오하고 끊임없이 애통해하는 것입니다. 그리고 돌이켜 보건대 비록 우리 자신이 우리 하나님께 순종하기 위해 너무도 많은 수고를 한 것처럼 보일지라도, 우리는 여전히 우리의 행습에서 벗어나지 못하고 있으며 율법이 요구하고 명한 것들을 성취하기에는 너무도 부족하다는 것을 주시하는 것입니다. 그러므로 우리에게는 스스로를 겸비해야 할 이유가 있습니다.

하나님께서는 그분을 섬기는 것과 관련하여 우리를 책망하기에 충분하고도 오히려 더 많은 책망거리를 항상 발견하게 되실 것이기 때문입니다. 뿐만 아니라, 하나님께서 명하신 만큼의 영적인 안식에 이를 수 없기 때문입니다. 아니 그 근처에도 가지 못합니다. 반면에 이는 마치 자신을 겸손히 낮추고 참된 회개로 애통해할 기회를 얻게 되는 것과 같습니다. 그러므로 한편으로, 그러한 기회가 왔다는 것을 알게 되면 더욱 기뻐하며 그 상황을 이용해야만 할 것입니다.

사실 하나님께서는 저에게 은혜를 주시어 그분을 섬기고 싶어하도록 하셨습니다. 하지만 저는 어떻게 행동하고 있습니까? 오, 그렇게 하기에 저는 아직도 멀었습니다. 이러한 사실을 알고 있는 우리로서는, 스스로를 더욱 채찍질해야 하지 않겠습니까?

따라서 우리 안에 있는 악을 혐오하는 동시에, 이러한 안식을 통해 유익을 얻고자 함에 더욱 열심을 내고 행해야 하겠습니다. 그리고 우리 모두는 매일 스스로를 되돌아보아야 하겠습니다. 이렇게 하여 여러분은 우리에게 일평생 스스로를 겸손케 할 기회를 주신 하나님께서, 우리의 악행을 바로 잡고 매일 점점 더 우리의 육신을 죽이는 데 열심이어야 한다는 것을 보여주고 계시다는 것을 알게 됩니다.

그리고 앞서 언급된 로마서 7장에서 사도 바울이 말하고 있는 것처럼, 우리의 옛 사람이 부분적으로만 십자가에 못 박히는 것은 충분하지 않다는 것을 주시해야만 합니다. 그리스도와 함께 완전히 묻혀야 하는 것입니다.[123] 결국 이것이 바로 여기에서 언급되고 있는 제 7일이 의미하는 바입니다.

이제 우리는 두 번째 내용을 살펴보아야 합니다. 즉, (이미 말씀드렸던 것처럼) 안식일은 하나님을 섬김에 있어서 믿는 자들을 훈련시키기 위한 수단이자 규례였습니다. 그 날은 사람들로 하여금 함께 모여서 선포된 율법의 교훈을 듣고, 제사를 드리고 성찬에 참여하며, 하나님의 이름을 부르도록 하기 위해 제정되었기 때문입니다.

이러한 면은 옛 사람들뿐만 아니라 우리에게도 해당되는 것입니다. 비록 그 상징 자체는 끝났지만, (저는 사도 바울이 골로새서에서 말하고 있는 바를 말하고 있는 것입니다) 이 규례와 관련하여 기록된 것은 여전히 지속적으로 효력을 발휘하고 있기 때문입니다.

그렇다면 이 규례는 어떤 목적에 쓰이는 것인가요? 그것은 하나님의 이름으로 모이기 위한 것입니다. 사실 우리는 끊임없이 모여야 합니다. 하지만 우리의 연약함 때문에, 아니 이보다는 오히려 우리의 나태함 때문에, 불가피하게 하루가 선택되어져야 하는 것입니다.

만일 우리가 마땅히 그래야 하는 만큼 하나님을 섬기는 데 있어서 열심

---

123) 롬 7:4.

이라면, 일주일 중에 하루가 지정되어야 할 필요가 없었을 것입니다. 기록된 율법 없이도 아침저녁으로 만나 하나님의 말씀을 통해 점차 덕을 세워가야 하기 때문입니다.

그러나 우리를 그릇된 길로 밀어내는 무언가가 없을찌라도 우리 스스로 악에 치우지게 되는 것을 생각해 보면, 이러한 훈련은 우리에게 너무도 절실하게 필요한 것입니다. 그러므로 우리는 하나님의 이름으로 매일 모여야 합니다. 하지만 어떻습니까? 우리는 사람들이 주일에 모이기를 매우 괴로워한다는 것을 알고 있습니다. 그들 대부분에게는 강제성이 필요하다는 것을 알고 있습니다.

우리 안에 있는 그런 연약함을 생각해 볼 때, 우리는 이 규례가 단지 유대인들을 위해서만 제정되어 그들로 하여금 어떤 날에 모이도록 하기 위함이 아니라는 것을 깨달아야 하겠습니다. 그들뿐만 아니라 우리에게도 적용되는 것입니다.

이와 더불어 우리는 이것이 전부가 아니라는 것에 주목해야 합니다. 단순히 우리의 손과 발을 쉬게 할 뿐 그 이상의 의미는 없다고 한다면, 이는 참으로 빈약한 규례가 되고 말기 때문입니다. 그렇다면 어떻습니까? 우리는 이 안식을 좀더 고차원적인 목적으로 사용해야 합니다. 즉, 우리가 일을 자제해야 하는 것은 그 일이 하나님의 사역에 대해 묵상하는 것을 방해하기 때문인 것입니다.

그리고 그분의 이름을 부르며 그분의 말씀으로 스스로를 훈련해야 합니다. 그런데 만일 우리가 주일을 흥겹게 떠들면서, 놀면서, 게임을 하면서 보낸다면, 그것이 정녕 하나님을 영화롭게 하는 것이겠습니까? 아니요, 그것은 그분의 이름을 조롱하는 것이며 심지어 모독하는 것이 아니겠습니까? 그렇습니다.

반면에 주일에 가게문을 닫고 사람들이 평소처럼 수고로이 일하지 않는 것은, 더 많은 여가와 자유를 갖고 하나님께서 명하신 것들을 하기 위한 것입니다. 다시 말해서, 그분의 말씀으로 가르침 받고, 다함께 모여 우리의 신앙을 고백하며, 그분의 이름을 부르고, 그리고 만찬에 참예하기 위한 것입니다. 이것이 바로 이 규례가 우리에게 이바지해야 하는 목적인 것입니다.

그런데 지금 우리는 스스로를 기독교인이라고 부르는 자들이 마땅히 해야 할 바를 이행하고 있는가 살펴보아야 하겠습니다. 보십시오, 많은 사람들이 주일을 자신들의 일을 행하기에 가장 자유로운 날이라고 생각하고 있습니다.

그리고 마치 일주일 가운데 자신들을 위해 주어진 시간은 없었다는 듯 그 날을 그러한 목적으로 남겨둡니다. 교회당의 종소리는 그들을 설교로 인도하기 위해 울리지만, 그들에게는 단지 자신들의 일을 숙고하고 이 문제 저 문제 살펴볼 시간을 갖게 된 것뿐인 양 보여집니다.

또 어떤 사람들은 배불리 먹으며 집 안에 틀어박혀 있습니다. 공개된 거리에서는 감히 공공연히 경멸할 수가 없기 때문입니다. 어쨌든, 그들에게 있어서 주일은 하나님의 교회와는 상관없는 은신처에 불과할 뿐입니다. 이로써 우리가 모든 기독교 신앙과 하나님을 섬기는 데 있어서 얼마만큼의 애정을 가지고 있는지가 분명하게 드러나게 됩니다.

하나님께 가까이 이르도록 돕기 위해 주어진 것을, 우리는 그분으로부터 훨씬 더 멀어지는 기회로 사용하고 있기 때문입니다. 게다가 우리가 일단 타락하게 되면, 그 타락에 완전히 빠지게 만듭니다.

그러니 이러한 상황 자체가 사람들에게서 기인된 극악한 사악함이라고 할 수밖에 없지 않겠습니까? 그럼에도 불구하고 유감스럽게도 그것은 너무도 흔한 일입니다.

그리고 하나님의 본을 따라가는 자들을 찾기란 지극히 어렵습니다. 세상에 있는 대부분의 사람들이 그 날을 올바로 지키는 것을 중요하게 여기지 않을 정도로 모든 것들이 더럽혀져 있다는 것을 우리는 알고 있습니다. 그 날은 바로 우리로 하여금 모든 세상적인 근심과 관심사들에서 벗어나 하나님께 전적으로 헌신할 수 있도록 하기 위해 제정된 날이었음에도 불구하고 말입니다.

게다가, 주일이 제정된 것이 단지 설교를 듣기 위해서인 것만은 아니라는 것을 깨달아야 합니다. 이는 우리로 하여금 남은 시간을 하나님을 찬양하는 데 바칠 수 있도록 하기 위한 것이었습니다. 정말로 그렇습니다. 그분은 우리를 날마다 양육하고 계십니다. 그런데도 우리는 그분이 베푸시는 자비로운 은혜를 충분히 묵상하고 있지 않음으로 인해 하나님께 그에 합당한 찬미와 영광을 돌려 드리지 못하고 있습니다.

실제로 우리가 주일 외에는 하나님의 은혜에 대해 묵상하지 않는다면 그것은 참으로 안타까운 일이 아닐 수 없습니다. 하지만 다른 날에는 우리 자신의 관심사에 너무 사로잡혀 있기 때문에 그분을 섬기는 것에 많은 시간을 내어주지 못하고 있습니다. 그러한 목적에 전적으로 할당된 날만큼 말입니다.

그러므로 주일은 우리들에게 있어서, 아득히 멀리 있는 하나님의 사역을 바라보기 위해 올라가는 탑과 같은 구실을 해야 합니다. 다른 어떤 것에도 방해받거나 마음을 빼앗기지 않은 채, 우리의 모든 지혜를 동원하여 하나님께서 주신 은혜와 자비로운 선물을 생각해 볼 수 있는 시간으로서 말입니다.

그리하여 우리가 주일이 제정된 본래의 목적을 충실히 이행하게 된다면(다시 말해, 우리가 하나님의 사역을 묵상할 수 있게 된다면), 분명 우리는 그 주의 남은 날 동안에도 이를 위해 더 많은 시간을 바칠 수 있게 될 것입니다.

그리고 그에 대한 묵상은 우리를 새롭게 빚고 다듬어 갈 것입니다. 그리하여 그분의 사역에 대해 미리 오랫동안 묵상함으로써, 그것들을 통해서 더욱 만족스러운 삶을 사는 법을 알 수 있게 되어, 월요일에도 그 주의 다른 날에도 우리 하나님께 감사를 드릴 수 있게 될 것입니다.

하지만 오락이나 여타의 무익한 기분전환거리로, 뿐만 아니라 하나님을 거스르는 일들로 주일을 보내어, 결국 사람들이 자신들이 거룩한 주일을 지키지 못한 채 여러 가지로 하나님을 분요케 했을 뿐이라고 생각하게 된다면, 하나님께서 우리를 인도하기 위해 제정하셨던 거룩한 규례가 이런 식으로 더럽혀진다면, 사람들이 그 주의 남은 날들 동안 짐승과 다를 바 없이 행한다 할지라도 그것이 어찌 놀라운 일이 되겠습니까?

그러므로 어떻게 해야 합니까? 유익한 교훈을 얻고 하나님의 이름을 부르기 위해 주일 설교에 나오는 것만으로는 충분하지 않다는 것을 깨달아야 할 것입니다. 이와 더불어 앞서 말한 것들을 잘 터득하여, 모든 지혜를 쏟아 하나님께서 우리에게 행하셨던 자비로운 일들을 깊이 묵상해야 합니다.

그리고 그렇게 해서 월요일이나 그 외 다른 날에도 나아오지 않더라도, 우리를 우리 하나님께로 인도할 수 있는 것들에 맞추어 스스로를 만들어 나가야 합니다. 그리고 유익한 시간을 통해 미리 습득한 것만을 간직할 수 있도록 하기 위해, 하나님의 사역을 묵상하지 못하도록 훼방하고 발목을 잡는 온갖 것들로부터 우리의 마음이 벗어날 수 있도록 해야 하겠습니다.

이렇게 함으로써 여러분은 우리가 이 날에 지켜야 하는 규례가 어떤 것인지를 알게 됩니다. 그것은 율법의 굴레 아래 있었던 것처럼 엄격하게 예식을 지키는 것이 아닙니다. 우리는 더 이상 어떤 상징도 그림자도 가지고 있지 않기 때문입니다. 다만 이 규례는 우리를 불러모아, 우리의 연약함에 준해 단련되도록 하는 구실을 하는 것입니다. 더욱 전념하여 하나님을 섬기기 위해서 말입니다. 그 날을 그분께 온전히 드리기 위해서 우리가 완전히 세상을 떠날 수 있도록 합니다. 그리고 앞서 말씀드렸던 것처럼, 남은 주간동안도 우리를 굳건히 세울 수 있도록 말입니다. 그리고 앞서 말씀드렸던 것처럼 남은 주간동안도 우리를 굳건히 세울 수 있도록 말입니다.

게다가, 우리는 또한 주일에 각자가 홀로 하나님과 하나님의 사역에 대해 사색하는 것으로는 충분하지 않다는 것을 유념해야만 합니다. 우리는 우리의 신앙을 공개적으로 고백하기 위해 어떤 특별한 날에 모여야 할 필요가 있습니다. 앞서 말씀드린 대로, 진실로, 우리의 공개적인 신앙 고백은 매일 행해져야만 합니다.

하지만 인간은 매우 미숙하고 너무도 나태하기 때문에, 그러한 일들을 온전히 하기 위한 어떤 특별한 날이 필요한 것입니다. 사실 우리는 제 7일에 얽매여 있지 않습니다. (실제로) 우리는 유대인들에게 지정된 바로 그 날을 지키지는 않고 있습니다. 그 날은 토요일이었기 때문입니다.

하지만 그리스도인들의 자유함을 보여주기 위해, 그 날은 본질적으로 변화되어졌습니다. 부활하신 예수 그리스도께서 우리를 율법의 굴레에서

자유케 하시고 그 의무를 무효화하셨기 때문입니다.[124]

이것이 그 날이 바뀌어진 이유인 것입니다. 하지만 우리는 하루든 이틀이든 간에 주중에 어떤 날을 정하여 이와 같은 규례를 준수해야만 합니다. 그 날을 언제로 정하는가 하는 것은 그리스도인의 자유로운 선택으로 남겨져 있습니다.

그렇지만, 만찬을 행하기 위해, 하나님께 공동의 기도를 드리기 위해, 혹은 신앙에 있어서 일치와 연합을 보이기 위해 모이고자 한다면, 그러한 목적으로 사용될 어떤 특별한 날이 있는 것이 좋습니다. 그러므로 성경을 읽든 하나님께 기도를 하든 간에, 각자가 집에 들어가 행하는 것으로는 충분하지 않습니다.

우리 주님께서 명하셨던 이 규례를 지킴으로써, 믿는 자들 간의 교제에 참여하고 그곳에서 교회의 모든 지체들과 함께 공유하고 있는 일치됨을 보여주는 것이 마땅한 것입니다.

하지만 실제로는 어떻습니까? 우리는 하나님의 예배가 더할 나위 없이 더럽혀졌다는 것을 알 수 있습니다. (제가 앞서 다루었던 것처럼) 너무도 많은 사람들이 자신들은 하나님을 조롱할 뿐이며 그분의 법에서 제외되기를 바란다는 것을 보여주려 하고 있지 않습니까? 사실 그들은 설교를 듣기 위해 일 년에 대여섯 번 정도 나올 뿐입니다.

그리고 그곳에서 무엇을 합니까? 하나님과 그분의 모든 교훈을 조롱하고 있을 뿐입니다. 사실 그들은 하나님의 성전을 더럽히기 위해 오는 돼지들에 불과하며 성전보다는 돼지우리에나 있어야 마땅합니다.

---

124) 골 2:11,12,14.

차라리 악취 나는 오두막집에 남아 있는 편이 더 나았을 것입니다.

요컨대, 그런 불량배들과 더러운 악인들은 하나님의 교회에서 완전히 잘라내지는 편이 믿는 자들의 교제에 그런 식으로 섞이도록 하는 것보다 훨씬 나을 것입니다. 그런데도 그들이 얼마나 빈번하게 교회에 나오고 있습니까? 종소리가 제 역할을 꽤 잘 하는가 봅니다. 그런 악인들조차 자리를 채우는 것을 보니 말입니다.

그러므로 우리는 우리의 신앙을 고백하도록 할 때 좀더 애쓰고 주의를 기울여야 합니다. 하나님께서 만장일치로 영광 받을 수 있도록 말입니다. 더욱이, 우리는 모든 이방풍속을 철저히 금해야 합니다. 왜냐하면 우리는 무엇 때문에 교황제도에서 하나님을 섬기는 것이 헛되다고 여겨지는지 잘 알고 있기 때문입니다.

거룩한 안식일을 지켜야 한다는 것은 그런 식으로 지켜야 한다는 것이 아닙니다. 안식일을 올바르고 적법하게 지키기 위해서는, (앞서 말씀드렸던 것처럼) 우리 주님께서 이 날에는 그 어떤 것도 하지 말라고 하셨다는 것을 깨달아야 합니다. 오직 그분의 말씀을 들으며 공동의 기도를 드리고 신앙을 고백하며 만찬을 행하라고만 하셨습니다. 그것을 위해 우리가 부름 받은 것입니다.

그런데도 이 모든 것이 교황제도 속에서 어떻게 타락했고 뒤죽박죽 되었는지 우리는 알고 있습니다. 그들은 남녀 성자들에게 영광을 돌리도록 특정 일을 할당했습니다. 그리고 그들의 형상을 세웠습니다. 그렇게 해서 결국은 헛되이도 그것들이 경배 받는 지경에 이르렀습니다. 세상이 이렇게 타락한 것입니다.

따라서, 우리는 모세에 의해 여기 기록되어 있는, 안식일과 관련한 강론에 좀더 주목해야만 합니다. 그리고 우리 주님께서 옛 사람들에게 일주일 중 하루를 안식하라고 하신 목적이 무엇인지 깊이 생각해 보아야 하겠습니다. 이를 통해 그 규례는 오늘날 우리 주 예수 그리스도께서 오심으로 말미암아 폐지되었다는 것을 이해하면서, 영적 안식을 취할 수 있어야 합니다.

다시 말해서, 하나님께 전적으로 헌신해야 하는 것입니다. 우리의 모든 이성과 정욕을 버려야 하는 것입니다. 게다가, 그것이 우리에게 필요하다면, 외형적인 규례 역시 존속시켜야 하겠습니다. 다시 말해서, 그러한 규례로 인해 우리의 개인적인 관심사와 세상의 일을 삼가고, 하나님의 사역에 온전히 마음을 쏟으며 그분께서 우리에게 행하셨던 선한 일들을 깊이 생각하는 데 전념할 수 있다면 말입니다.

그리고 무엇보다도, 그분께서 복음을 통해 매일 우리에게 주시는 은혜를 인정하기 위해 힘써 노력하여, 그 안에서 더욱 강성해져 가야 하겠습니다. 또한 우리가 기도하고 하나님의 이름을 찬미하며 그분의 사역을 묵상함으로써 주의 날을 보냈다면, 그 주의 남은 날 동안, 그 날로 인해 유익을 얻었다는 것을 보여주어야 하겠습니다.

이제 우리의 죄를 시인하며 우리의 선하신 하나님의 임재 앞에 무릎 꿇도록 합시다. 그리고 우리가 행했던 것보다 더 절실하게 그 죄를 느끼도록 해달라고 기도합시다. 우리는 우리 안에 있는 교만이 사라지기 전까지는 어떤 식으로든 그분을 섬길 수 없는 존재입니다. 그분이 말씀하신 것처럼, 우리 자신의 욕망과 허탄한 생각을 멈추지 않는 한, 우리는 그분의 의에 대항하여 싸우기를 중단하지 않을 것입니다.

따라서 우리 선하신 하나님께서는 우리에게 성령의 능력으로 은혜 주시기를 기뻐하실 것입니다. 그리하여 우리를 죽였다가 다시 소생시키려고 우리를 위해 죽으셨다가 다시 사신 그분을 우리가 온전히 닮아갈 수 있도록 하실 것입니다. 그러므로 우리는 우리 자신을 포기함으로써, 우리 주 예수 그리스도의 표를 지녀야 할 것입니다.

그리고 그분의 뜻에 복종해야 할 것입니다. 그분의 의로움을 닮아가기 위해 온 힘을 다 쏟을 수 있도록 말입니다. 그분의 율법이 우리 안에서 영적으로 성취될 수 있도록 말입니다. 우리가 육적인 존재에서 영적인 존재로 변화되어 그분께 순종하며 살 수 있도록 말입니다.

우리 안에는 혐오스러운 것이 언제나 존재합니다. 때문에 그분의 안식이 우리 안에 온전히 거하고 우리를 그분의 나라에 데려가실 때까지, 동일하게 선하신 하나님께서는 우리의 연약함을 길이 참으실 것입니다. 그분은 이러한 은혜 주시기를 기뻐하실 것입니다.

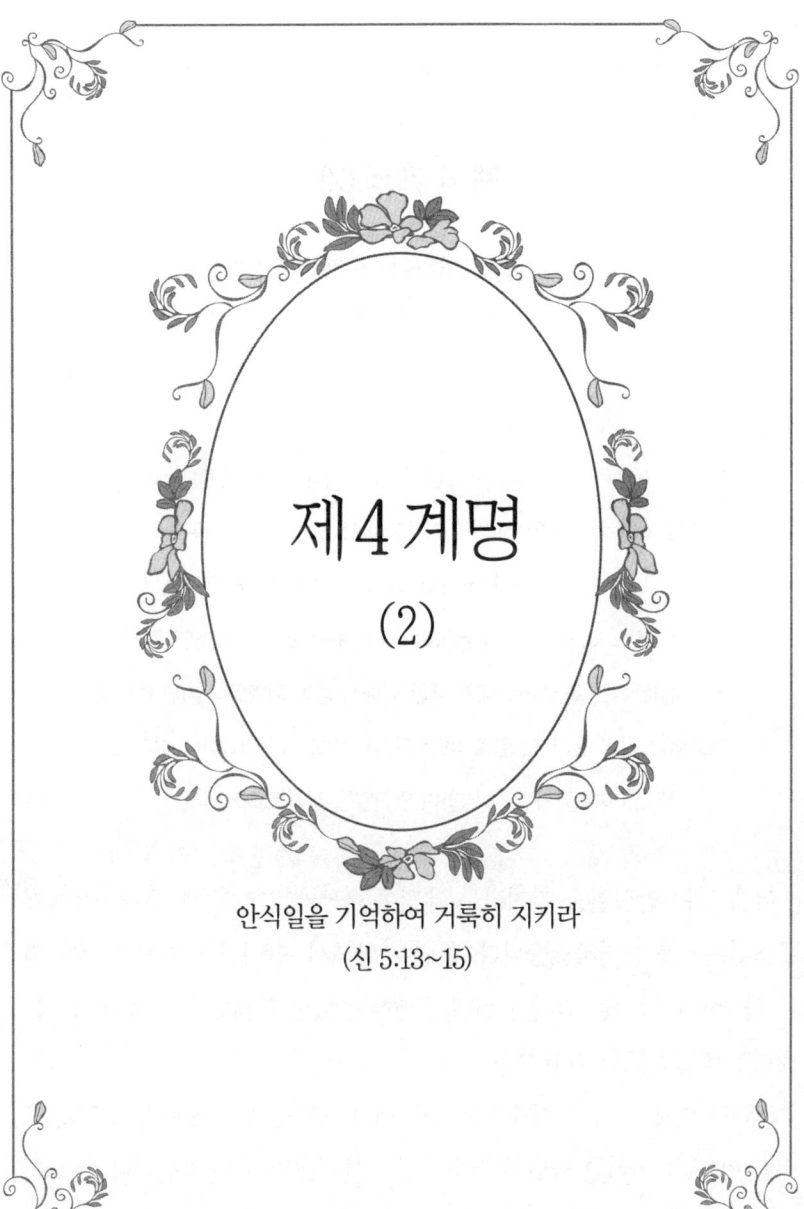

제4 계명
(2)

안식일을 기억하여 거룩히 지키라
(신 5:13~15)

제 4 계명 (2)

안식일을 기억하여 거룩히 지키라
(신 5: 13~15)

13 엿새 동안은 힘써 네 모든 일을 행할 것이나 14 제칠일은 너의 하나님 여호와의 안식인즉 너나 네 아들이나 네 딸이나 네 남종이나 네 여종이나 네 소나 네 나귀나 네 모든 육축이나 네 문안에 유하는 객이라도 아무 일도 하지 말고 네 남종이나 네 여종으로 너같이 안식하게 할지니라 15 너는 기억하라 네가 애굽 땅에서 종이 되었더니 너의 하나님 여호와가 강한 손과 편 팔로 너를 거기서 인도하여 내었나니 그러므로 너의 하나님 여호와가 너를 명하여 안식일을 지키라 하느니라

어제 저는 안식일을 지키라는 계명이 어떻게 그리고 왜 유대인들에게 주어졌는지를 증거하였습니다. 간단히 말해서, 안식일을 지키는 것은 믿는 자들이 하나님을 섬기기 위해 준행해야 했던 영적인 안식을 상징하는 것이라고 말씀드렸습니다.

그러나 이제 우리 주 예수 그리스도께서 그것을 성취해 주셨으므로, 우리는 더 이상 이러한 율법의 그림자에 머물러 있어서는 안됩니다.[125] 오히려 우리로 하여금 우리 하나님을 온전히 섬길 수 있도록, 우리 주 예수 그

리스도의 사망과 고난의 권능으로 말미암아 우리 옛 사람이 십자가에 못 박힘 당한 것에 기뻐해야 하겠습니다.[126]

하지만 우리에게는 여전히도 몇 가지 방법과 규례가 필요합니다. 함께 모여 하나님의 교훈 안에서 견고해지고 그것으로부터 매일, 다시 말해서 일평생 유익을 얻기 위해 안식일이 존재해야 할 필요가 있는 것입니다. 또한 그분의 이름을 부르고 우리의 신앙을 고백하는 데 전념할 수 있도록 하기 위해서도 필요합니다. 더불어 그 날의 남은 시간에는 때때로 하나님으로부터 받는 은혜를 깊이 묵상하며 보냄으로써 하나님께서 더 많은 영광을 받으실 수 있도록 해야 합니다.

따라서 이제 우리는 모세가 본문에 무엇을 기록하고 있는지 주목해 보아야 하겠습니다. "엿새 동안은 힘써 네 모든 일을 행할 것이나" 라고 주님은 말씀하고 계십니다. 혹 이것을, 하나님께서 우리에게 일하라 명하신 것이라 여겨서는 안됩니다. 사실 우리가 그런 존재로 태어나기는 했습니다. 그리고 하나님께서 우리가 이 세상에 사는 동안 빈둥거리며 지내도록 만들지 않으셨다는 것을 우리는 잘 알고 있습니다. 그 때문에 인간에게 손과 발을 주셨습니다. 기술과 지혜를 주셨습니다. 게다가 죄가 존재하기 전까지는, 아담을 정원에 두어 그것을 돌보도록 하셨다고 기록되어 있습니다.[127]

하지만 지금 인간이 행하고 있는 노동은 죄에 대한 징벌입니다. 그들을 향해 "너는 이마에 땀을 흘려야 빵을 먹게 될 것이라. 이는 모든 인류에게 내려진 저주라"라고 기록되어 있기 때문입니다. 따라서 우리는 우리의 처

---

125) 골 2:14,17,20.   126) 롬 6:6.   127) 창 2:15.

음 조상에게 주어졌던 상태, 즉 수고하지 않고 즐겁게 살 수 있었던 상태를 누리기에 합당치 못합니다.

아무튼 죄가 세상에 들어오기 이전에도, 이러한 고통스럽고 강요된 노동을 할 운명을 하나님으로부터 부여받기 이전에도, 인간은 어떤 활동에 종사했습니다. 왜 그렇습니까? 쓸모 없는 나무토막과 같이 되는 것은 우리의 본성을 거스르는 것이기 때문입니다. 그러므로 분명 우리는 어떤 노동에 평생을 바쳐야만 합니다.

하지만 여기 있는 명령이 6일 동안에는 일할 것을 명하고 있는 것은 분명 아닙니다. 사실, 율법 아래에서는 안식일 외에도 다른 종교적 의식이 있었기 때문입니다. 주중에도 다른 축제일들이 있었습니다. 하지만 그런 날은 며칠 되지 않았습니다. (일 년 중 4일 정도에 불과하기 때문에) 그래서 여기에서는 그것들에 대해 언급하지 않고 있는 것입니다. 단지 안식일에 대해서만 말씀하고 계시는 것입니다.

그리고 우리 주님께서는 "엿새 동안은 힘써 네 모든 일을 행할 것이나"라고 말씀하심으로써, 우리에게 하루의 대가로 6일을 주셨으므로 우리가 그 하루를 그분께 드리고 헌신하는 것에 인색하게 굴어야 할 이유가 없다는 것을 보여주고 계신 것입니다.

그것은 마치 이렇게 말씀하신 것과 같습니다. "내가 하루를 택하여 나를 섬기기 위해 온전히 예비되도록 하는 것이 너희에게 큰 문제가 되느냐? 그 날에는 아무 것도 하지 않아야 할 것이라. 오직 너희는 나의 율법을 읽고 행하거나, 혹은 너희에게 선포될 교훈을 경청해야 할 것이라. 성전에 나와 그 날에 바쳐지는 희생을 통해 견고케 되며, 나의 이름을 부르고 너희가 나의 백성과의 교제 가운데 있다는 것을 증거해야 할 것이라.

너희는 6일 동안 온전히 자유롭게 너희의 필요와 관심사를 행할 수 있을진대, 그런데도, 이것이 너희를 화나게 하는 일이란 말이냐? 나는 너희에게 자비를 베풀어 7일 중 단 하루만을 요구하였노라.

그러할진대, 마치 그 시간을 바치는 것이 부당한 것인 양 불평하면서 너희의 시간 중 7분의 1에 해당하는 시간을 나에게 주는 것을 아까워할 만큼 그토록 인색하게 군다면, 이는 너무도 큰 배은망덕함이 아니냐? 나는 너희에게 삶 전부를 주고 있노라. 태양이 너희에게 빛을 주지 않는다 할지라도, 너희는 나의 선함과 내가 너희에게 있어서 한없이 관대한 아버지임을 주시해야 할 것이라.

그런데도 내가 태양이 빛나게 하는 이유는 너희의 길을 비춰주기 위함이며, 너희 모두가 너희의 일에 종사할 수 있도록 하기 위해서이기 때문이라.[128] 그런즉 내가 7일 중 하루를 취해서, 그 날에는 모두가 자신의 일에서 벗어나 어떤 세상 근심에도 빠지지 않고 나에 대해서만 생각할 수 있도록 해서는 안 되는 이유가 무엇이란 말이냐?"라고 말입니다.

그러므로 이제 우리는 6일 동안 일하라는 이 말씀은 계명이 아니라는 것을 알게 됩니다. 그보다는 여기에 기록된 것처럼 사람들이 안식일을 준수하고 그 날을 거룩하게 지키지 않을 경우, 그들의 배은망덕함을 책망하기 위해 주신 말씀인 것입니다.

하지만 여기에서 우리는 바람직하고도 유익한 교훈을 얻을 수 있습니다. 즉, 하나님께 순종하려는 마음이 우리에게 좀처럼 생기지 않을 때는, 그분의 은혜를 깊이 생각해 보아야 한다는 것입니다. 하나님께서는 우리

---

128) 시 104:22,23.

를 거칠게 다루지도 않으시며 지나치게 강요하지도 않으신다는 것을 깊이 생각해 본다면, 우리로 하여금 하나님의 계명을 더욱 따르고자 하는 마음을 갖게 하는 데 있어서 이보다 더 좋은 것이 무엇이겠습니까?

만일 원하셨다면 하나님께서는 엄중한 고삐로 우리를 구속하셨을 수도 있었다는 것을 기억하십시오. 우리로서는 절대로 벗어날 방법이 없는 것들로 우리를 혹사시킬 수도 있으셨습니다.

하지만 하나님께서는 우리를 배려하시어 마치 아버지가 자녀들에게 하듯이 우리를 인도하십니다. 그렇게 우리를 참아주고 계십니다. 그러므로 그분이 명하신 것을 따라 행하고자 하는 마음이 더욱 뜨거워져야 하지 않겠습니까?

그렇습니다. 따라서 하나님의 계명을 행하는 것이 우리에게 어렵거나 혹은 그렇게 보일 때마다, 하나님 편에서 보실 때는 이 계명들이 그다지 억압적인 것은 아니라는 것을 깨닫도록 해야 하겠습니다. 만일 하나님께서 그분의 권리를 최대한 행사하기 원하셨다면, 우리는 너무도 큰 고통을 겪어야 했을 것입니다.

그러므로 하나님께서 우리를 참아주고 계시며 아버지로서의 선하심 이상을 베풀고 계시다는 것을 깨달아야 하겠습니다. 사실 하나님의 율법은 우리에게 어울리지 않습니다. 우리는 그 율법을 완전하게 지킬 수 없기 때문입니다.

뿐만 아니라, 인간이 자신의 선천적인 능력으로 하나님께 책임을 다하려 한다면, 손가락 하나도 제대로 들 수 없게 될 것이며 어떤 식으로 시작해야 할지 조차도 조금도 알 수 없게 될 것이기 때문입니다.[129] 우리는 하나님께 순종할 수도, 그분의 율법이 담고 있는 것을 이행할 수도 없습니다. 우리의 모든 생각과 정욕은 하나님과 원수가 됩니다.[130] 만일 사람이 자신의 힘으로 율법을 이해할 수 있다면, 그들을 향해 "일하라"라고 기록되어 있어야 마땅합니다.

하지만 이와는 달리, "**안식하라**"라고 기록되어 있습니다. 하나님께서 일하실 수 있도록 말입니다. 그러므로 우리에게는 율법을 이행한다는 것이 불가능한 것으로 보이는 게 당연하지만, 하나님께서 우리의 마음에 율법을 새기시고 성령으로 다스리신다면 가능한 일이 됩니다. 게다가 그렇게 되면 그것은 쉽고 가벼운 멍에가 될 것입니다. 우리를 힘들게 할만한 어려움이 없을 것입니다. 그러므로 세심히 살펴보기만 한다면, 사람들은, 하나님께서는 자녀를 불쌍히 여기는 아버지같이 자신들을 참아 주고 계신다는 것을 알게 될 것입니다.

따라서 우리는 감사할 줄 아는 법과 우리 하나님을 더욱 섬기는 법을 배워야 하겠습니다. 특히 그분께서 우리가 감당할 수 없을 만큼 가혹하거나 고통스러운 것처럼 여겨지는 것들은 명하지 않으시고, 우리의 능력을 배려하고 계시다는 것을 안다면 말입니다.

이렇듯 우리 주님께서는 이 본문을 통해 사람들에게 그들의 필요를 허락하신다는 것을 보여주고 계십니다. 따라서 여러분은 여기에서 무엇을 주목해야 하는지 알게 됩니다. 사실, (어제 다루었던 것처럼) 우리는 하나님의 이름을 부르기 위해 매일 모일 정도로 영적이어야 합니다.

그리고 온갖 세상일을 잊은 채 천상의 삶을 지향해야 합니다. 하지만 실제로는 어떻습니까? 하나님은 우리가 육신에 둘러싸여 있고, 지상을 걸어

---

129) 롬 7:14,15.   130) 롬 8:7.

다니며, 연약함으로 인해 천사의 삶을 살 수 없다는 것을 알고 계십니다. 우리 안에 있는 무지와 연약함을 보시며 우리의 의무를 완전하게 이행할 수 없는 우리의 무능력함을 안타까이 여기십니다.

때문에 우리를 자신의 극도의 엄격함으로부터 면해주시며 이를 전혀 드러내지 않으십니다. 오히려 우리가 그분께 하루를 바치는 것으로 만족하겠다고 말씀하고 계십니다. 그 주의 남은 날을 대신해 그 하루로 만족하실 것이라 하십니다. 왜 그렇습니까? (제가 말씀드렸던 대로) 하나님께서는 우리가 매우 연약하다는 것을 알고 계십니다. 그 때문에 극단적인 수단을 사용하지 않으시는 것입니다.

이렇듯 하나님께서는 우리를 참아 주시며 우리에게 필요한 것들을 허락하고 계십니다. 따라서 우리에게 그분께 헌신하고자 하는 마음이 생기지 않는다면, 그럴수록 우리는 더욱 음탕해지고 뻔뻔스러워지며 용서할 수 없는 존재가 되는 것입니다.

이와 함께, "네 남종이나 여종이나 소나 나귀나 모든 육축이나 네 문안에 유하는 객이라도 안식일에는 아무 일도 하지말고" 라고 기록되어 있습니다. 하나님께서 육축까지도 안식일을 지키도록 하셨다는 것이 이상하게 여겨질 수도 있습니다. 어제 논했던 것처럼, 이 계명은 높고도 거룩한 신비이기 때문입니다.

그런데 그것이 소와 나귀에게 가당키나 하단 말입니까? 하나님께서는, "나는 내가 너희를 거룩하게 하며, 또한 내가 너희를 다스리는 너희 하나님이라는 표징으로 안식일을 주었노라" 라고 말씀하고 계십니다.[131] 이 말

---

131) 출 31:13,17, 겔 20:12.

씀은 모든 인류에게 공통된 것이 아닙니다. 하나님께서는 이방인들과 불신자들에게까지 그런 은혜와 특권을 허락하지는 않으시기 때문입니다. 그들을 거룩하게 하지 않으십니다. 하나님께서는 상속자로 택하시어 양자 삼은 사람들에게만 말씀하고 계시는 것입니다. 이렇게 안식일은 하나님께서 자신을 믿는 자들로 이루어진 교회를 세상의 남은 사람들로부터 구별해내셨다는 표징이 됩니다.

그런데, 그것이 무엇 때문에 소와 나귀를 포함하는 것으로까지 확대되고 있는 것입니까? 이제 우리는 이러한 행위가 이성을 갖지 못한 짐승들을 위한 것이 아니라는 것에 주목해야 할 것입니다. 이는 안식일을 기억하도록 하는 상징물을 눈앞에 둠으로써 사람들이 이를 더욱 기억하도록 하려는 목적인 것입니다.

그러므로 이 거룩한 규례는 지능도 이성도 소유하지 못한 짐승과 관련된 것이 아닙니다. 사람들과 관련된 것으로서 바로 그들에게 유익이 되도록 만들어야 하는 것입니다. 우리는 짐승으로 희생제를 드린다는 것을 알고 있습니다. 그리고 이를 위해 많은 준비가 필요하다는 것을 알고 있습니다. 거기에는 금이나 은과 같은 것들로 만들어진 그릇들이 사용되었습니다. 그리고 그 모든 것들은 거룩합니다. 그렇다면 이것이 하나님께서 부패하기 쉬운 금속에, 아무런 감정도 갖지 못하는 것에 그분의 영을 부어 넣으셨다는 것을 의미하는 것입니까? 아닙니다. 이 모든 것은 사람들과 관련된 것입니다.

이는 사람들의 사용과 필요를 위해 만들어진 것이기 때문입니다. 하나님께서는 이 현세적이고 덧없는 인생 속에서 이러한 것들을 통해 자신의 필요를 충족하실 뿐만 아니라, 우리에게 은혜의 징표로 주십니다. 그리하여

이 징표가 우리를 천국으로 인도할 수단과 도움이 되게 하시는 것입니다.[132]

따라서 하나님께서 소와 나귀로 하여금 제 7일에 안식하도록 하신 것은 우리가 일찍이 논했던 그런 영적인 안식에 그것들을 참여시키고자 하셨기 때문이 아닙니다. 오히려 마구간과 외양간이 닫혀진 것을 보면서 유대인들로 하여금 그 의미를 깨닫도록 하려는 목적이었습니다.

보십시오. 하나님께서는 이러한 표증과 가시적인 규례를 우리 눈앞에 두셨습니다. 그리고 심지어 짐승에게까지 이를 지키게 하십니다. 이는 우리로 하여금 하나님을 더욱 성실히 섬기도록 하기 위한 것입니다. 그리고 만일 우리가 삶 전체에서 가장 중요하게 여겨야 하는 것을 분별하지 않는다면, 바로 모든 율법을 범하는 것임을 깨닫도록 하려는 것입니다.

즉, 우리가 스스로 버리는 법을 배우지 않고, 우리 자신의 취향과 이성과 지혜가 아닌 우리 하나님께서 우리를 다스리도록 하는 법을 배우지 않는다면, 그리고 그분이 우리 안에 살 수 있도록 죽은 피조물처럼 되는 법을 배우지 않는다면,[133] 더 나아가 우리 자신의 행실을 좇지 않는 법을 배우지 않는다면, 우리는 완전히 타락하게 되는 것입니다.

따라서, 유대인들은 짐승들에게까지 확대된 가시적인 표징을 이런 식으로 간주하여, 스스로를 잘 단속해야 했습니다. 그리고 그것을 통해 안식일을 경외함으로 지켜야 한다는 것을 마음 깊이 새겼습니다.

우리는 또한 하나님께서 인간의 강퍅함의 정도에 따라 그들을 언제나 어떤 식으로 다루어 오셨고 또한 그들에게 어떤 식으로 적당한 치유책을 주셨는지를 알게 됩니다. 그런 식으로 잡아 끌어당기기 전까지는 그분께

---

132) 창 1:28, 시 8:7.
133) 갈 2:20.

로 속히 나아오려 하지 않기 때문입니다.

그리고 이 치유책은 유대인들뿐만 아니라 또한 우리에게도 마찬가지의 구실을 합니다. 결국 우리 하나님은 우리의 악행을 치유할 수 있는 것이라면 그 어떤 것도 간과하거나 빠뜨리지 않으신다는 것을 알게 됩니다. 따라서 그분의 선하심을 깨달아야 하겠습니다.

이와 더불어 우쭐해하지도 정욕의 고삐를 늦추지도 않기 위해, 우리 안에 있는 강퍅함을 자각해야 하겠습니다. 우리는 억압당할 필요가 있으며, 앞으로 나가려 하지 않는 말에게 하듯 하나님께서 우리에게 박차를 가하셔야 하는 존재들이기 때문입니다. 그렇게 하나님께서는 우리를 몰아가고 계십니다.

따라서 그렇게 하시는 것에는 분명한 이유가 있으며, 이는 우리가 고집세고 괴팍하기 때문이라는 것을 깨달아야 하겠습니다. 그 결과, 우리의 모든 정욕을 혐오하며, 스스로를 가두는 법을 배워, 하나님께서 명하신 행로를 좇고자 하는 우리를 그 어떤 것도 방해하지 못하도록 해야 하겠습니다. 그리고 비록 우리의 본성은 이를 거스르려 하나, 여기에도 마찬가지로 굴레를 씌어 우리 하나님께 완전히 복종케 될 때까지 중단 없이 나아갈 수 있도록 해야 하겠습니다.

이렇게 해서 여러분들은 이 부분에서 우리가 기억해야만 하는 것이 무엇인지를 알게 되었습니다. 뿐만 아니라 곧 이어 남종과 여종에 관해서도 언급되고 있습니다. 이 언급을 통해 하나님께서는 유대인에게 "그들이 애굽 땅에서 종이 되었었다"는 것을, 그러므로 이제 자신들의 권세 아래 있는 자들을 관대하게 다루어야 한다는 것을 상기시키고 계시는 것입니다.

(하나님께서 말씀하십니다) "네 남종이나 네 여종으로 안식하게 할지니

라." 그 이유가 무엇입니까? 여러분들 자신들도 노예였던 적이 있었기 때문입니다. [그때] 여러분들 역시 휴식과 회복을 원했을 것입니다.

그러므로 이제 여러분이 여러분의 권세 아래 있는 자들을 향하여 이와 같은 관대함을 베풀어야 하는 것입니다. 이렇게 보면, 하나님께서는 앞서 이야기되었던 것과 같은, 영적인 규례로서만 안식일을 명하신 것은 아니었던 것처럼 보입니다. 그것은 자비를 베풀기 위한 목적도 있는 것으로 보입니다. 하나님께서는, "네가 노예 상태에 처해 있다면, 다른 사람이 너로 하여금 쉴 수 있도록 해주기를 원하지 않겠느냐? 너는 항상 수고하기만을 바라겠느냐? 분명 그렇지 않을지니, 그러므로 너도 다른 사람을 참아 주어야 할 것이라"라고 말씀하고 계시기 때문입니다.

이렇게 하여 안식일은 하나님을 섬기기 위한 목적으로만 지켜져야 하는 것이 아니라, 이웃과 이웃 사이에 있어야 하는 사회 일반의 자비를 목적으로도 기능하고 있는 것입니다. 그들이 신분상에 있어서 우리보다 아무리 낮은 위치에 있다 할지라도 말입니다.

하지만 이 계명은 율법의 첫 번째 목록에 포함되어 있는 것입니다. 따라서, 방금 살펴본 것과 같은 목적은 단지 보조적인 것에 불과한 것이 분명합니다. 저는 지금 첫 번째 목록을 이야기하고 있습니다.

하나님께서 자신의 율법을 이런 식으로 분리하여 두 개의 돌판에 쓰셨던 것은 분명한 이유가 있기 때문입니다. 그분이 원하셨다면, 한 개의 돌판에 이 모든 계명을 쓰실 수도 있지 않았겠습니까? 그렇습니다. 그런데 왜 두 개로 나누어서 쓰셨을까요? 그것은 분명한 이유가 있었습니다.

하나님의 율법에는 두 가지의 중요한 국면이 있기 때문입니다. 하나는 그분께 행해야 할 우리의 의무와 관련된 것이고, 다른 하나는 함께 살고 있는 우리의 이웃에게 행해야 할 의무와 관련된 것입니다. 우리의 모든 삶의 목적은 무엇보다도 우리가 하나님께 속해 있다는 것을 아는 데로 귀착됩니다.

그리고 그 하나님께 순종하며 나아가야 합니다. 우리의 삶은 그분께 달려 있으므로, 그분께 경의를 표해야 합니다. 뿐만 아니라, 그분이 우리를 더 나은 소망에 이르도록 창조하셨고 우리를 자녀 삼으신 한, 우리는 그분의 그런 선하심에 영광을 돌려야 합니다.

그분의 아들의 피로 우리를 구속하셨으므로, 우리는 온전히 그분의 것이 되어야 합니다. 이 세상의 더러움에서 물러나 우리가 그분의 참된 희생물이 될 수 있도록 말입니다. 그분께만 부르짖고, 그분만을 피난처로 삼으며, 그분의 모든 은혜에 감사를 드릴 수 있도록 말입니다.

이렇게 하여 여러분은 우리의 삶의 첫 번째 국면은, 우리 하나님께 드려야 하는 영광이라는 것임을 알게 됩니다. 또 다른 국면은 바로 이것입니다. 즉, 사람들 가운데에서 올바르게 사는가 하는 것을 통해 우리의 순종을 시험하는 것이 그분의 뜻이라는 것입니다.

우리 가운데 누구도 자신의 유익을 위해서만 애써서는 안됩니다. 우리 모두는 다른 사람을 섬기려 노력해야 합니다. 우리 사이에는 상호간의 성실함이 있어야 합니다. 그리하여 사기와 난폭함과 잔혹함을 삼갈 뿐만 아니라 진실하고 겸손하게 살아야 합니다. 방탕함과 뻔뻔함과 잔인함이 없어야 합니다. 그것이 바로 우리의 삶의 두 번째 국면인 것입니다.

그런데 안식일에 대한 계명은 첫 번째 목록에 포함된 것입니다. 따라서 그것은 하나님을 영적으로 섬기는 것에 속한 것입니다. 이웃과 이웃 사이에 있어야 할 자비와 관련된 것이 아닙니다.

그렇다면 남종과 여종을 안식케 하라는 말씀이 왜 여기, 이 첫 번째 목록에서 언급되고 있는 것일까요? 이 언급은 마치 우리 주님이 이렇게 말씀하고 계시는 것과 같습니다. "이 안식일은 너뿐만 아니라 네 남종과 여종이 평안을 얻을 수 있는 여분의 시간이 될 것이라"라고 말입니다.

하지만 이것이 하나님께서 지향하고 계신 목표였던 것은 아니었습니다. 사람들로 하여금 잠시 숨을 돌릴 수 있도록 하기 위해, 완전히 탈진할 때까지 일하게 되지 않도록 하기 위해, 일주일에 하루는 일을 쉬도록 하는 것이 그분의 주된 의도였던 것은 아니었습니다. 그것은 하나님으로 하여금 안식일을 제정하시도록 한 이유가 아니었습니다.

하나님께서 안식일을 제정하신 것은 바로, 믿는 자들로 하여금 그와 같이 거룩하게 살아, 자신의 모든 욕망과 바램으로부터 안식함으로써, 하나님께서 그들 안에서 온전히 일하실 수 있도록 해야 한다는 것을 깨닫도록 하기 위함이었습니다.

뿐만 아니라, 여기에는 이른바 매우 탁월한 은혜가 있습니다. "볼지어다"(우리 주님께서 말씀하십니다), "너희가 이 증거를 간직하는 한, 이는 너희 스스로를 나에게 맡기려 하는 것이니, 내가 너희를 거룩케 할 것이라. 보라, 이것이 너희를 이롭게 할 것이며 유익케 할 것이라. 즉, 너희 가솔은 언제까지고 지치지 않게 될 것이라. 이는 너희 남종과 여종과 너희 육축도 그 날에는 안식해야만 하기 때문이라. 그 결과 너는 그 날을 여분의 시간으로 얻게 될 것이니라."

이제 우리는 유대인들이 애굽에서 노예로 있었으며 그러므로 자신들의 권세 아래 포로로 잡혀 있는 자들을 배려해야 한다는 말씀이 여기에서 분명하게 언급되고 있는 이유가 무엇인지를 깨닫게 됩니다. 모세가 말하고 있는 남종과 여종은, 오늘날 우리 가운데 보편적으로 나타나고 있는 고용 형태를 말하고 있는 것이 아닙니다. 당시의 종은 노예였습니다.

그들은 소와 나귀처럼 억압당했습니다. 비참하리만큼 가혹하고 잔인하게 다루어졌습니다. 그러므로 하나님께서는 유대 민족이, 안식일을 지킴으로써, 자신들의 가솔들에게 은혜를 베풀어야 한다고 말씀하고 계시는 것입니다.

"너희는," (하나님께서 말씀하십니다) "내가 7일 중 하루를 취하여 나를 위해 예비해둔 시간에 대해 불평할 이유가 없을지니, 너희 권세 아래 있는 자들을 학대하고 그들에게 횡포를 부리지 않는다면, 그 날이 너희에게 유익이 될 것이라[는 것을 알게 될 것이라]. 만일 너희가 이 사회적 규례를 중시한다면, 다시 말해, 그 날에 너희 종들이 원기를 회복하게 된다면, 이 규례는 너희에게 매우 유익하게 될 것이라.

하지만 내가 단지 너희 가솔들만을 위해 그 규례를 제정했던 것은 아니라는 것을 깨달아야 할지니, 이는 내가 너희에게 말했던 것을 기억하도록 하기 위한 날이라. 즉 너희는 불신자들과 구별되었으므로, 나에게 있어 왕 같은 제사장이 되어야 할지니, 온전하고 순전한 양심으로 오직 나를 섬기기만을 구해야 할 것이라.[134] 그렇게 하면 이 날이 너희에게 얼마간의 세상적인 필요까지 채워준다는 것을 깨닫게 될 것이니라. 그렇지만, 너희가 추구해 할 것은 그러한 세상적 필요가 아니니라."

요컨대, 우리 주님은 여기에서 예수 그리스도께서 선포하셨던 것과 동일한 것을 보여주고 계십니다. 즉, 만일 우리가 하나님의 나라를 구하면

---

134) 출 19:5,6.
135) 마 6:33.

나머지 것도 우리에게 더해진다는 것입니다.[135] 우리는 만일 우리가 천상의 삶을 열망하면 굶어 죽게 될 것이고 우리의 모든 필요를 빼앗기게 될 것이라고 주장합니다.

요컨대, 마귀는 우리에게 다가와 언제나 우리를 유혹하여 하나님을 섬기는 것을 혐오하게 만듭니다. 만일 우리가 하나님을 섬기는 데 헌신하려 하면 분명 굶어 죽게 될 것이며 결국 곤경에 처하게 될 것이고 세상이 우리를 버릴 것이라는, 핑계와 교활함으로 말입니다.

분명 우리가 우리의 정욕을 버리고 우리를 짓누르는 세상적인 근심을 떨쳐버리지 않는다면, 하나님을 섬길 수 없습니다. 그럼에도 불구하고 우리는 약속 받은 은총에 의지해야 합니다. 즉, 우리가 하나님의 나라를 구하면 이러한 덧없는 것들에 대한 은총도 받게 될 것입니다. 우리 주님은 우리에게 자비를 베푸실 것이고 이 현세적인 삶을 살아가기 위해 필요한 것이라 생각하시는 모든 것을 우리에게 주실 것입니다. 그러므로 우리는 다만 우리의 능력과 방법으로는 얻을 수 없는 것들에 대해 그분을 기대해야 하겠습니다. 이 부분에서 우리에게 보여주고 있는 것이 바로 그것입니다.

이제 이 말씀은 우리로 하여금 하나님께서 명하신 것을 향해 나아가도록 하는 자극제로 끊임없이 작용합니다. 하나님께 순종하도록 우리의 삶을 조정하고 감독하는 것을 방해하는 근본적인 요소는 바로 자신에 대한 집착입니다. 우리는 이것이 혹은 저것이 우리에게 좀더 유익할 것이라고 생각합니다. 그것이 무엇에서 연유한 것이든 간에, 우리는 우리 자신의 필요와 세상에 속한 것을 준비해야 할 필요가 있다고 생각합니다.

여기에서 우리는 인간에게는 하나님을 따르고자 하는 마음이 없다는 것을 알게 됩니다. 오히려 하나님을 꺼려하고 그분의 율법으로부터 완전히 벗어나려 할 뿐입니다. 그들이 보기에 하나님을 섬기면 결코 성공할 수 없기 때문입니다.

하지만 이러한 생각은 매우 수치스러울 정도로 배은망덕한 것입니다. 이는 그들의 패역함을 백 배나 더 가중시킬 뿐인 것입니다. 그렇다면 어떻게 해야 할까요? 우리는 자유롭고 자발적인 마음으로는 결코 하나님을 섬길 수 없다는 것을 유념해야 할 것입니다.

여호수아에게 말씀하셨던 것처럼,[136] 그분은 우리의 평생동안 우리를 공급하실 것이며 우리를 잊지 않으실 것이라 확신하지 않고서는 그렇게 할 수 없습니다. 히브리서 기자는 모든 믿는 자들이 특히 지나친 근심에서 벗어나도록 하기 위해 그들에게 이 교훈을 적용합니다. 그는, "너희 하나님은 과연 너희를 버리지 아니하고 과연 너희를 잊지 아니하리라"라고 말하고 있습니다.

만일 하나님께서 우리를 지켜보시며 우리의 모든 필요를 공급하실 것이라는 사실을 온전히 확신하게 된다면, 분명 우리는 우리의 세상적인 정욕에 그토록 빠지게 되지 않을 것입니다. 그분을 섬기는 일에서 벗어나게 되지 않을 것입니다. 영적인 삶에 주의를 기울이게 될 것입니다. 그렇게 우리는 이 세상을 지나갈 것이며 피조물들을 마치 전혀 사용하지 않고 있다는 듯이 사용할 것입니다. 우리는 더 먼 곳으로 가야한다는 것을 깨닫게 될 것이기 때문입니다.

그러므로 여러분은 우리가 이 교훈에서 어떤 결과를 얻어야 하는지를 알게 됩니다. 우리 주님께서는 안식일을 지키라는 명령에는 영적인 의미

---

136) 수 1:5~6, 히 4:8,11.

가 있다는 것을 보여주고 계십니다. 그렇지만 사람들이 만일 그분만을 바라보고 세상적 필요를 구하는 데 그토록 열심을 내지 않는다면, 안식일을 지키라는 명령이 육적으로도 유익하다는 것을 알게 될 것입니다. 하나님께서 그들에게 은총을 내리시리라는 것을 알게 될 것입니다.

어쨌든 우리는, 다른 사람을 다스리는 권세를 가지고 있을 경우 그 이웃들이 자신들보다 열등할지라도 결코 멸시해서는 안 된다는 권고를 받게 됩니다. 그리고 이 권고는 여기에서 그치지 않습니다. 우리는 이것을 단지 남종과 여종에 국한되는 것이라 해석해서는 안됩니다.

이는 또한 가난한 자들과, 권세나 존귀의 자리에 있지 못한 모든 자들, 모든 아랫사람들과 백성들, (우리가 보기에) 세상적인 관점에서 우리와 비교되거나 어울릴 가치가 없는 모든 사람들에게도 그렇게 해야 합니다. 우리는 인간이 얼마나 교만한지 알고 있기 때문입니다.

비록 우리에게 높아질 만한 이유가 없다 할지라도, 그럼에도 불구하고 우리 모두는 으뜸 되기를 탐냅니다. 그렇게 높아지고자 하는 마음이 있는 한, 우리 모두는 아무런 이유 없이도 이웃을 우습게 보려 한다는 것을 알게 될 것입니다.

그러므로 우리가 실제로 높임을 받게 된다면 어떻게 되겠습니까? 재판관의 자리에 앉은 사람들을 보십시오. 만일 하나님께서 성령을 통해 그들을 제어하시지 않는다면, 온유함으로 행해야 하며 자신들의 책임 아래 있는 자들을 압제하지 말아야 한다는 것을 보여주시지 않는다면, 아버지처럼 행동하고, 백성들을 자녀같이 여기며, 더 나아가, 그들을 영화롭게 하신 분은 하나님이시므로, 더욱 겸손하게 살아야 한다는 것을 보여주시지 않는다면, 그들은 온 세상이 (흔히 말하듯) 자신들을 위해서만 존재한다고 주장하게 될 것입니다.

　하나님의 말씀을 선포하고 다른 이들을 인도할 책임이 있는 자들이, 자신들은 특별하게 대우받아야 하며 다른 사람들을 멸시해도 된다고 생각하고 있다면, 그들은 참으로 불행한 자들입니다. 경건한 대화로 인도하며 이웃과 평온히 지내고 우리 주 예수 그리스도의 양떼임을 드러내는 것에 으뜸이 되기 위해 힘껏 노력하지 않느니, 차라리 강단에 올라가는 동안 목이 부러지는 것이 더 나을 것입니다.

　물론 그럼에도 불구하고, 사실 부유한 사람들이 가난한 사람들의 섬김을 받는 것은 당연한 것입니다. 만일 어떤 사람에게 품삯을 주고 고용한 남종과 여종이 있다면, 그는 그 종을 상석에 앉히거나 자신의 침대에서 자도록 하지 않을 것입니다.

　하지만 (아무리 탁월할지라도) 우리는 이러한 사실에 도달해야 합니다. 즉, 우리는 한 골육으로 결합되어 있으며 우리 모두는 하나님의 형상을 따라 창조되었다는 것입니다.[137] 만일 우리가 아담의 혈통에서 난 자들은 모두가 우리의 골육이자 뼈라고 생각한다면, 아무리 우리가 서로에게 난폭한 짐승과 같다 할지라도, 호의를 베풀게 되어야 하지 않겠습니까? 이사야 선지자는 부도덕한 사람들을 책망하려 했을 때, "너는 네 골육을 멸시하지 마라"라고 말했습니다.[138]

　그러므로 세상에 살고 있는 많은 남자 여자들을 볼 때면 거울 속에 있는 나를 보듯 해야 합니다. 이를 유념하십시오.

　그런데 우리가 유념해야 할 것이 더 있습니다. 즉, 모든 인간에게는 하

---

137) 창 9:6.　138) 사 58:7.

나님의 형상이 새겨져 있다는 것입니다. 그러므로 누군가를 학대하려 할 때마다, 이는 나 자신의 골육을 멸시하는 것일 뿐만 아니라, 힘을 다하여 하나님의 형상을 범하는 것이 됩니다.

결국 본문을 통해, 하나님께서는 권세와 존귀의 자리에 있는 자들에게, 다른 사람들보다 더 부유한 자들에게, 어느 정도의 명예를 향유하고 있는 자들에게 보여주려 하신 바가 있다는 것을 유념해야 하겠습니다. 즉, 그들은 자신의 권세 아래 있는 자들을 학대해서는 안됩니다. 그들을 지나치게 괴롭히거나 고통을 주어서는 안됩니다. 우리 모두는 아담의 혈통으로부터 내려왔고, 한 친족이며, 게다가 우리 모두에게는 하나님의 형상이 새겨져 있다는 것을 항상 명심해야만 합니다. 이것이 바로 우리가 주목해야 하는 부분입니다.

특히 지금은, 우리 주 예수 그리스도께서 우리에게 오셨습니다. 그리고 모든 교만을 책망하고 겸손 외에는 하나님을 섬길만한 다른 방법이 없다는 것을 보여주시려고 스스로를 낮추셨습니다.[139] 뿐만 아니라 우리 모두로 하여금 그분의 몸의 지체가 되게 하셨습니다. 주인이나 혹은 보다 높은 위치에 있는 사람들뿐만 아니라 종(과 아랫사람)까지도 말입니다.[140] 거기에는 어떠한 차별도 없습니다. 우리는 우리 주 예수 그리스도에게 나아와 그분을 유심히 살펴본 후, 그분을 따라야만 합니다.

이렇듯 큰 자든 작은 자든 우리 모두는 그분의 지체이며 그분은 우리의 머리가 되십니다. 이는 우리 모두가 스스로를 이웃과 동일하게 여겨야 할 충분한 이유가 됩니다. 게다가, 하나님께서는 율법 아래 살았던 자들에게

---

139) 빌 2:7.　140) 고전 12:13, 갈 3:27,28.

하셨던 것보다 더욱 친밀하게 우리에게 자신을 아버지로 보여주셨습니다.

따라서 우리 가운데 형제애가 지속되도록 해야 합니다. 이렇게 하여 우리는 우리가 이 본문에서 기억해야만 하는 것이 무엇인지를 한 가지 더 알게 되었습니다. 하지만 아직 한 가지가 더 있습니다.

그것은 하나님께서 유대인들로 하여금 "그들이 애굽 땅에서 비참한 종이었던 것"을 기억하도록 하기 위해 이 상징물을 제정하셨다는 것과 관련된 것입니다. 우리는 그들이 그곳에서 지독하고도 잔인하게 다루어졌다는 것을 알고 있습니다. 그들은 그러한 상황에서 도움을 바랬으며, 한숨쉬고 부르짖었을 때 하나님께서 귀 기울이셨습니다.[141]

따라서 하나님께서는 그들 역시 다른 사람에게 동일하게 행동해야 한다고 말씀하고 계십니다. 그리고 여기에는 매우 유익한 교훈이 담겨 있습니다. 즉, 만일 우리가 스스로를 되돌아본다면, 끊임없이 우리의 의무를 이행할 수 있게 될 것입니다.

이와 반대로, 우리가 이웃들을 학대한다면, 그것은 (흔히 말하듯) 우리의 안락한 생활에 취해 비참하고 불행했던 때를 생각하지 않기 때문인 것입니다. 배고프고 목말라봤던 적이 있는 사람은, 누군가의 도움을 간절히 원했던 적이 있었기 때문에, 가난한 사람을 보고 이렇게 생각하게 될 것입니다. "그래, 나도 그런 궁핍한 상황에 처했던 적이 있었어. 그리고 도움을 받았었다면 참으로 기뻐했을 거야. 다른 사람들이 나를 불쌍히 여겨 구원해 주어야 한다고 생각했었지"라고 말입니다.

따라서 만일 어떤 사람이 궁핍에 처한 가난한 사람을 보았을 때 그와 같

---

141) 출 2:23.

은 생각을 하고 관대한 마음을 가져야만 하지 않겠습니까? 물론 그렇습니다. 하지만 어떻습니까? 우리는 안락한 상황에 있게 되면, 더 이상 우리가 처했었던 비참함에 대해 생각하지 않게 됩니다. 오히려 우리는 그러한 상황으로부터 면제되었고 더 이상 평범한 계층에 속해 있지 않다고 생각합니다. 그리하여 우리 자신을 잊게 되고 결국은 더 이상 이웃들에 대해, 그들이 당하고 있는 상황에 대해 어떠한 동정심도 가지지 않게 됩니다.

그러므로 우리는 이 문제를 더욱 주목해야 할 필요가 있습니다. 즉, 우리 주님은 우리가 이기주의에 눈이 멀어, 결국 쾌락을 탐닉하며 빈곤과 궁핍에 처한 자들에 대해 생각하지 않는다는 것을 알고 계십니다. 하나님께서는 우리[우리의 상태]를 보[시고, 이렇게 말씀하]고 계십니다. "너희가 누구란 말이더냐? 너희는 불행에 처해 본적이 없더냐? 심지어 너희들이 그들에게 분노케 되는 일이 생길지라도 한번 더 생각하여 '봐, 이들은 하나님의 형상대로 빚어진 피조물들이야. 만일 우리가 그들을 학대한다면 하나님께서 우리를 불쌍히 여기지 않으실 거야'라고 말해야 하지 않겠느냐?"라고 말입니다. 그러므로 우리는 이 교훈을 평생동안 이행해야 하겠습니다. 불행으로 괴로워하는 사람들을 볼 때마다 이와 같은 생각을 떠올려야 하겠습니다. "내가 그들과 같은 궁핍에 처했던 적은 없었던가? 만일 내가 또다시 그와 같은 상황에 처하게 된다면, 노움을 얻기 원하지 않을까?"라고 말입니다.

그런데도, 왜 우리는 자신을 그런 상황으로부터 면제시키는 것입니까? 우리는 적어도 우리 자신이 받고자 하는 만큼 다른 사람에게 해주어야 하는 것입니다. 우리의 본성이 우리에게 그렇게 가르치고 있습니다. 우리는 그것을 배우러 학교에 갈 필요가 없습니다.

결국 우리 주님이 경험을 통해 이미 가르쳐 주신 것만으로도 우리를 책망하기에 충분한 증거가 됩니다. 따라서 과거를 기억하게 된다면, 분명 우리는 빈곤하고 궁핍한 자들을 도울만한 자비와 긍휼을 갖게 될 것입니다.

어려움에 갇혀 있는 그들을 불쌍히 여기게 될 것입니다. 그리고 만일 우리에게 그들을 도와줄 만한 방법과 힘이 있다면, 우리 모두는 그렇게 하려 하게 될 것입니다. 이것이 바로 "너희는 애굽 땅에서 이방인이었노라"라고 언급되어 있는 부분에서 우리가 주목해야 하는 바인 것입니다.

그러므로 여러분은 지금 여러분의 권세 아래 있는 자들을 구원하기 위해 관심 가져야 합니다. 여러분이 노예였을 당시에, 여러분 역시 그러한 도움을 받기 원했기 때문입니다.

이제 우리는 유대 민족의 일원이 아니라 단지 그들 가운데 있었던 상인들을 접하게 됩니다. 하나님께서는 그들 역시 안식일을 지키기를 원하셨습니다. 하지만, 제가 이미 말씀드린 것처럼, 하나님께서 그들을 거룩케 하신 것은 아닙니다. 이 표징이 그들에게 속한 것도 아닙니다.

그렇기에 하나님께서 그것을 불신자들과, 계약의 표로서의 할례를 받지 않은 자, 그리고 율법도 약속도 소유하지 않은 자들에게도 공통적으로 적용하시는 것은 스스로가 거룩한 규례를 더럽히고 계시는 것처럼 여겨집니다. 하지만 하나님께서 여기에서 이방인들에 대해 말씀하고 계신다 할지라도, 그분은 언제나 자신이 선택하고 양자 삼은 사람들을 유의하여 보고 계시다는 것을 유념해야 합니다. 만약 하나님을 섬기는 것을 거스르는 일이 묵인된다면, 그 일을 행하는 자들이 비록 우리의 혈족이 아니라 말해질 수 있을지라도, 우리가 그들의 악한 본을 따라 그들을 좇게 될 수도 있다는 것을 우리는 잘 알기 때문입니다.

만일 이방인들이 유대인들 가운데에서 왕래하는 것이 허용되었다면, 어떤 결과가 일어났겠습니까? 유대인들은 그들과 매매를 했을 것이고 그로 인해 스스로를 더럽혔을 것입니다.

그리고 다른 날과의 구별이 없었을 것입니다. 기회가 주어지면, 우리는 쉽게 악에 빠져 버리기 때문입니다. 그리고 적절한 기회가 주어지지 않을지라도 우리의 본성은 악에 치우쳐 있으므로 머지 않아 미혹케 되었을 것입니다.

그렇게 모든 사람들이 규례를 벗어난다면 우리에게 어떤 일이 생기겠습니까? 결국 [안식일에] 유대 민족 가운데서 일하고 왕래할 수 있도록 이방인들에게 주어진 자유는, 유대인들을 타락으로 이끌었을 것입니다. 모든 사람들이 자기 하나쯤이야 하고 생각하여 안식일을 범하고 지키지 않아도 된다고 여겼을 것입니다.

그러므로 그런 악이 틈탈 기회를 잘라버리기 위해, 그리하여 그 날이 더 큰 경외함으로 준수되도록 하기 위해, 육축들이 안식하도록 하셨던 것과 똑같은 뜻으로 하나님께서는 이방인들에게도 동일하게 하셨던 것입니다. 이제 이것은 우리에게도 마찬가지가 되어야 합니다. 이는 기독교 신앙을 고백한 사람들 사이에서 악이 허용될 수 없다는 것을 보여주고 있는 것입니다.

그로 인해 심지어 단순한 여행자나 잠시 체류하는 자들 가운데 있는 악일지라도 책망 받게 됩니다. 왜 그렇습니까? 만일 우리 중 누군가에 의해 행해진 신성모독만이 책망을 받고 지나가는 행인이 신성모독을 하고 하나님을 경멸하는 것은 묵인된다고 가정해 봅시다. 그런 신성모독을 참고 제지하지 않는다면 다른 것에도 나쁜 영향을 끼치게 되지 않겠습니까?

그렇습니다.

그런데도 이러한 상황이 묵인되고 있습니다. 분명 우리와 같은 신앙을 갖고 있지 않은 사람들이 하는 신성모독은, 그에 합당한 책망을 받고 있지 않습니다. 이는 심지어 우리와 함께 하며 우리가 하는 것처럼 기독교 신앙을 고백하는 자들 역시 마찬가지입니다. 사람들은 무감각해지고 있습니다. 그리고 그것이 우리의 더 큰 수치인 것입니다.

만일 어떤 사람이 교황주의자이거나 다른 종파(오늘날 세상은 하나님을 멸시하는 자들로 가득합니다)에 속해 있다면, 혹은 복음의 교훈을 조롱하고 하나님의 이름을 모독하는 것을 묵인 받는다면, 그 결과는 타락일 뿐이며, 이를 바로잡기는 쉽지 않을 것입니다.

만일 부패한 자들과 악인들이 그들의 음탕한 계교를 사용하여 우리 가운데 우리가 이전에 했던 것보다 더 사악한 씨를 뿌리는 것을 묵인 받는다면, 만일 방탕한 자들과 타락한 자들이 이곳에 와 그들의 음탕함을 행하는 것을 묵인 받는다면, 우리 역시 그들과 함께 부패를 일삼게 되고 전적으로 타락하게 되지 않겠습니까? 그렇습니다.

그러므로 우리 주님은 자신의 백성이 정결한 가운데 거하도록 하시어, 기독교 신앙을 고백하는 자들이 악을 삼갈 뿐만 아니라, 그것을 조금도 용인하지 않도록 하셨다는 것을 우리는 유념해야 하겠습니다. 하나님의 예배가 더럽혀지고 그분의 거룩한 이름이 멸시받게 되면, 이 땅이 부정하게 된다는 것을 깨달아야 하기 때문입니다. 하나님께서 우리로 거하게 하시고자 하는 땅이, 말하자면, 더럽혀지고 저주받은 것입니다. 만일 그렇지 않다 할지라도, 어쨌든 우리에게는 적합하지 않습니다.

하지만, 하나님께서 자녀들에게 특권을 주시어 자신들이 거하는 나라로부터 우상숭배를 제거할 수 있도록 하셨는데도, 만일 그들이 그렇게 하지 않는다면, 이는 하나님의 진노와 보응을 야기시키는 것이 되는 것입니다.

그러므로 지금 만일 우리가 교황제의 가증스러운 행위가 여기에서 하나님의 순결한 예배와 함께 뒤섞이는 것을 용인하여, 이곳에 남아있기 원하는 강퍅한 교황주의자들이 특별히 허락된 미사를 집행하고, 그럼으로써 그들이 우상숭배와 이방풍속을 행할 수 있는 얼마간의 여지를 허용 받는다면, 그것은 우리를 향한 하나님의 진노를 초래하는 것이며, 우리를 향한 그분의 보응에 불을 붙이는 것입니다.

왜 그렇습니까? 하나님께서는 이 세상의 것들을 다스리는 자들의 손에 정의의 검을 쥐어 주시고, 교황주의자들의 우상숭배와 나쁜 영향을 제거할 힘을 주셨습니다. 그런데도, 그들이 그런 악한 행위들을 옹호한다면, 이는 하나님을 내쫓아 그분께서 그들 가운데 더 이상 거하지 않도록, 혹은 그들을 다스리지 않도록 하려는 것과 같습니다.

따라서 우리가 주목해야 할 것은, 우리 주님께서 자신의 백성 가운데 거하고 있었던 이방인들(그들이 비록 다른 신앙과 종교를 가지고 있다 할지라도)까지도 제 7일을 지키도록 강요하신 데에는 분명한 이유가 있다는 것입니다. 그것은 그들, 이방인들을 위해서, 혹은 그들을 가르치기 위해서가 아닙니다(그들은 그럴 자격이 없기 때문입니다). 자신의 백성을 어지럽히거나 그분의 예배를 더럽힐만한 장애물이 존재하지 않도록 하기 위한 것이었습니다. 그분이 종 아브라함에게 상속물로 주셨던 땅이 그분께 온전히 바쳐질 수 있도록 하기 위한 것이었습니다.

이렇게 하여, 우리는 하나님의 말씀으로 스스로를 거룩케 할 뿐만 아니라, 어떤 범죄나 혼란의 기회도 우리 가운데 틈타지 않도록 하라는 권고를 받게 됩니다. 그러한 것은 모두 완전히 제거되어야 한다는 것을 깨달아야 합니다. 게다가, 우리 주님은 우리가 그분의 예배를 유지하기 위해 열심을 갖기를 원하십니다. 그런 열심으로 인해 심지어 그분의 교회에 속해 있다고 고백하지 않는 자들조차도 우리와의 교제 가운데 거하는 한 우리를 따르고 우리와 같이 행하도록 강요하기를 원하십니다.

그런데, 우리 자신조차도 그분께 전적으로 헌신하지 않고, 불쌍한 불신자들을 인도하여 우리 하나님께서 그 영혼들을 얻을 수 있도록 하는 거울의 역할을 하지 않는다면, 우리가 어떻게 변명할 수 있겠습니까? 그들이 죄를 지을 때면 이를 신랄하게 비난하면서, 동시에 그들로 하여금 우리 안에서 동일한 혹은 더 큰 죄를 감지하게 한다면, 이는 그들에게 우리의 모든 말과 권고를 조롱할만한 기회를 주게 되는 것이 아니겠습니까?

이렇듯 이방인조차 하나님을 섬기는 것을 거스르지 못하도록 함으로 인해, 이제 우리는 조심스럽게 행하며 겸손과 진실함으로 행하도록 이중으로 명 받았다는 것을 깨달아야 하겠습니다. 하나님께서 영광 받으시기를 원하는 우리의 바램이 진심이며 거짓이 아니라는 것을, 우리는 어떤 사람이 그분의 위엄과 영광을 비난하는 것을 참지 못한다는 것을 이방인들이 경험을 통해 알 수 있도록 말입니다. 이는 실제적이고도 본질적인 면에서 우리에게도 해당되는 것입니다.

따라서, 유대인들에게 명해졌던 것을 오늘날 준행하고자 하는 마음이 우리에게 있다면, 바로 이것이 우리가 이 부분에서 주목해야만 하는 것입니다. 우리 주님께서 그 옛날에 그 백성들을 애굽에서 구원시키셨던 것처럼, 지금 우리를 그분의 하늘 나라로 데려가시기 위해 지옥의 심해로부터 구원하셨고 영원한 사망과 우리가 뛰어들었던 끝없는 지옥의 구덩이에서 우리를 건져내셨기 때문입니다.[142] 사랑하는 아들, 우리 주 예수 그리스도의 피로 우리를 사셨기 때문입니다.

이제 우리의 죄를 시인하며 우리의 선하신 하나님의 임재 앞에 무릎 꿇도록 합시다. 우리가 행했던 것보다 더 절실하게 그 죄들을 느끼도록 해 달라고 기도합시다. 그분의 의에 근거하여 우리 자신을 더욱 더 변화시키는 데 열중함으로써, 매일 우리의 육신의 욕망과 싸우고 우리 하나님께 순전한 예배를 드리지 못하도록 하는 것들을 피할 수 있도록 기도합시다.

하나님께서 우리에게서 그 모든 것들을 완전히 제거하시고 처음에 창조하셨던 그 모습으로 그분의 형상을 따라 우리를 다시 빚으실 때까지, 이와 같은 싸움에서 버텨낼 수 있도록 기도합시다. 그분은 우리에게 뿐만 아니라 이 땅의 모든 민족과 족속들에게 이러한 은혜 주시기를 기뻐하실 것입니다.

---

142) 골 1:13, 히 2:14.

제5계명

네 부모를 공경하라
(신 5:16)

제 5 계명

네 부모를 공경하라
(신 5:16)

16 너는 너의 하나님 여호와의 명한 대로 네 부모를 공경하라 그리하면
너의 하나님 여호와가 네게 준 땅에서 네가 생명이 길고 복을 누리리라

이제 우리는 율법의 두 번째 목록을 접하게 됩니다. 이 목록에서 하나님께서는 우리가 서로를 어떻게 대하며 살아가야 하는지를 보여주고 계십니다. 지금까지 살펴보았던 것처럼, 우리의 인생에는 두 가지 중요한 것들이 있습니다.

첫 번째 것은, 하나님을 순결하게 섬기는 것이고, 그 다음에는 모든 사람들이 자신의 당연한 권리를 양보하면서 다른 사람들과 정직하고 올바르게 더불어 살아가는 것입니다. 하나님의 존귀함이 인간과 관련된 그 어떤 것보다도 뛰어난 것과 마찬가지로, 우리가 그분께 합당한 영광을 돌려드릴 수 있도록, 그에 대한 규칙이 가장 우선시되고 또한 중요한 위치에 놓여졌던 것입니다.

즉, 그것은 첫 번째 목록에 포함되었습니다. 그리고 이제 여기에서 하나님께서는 우리가 사람들과 관련한 측면에서 그분을 섬기고자 한다면 우리

의 삶을 어떻게 이끌어 가야 할 것인지에 대해 말씀하기 시작하십니다.[143] 또한 저는 하나님께서 우리로부터 존귀케 여김을 받고자 하시는 이유가 그것이 필요해서이거나 혹은 그것이 더 좋아서가 아니라는 것을 보여드린 바 있습니다. 그것은 단지 우리의 유익과 행복을 위해서였습니다.

자 이제, 하나님께서는 우리로 하여금 이웃을 향해 바르고 정직하게 행하고 그런 교제와 화합을 이루며 더불어 살도록 명하심으로써, 우리의 순종과 그분을 향한 사랑을 시험코자 하고 계십니다. 우리 중 누구도 자신만을 위해 살도록 용인된 자 없으며, 우리 모두는 함께 교제해야 할 뿐만 아니라, 모든 사람들은 자신들이 가지고 있는 힘과 능력에 따라 힘써 선을 행하도록 되어 있기 때문입니다.

그것이 바로 우리가 마음을 다해 그분을 경배하고 있는지 그 여부를 알 수 있도록 해주는 증거인 것입니다. 우리가 정숙한 용모로 의식에 참여해야 하는 것은 당연한 일이지만, 하나님께서는 그것으로 만족하지 않으실 것이기 때문입니다.[144]

그것이 우리 주 예수 그리스도께서 율법의 가장 중요한 요지는 공평과 심판과 의와 믿음이니, 다시 말해서, 신실 혹은 신의라고 말씀하신 이유입니다. "믿음"이라는 말은 여기에서 드러나기 때문입니다.

따라서 우리가 사람들 가운데서 바르게 살아 음란함이나 악에서 떠나며, 선을 행하고 가능한 악을 멀리하면서 모든 사람들의 필요를 섬기기를 바란다면, 그것이 바로 율법의 주요한 목적인 것입니다. 그러나 그 동안에도 하나님을 섬기는 것을 잊거나 그것을 덜 중요한 것으로 여겨서는 안

---

143) 시 15, 신 30:19~20.
144) 마 23:23.

됩니다. 사람들이 하나님을 경외하지 않는다면 이웃을 향한 자신들의 의무를 이행하는 것이 불가능하기 때문입니다.

이제 이러한 이웃에 관한 의무 중에서 가장 먼저 열거되고 있는 "**네 부모를 공경하라**"라는 계명에 대해 다루어 보도록 하겠습니다. 여기에서는 비록 부모라는 이름으로 언급되고 있지만, 그분이 의도하신 바는, 의심할 여지없이, 모든 권세자들을 공경하라는 일반적인 교훈이었습니다. 그에 대한 증거로서, 우리는 율법이 부족한 것이 전혀 없는 완전한 규율이라는 것을 알고 있습니다.[145] 그런데 만일 군주나 관원, 혹은 사법권을 가진 자나 선생과 같은 권세자들에 대해 언급되고 있는 부분이 없다면, 이는 무언가 부족한 것이 있다는 것입니다. 그러므로 여기에서 하나님께서 명하셨던 것은 권세를 가진 위치에 있는 모든 사람들을 공경하고 순종하라는 것입니다. 더욱이 모든 권세는 다 하나님께로부터 났고[146] 그분이 정하신 질서로서, 그것 없이는 세상이 유지될 수 없습니다.

그러므로 하나님께서 우리에게 선하고도 거룩한 삶의 진정한 꼴을 제시해 주실 때, 이를 중요시 여기지 않으셨다면 어떻게 되겠습니까? 따라서 하나님께서 이 한 가지 사항 안에 모든 것을 함축시켜 놓았다고 생각하는 것이 이상한 일은 아닙니다. 이미 말씀드렸던 것처럼, 율법에서는 그런 식의 취급 방식이 곧잘 발견되며, 이후에도 더 많이 보게 될 것입니다.

하나님께서 이런 식으로 말씀하신 것은, 그것이 유일한 방법이기 때문이 아니라 우리에게 가장 유용하며 우리를 가르치기에 가장 좋은 방법이기 때문입니다. 인간은 자신에게 치밀하고도 예리한 지혜가 있는 것처럼

---

145) 시 19:7. 146) 롬 13:1~4.

보이기를 원하면서도, 하나님의 율법이 그들을 억누를 때면 곧 무지라는 방패 아래 숨어버린다는 것을 우리는 잘 알고 있습니다. 우리는 율법에 순종하지 않아도 될만한 변명거리를 가지려 합니다.

만일 하나님의 율법이 야만적이고 몽매한 자들을 가르치기에 합당하지 않았다면,[147] 많은 이들이 자신들은 학자도 아니고 학교라는 곳에도 가 본 적이 없다고 우겨댈 것이며, 그로 인해 하나님의 율법이 무엇을 명하고 있는지 알지 못했다고 주장할 것입니다.

하지만 우리는 하나님께서 우리의 야만을 굴복시키셨다는 것을 깨닫습니다. 우리의 눈높이에 맞추어 말씀하셨다는 것을 깨닫습니다. 따라서 우리는 어떠한 변명도 할 수 없습니다. 시비를 걸 기회도 없습니다. 결국 우리 모두는 우리를 방해하는 그 어떤 것도 존재하지 않으며 단지 우리 자신이 하나님께 강퍅하여 그분의 멍에를 감당하기 싫어하는 것일 뿐임을 깨닫고 그에 순종해야 하는 것입니다.

그러므로 여러분은, 하나님께서 한 가지 사항 안에 모든 것을 함축시키심으로써, 철저하고도 완벽하게 가르침 받을 만한 온전한 능력을 갖고 있지 못한 어린 아이에게 하듯 우리를 가르치시고 있다는 것을 알게 됩니다. 어쨌든, 이후에도 보게 되겠지만, 이것이 바로 이 본문의 정확하고도 당연한 의미인 것입니다.

하나님께서 십계명을 주시고 그것에 대해 설명하실 때, 그 의미가 모호하여 인간들이 들었을 때 의문이 생기고 논쟁을 불러일으킬 만한 것이 없도록 하기 위해 자세한 해석을 덧붙이셨던 것과 같이 말입니다. 그러므로

---

147) 시 19:8.

우리는 하나님께서 좀더 충분하게 자신을 드러내셨고 자신의 뜻이 어떤 것인지를 보여주셨다는 것을 알게 됩니다. 즉, 이 계명은 단지 부모뿐만 아니라 예외 없이 모든 권세자들에게도 순종해야 한다는 것입니다.

이와 더불어, 하나님께서 부모를 공경하라고 말씀하신 것은 우리의 본성에 가장 가깝고도 적합한 방법을 사용하여 우리를 이끌기 위함이라는 것을 유념해야 하겠습니다. 우리는 인간들 마음에 남에게 굴복하기 싫어하고 자신이 우두머리가 되어야 한다고 생각하는 교만이 있다는 것을 알고 있습니다.

그리고 분명 인간은 자신들을 다스리는 권세를 가지고 있는 자들에게 순종하기 위해 스스로를 포기하고 자신을 낮추는 것조차 꺼려합니다. 하나님께서 그들을 변화시키시기 전까지는 말입니다. 그러므로 하나님께서는 복종이라는 것이 우리의 본성을 거스르는 일임을 아시고, "부모"라는 표현을 사용하시어 좀더 다정한 방법으로 우리를 인도하고자 하셨던 것입니다.

어린 아이가 자신을 세상에 나게 하고 기르고 양육한 자를 알지 못한다는 것은 참으로 가증하면서도 부도덕한 일입니다. 따라서 만일 어린 아이가 부모를 경멸한다면 모든 사람이 그를 멸시할 것입니다. 왜 그렇습니까? 하나님의 말씀이 아닐지라도, 성경이 아닐지라도, 우리를 향한 많은 설교들이 아닐지라도, 본성 그 자체가 자녀가 부모에게 지고 있는 의무는 깨어질 수 없는 것이라는 것을 보여주고 있기 때문입니다.

그러므로 우리 하나님께서 의도하신 바는, 부모라는 표현을 사용함으로써 우리의 마음을 얻고자 하신 것임을 알게 됩니다. 우리로 하여금 거부감을 갖지 않고 유순한 마음으로 우리에게 명하신 복종을 받아들이도록 하기 위해서 말입니다.

그리고 인간이 소유한 모든 권세는 그분에게서 나온 것입니다.[148] 이 때문에, 사회적 질서와 관련한 율법에 근거하여 말씀하고 계시는 것입니다. 다시 말해서, 그분을 합당히 공경하려 애쓰고, 또 그렇게 그분을 공경하듯 우리를 다스리는 권세를 가진 자들에게 순종해야 한다는 것을 의미합니다.

그리고 자신의 상황과 소명을 유의하여 살핌으로써, 자녀는 부모를 공경하고, 백성은 군주를 공경하며, 종은 그 주인을 공경해야 한다는 것을 의미합니다.[149] 요컨대, 우리 주님께서 정하신, 침범할 수 없는 질서에 따라, 우리 가운데 아름다운 조화가 이루어지는 것입니다.

게다가 여기에서 언급되고 있는 공경이란, 단지 자녀가 부모에게 정중히 말하거나 모자를 벗거나 혹은 그들에게 무릎을 꿇는 것을 말하는 것만이 아닙니다. 하나님께서는 그 정도에서 멈추어 계시지 않습니다. 이 공경하라는 말은 더 많은 것을 의미하고 있습니다.

즉, 자녀는 부모의 충고를 따라 그들의 다스림을 받고, 힘을 다하여 그들에 대한 의무를 이행해야 한다는 것을 의미합니다. 요컨대, 그들은 부모가 계시는 한, 자기 뜻대로 행할 수 없다는 것을 알아야 한다는 것입니다. 그것이 바로 하나님께서 '공경'이라는 단어를 통해 사실상 말씀하시고자 했던 바입니다.

그러므로 우리는 이 율법을 해석함에 있어서 성령님보다 더 훌륭하고 정확한 해석자를 찾을 수 없습니다. 그분은 모세와 선지자들과 심지어 사도 바울의 입을 통해 말씀하셨습니다. 이후에도 보겠지만, 하나님께서 이

---

148) 롬 13:1.
149) 엡 6:1,5, 골 3:20,22, 벧전 2:13,18.

문장의 의미를 상세히 설명하고 계시는 것입니다. 즉, 그것은 자녀가 부모에게 머리나 무릎으로 경의를 표하는 것으로는 충분하지 않으며, 그들에게 복종하고 힘을 다해 그들을 섬겨야 한다는 것입니다.[150]

그리고 사도 바울이 이와 관련해 말하면서 우리에게 어떤 의식을 준수하라고 권고하고 있는 것이 아닙니다. 그가 말하고 있는 것은, 자녀는 부모에게 복종해야 한다는 것입니다.[151] 그는 일부러 "복종"이라는 단어를 사용하고 있습니다. 이로써 우리는 이것이 무엇을 의미하고 있으며 이 부분의 본 의미가 무엇인지를 알게 됩니다.

이제 제가 앞서 간단히 다루었던 것으로 다시 돌아가, 그것으로부터 유익한 교훈을 얻도록 하겠습니다. 우선 자녀가 깨달아야 할 것은, 하나님께서 그들에게 부모를 주셨다는 것 자체가 부모에게 순종해야 할 합당한 이유가 된다는 것입니다. 그런데도 만일 부모에게 순종하지 않을 경우 이는 자신들이 하나님을 멸시하고 있다는 것을 보여주는 꼴이 되는 것입니다.

그리고 권세자들에게 강퍅하게 행하는 것은 사람이나 혹은 유한한 피조물과 관련된 문제가 아닙니다. 이는 하나님의 위엄과 영광을 발로 짓밟고 있는 것과 마찬가지인 것입니다. (정확히 말해서) 우리에게는 단 한 분 아버지만 계십니다.

그런데 그분은 하늘에 계시다고 기록되어 있습니다.[152] 그것은 우리의 영적인 면에 있어서 뿐만 아니라 육적인 면에 있어서도 그렇습니다. 그러므로 "아버지"라는 이름과 관련된 이 공경은 오직 하나님께만 속한 것입니다. 그분께서 허용하시기 전에는 인간과는 결코 어울릴 수 없는 것이니

---

150) 신 21:18,20.　151) 엡 6:1, 골 3:20.　152) 마 23:9.

다. 결국 아버지라는 명칭은 하나님께서 사람들에게 어떤 표시를 해놓으신 것과 같습니다.

따라서 자녀가 부모를 중요시 여기지 않으면 이는 곧 하나님께 죄를 범하는 것임을 알게 됩니다. 이는 군주와 관원에게 불순종하는 자들, 모든 신분을 혼란시키고 무질서를 조장하는 종들도 마찬가지입니다. 이러한 이유로 이교도들은 "경건"이라는 단어를 우리가 부모나 우리를 다스리는 권세를 가진 자들에게 표하는 공경과 연관지었습니다. 경건이란 (정확히 말해서) 우리가 하나님께 경의를 표하는 것입니다.

결국 하나님께서는 그분이 가지고 계신 위엄으로 뿐만 아니라, 다스리는 권세를 가진 자들에 대한 우리의 순종을 통해서도 섬김을 받고자 하신다는 것을, 이교도들(눈 먼 불쌍한 자들임에도 불구하고)이 알고 있었다는 것입니다.

요컨대 그런 면에 있어서 우리의 순종을 시험하는 것이 하나님의 뜻인 것입니다. 부모와 관원들과 권세를 가진 자들은 바로 하나님의 대리자들이며 그분의 인격을 대표하는 자들입니다.

따라서 누군가가 그들을 경멸하고 경시한다면, 이는 분명 하나님께 순종하지 않는다는 것을 나타내는 것과 같습니다. 물론 그렇지 않다고 주장할 수도 있습니다.

하지만 이는 사실입니다. 불쌍한 불신자들도 이러한 사실을 알고 있고 하나님께서 그들에게 그런 마음을 허락하셨을진대, 도리어 우리가 이 사실을 알고 있지 못하고 있다면, 우리에게 어떤 변명이 있을 수 있겠습니까? 우리는 (사도 바울을 통해) 모든 부권(父權)이 하나님으로부터 나온다는 것을 들어 알고 있습니다.[153]

그리고 예수 그리스도와의 연합을 통해 이를 더욱 잘 알게 된다는 것 또한 알고 있습니다. 그러므로 우리야말로 이러한 사실을 가장 분명히 알고 있는 것이 아니겠습니까? 그런데도 아직도 이교도들이 우리의 선생이 되어야만 하겠습니까?

참으로 스스로를 그리스도인이라고 부르는 자들이 이 점에 있어서 눈먼 딱정벌레처럼 행동하거나 하나님께서 어리석고 무지한 영혼을 통해 자신들에게 말씀하셨던 것을 깨닫지 않으려고 귀를 막아버린다면, 그들에 대한 책망은 매우 끔찍할 것입니다.[154]

따라서 이는 참으로 불행한 일이 아닐 수 없습니다. 결국 이 점을 주목해야 하겠습니다. 하나님께서 거룩하게 그리고 신앙이라는 측면에서 지켜지도록 하셨던 이러한 질서 없이는, 즉, 공경 받고 존귀히 여김 받으며 순종 받아야 하는 권세 가진 자들 없이는 우리는 이 땅에서 더불어 살 수 없다는 것입니다. 그것이 없다면 끔찍한 혼란만이 있을 뿐입니다.

그러므로 관원들에게 복종하려는 마음이 없는 자들, 부모에게 불순종하는 자들, 주인의 멍에를 감당하려 하지 않는 자들은 자연의 모든 질서가 타락하고, 하늘과 땅이 혼돈에 빠지기를 바란다는 것을 보여주는 것일 뿐입니다. 이것은 하나님께서 인류를 보존시키는데 사용하시는 유일한 방법이기 때문입니다.

그리고 사실 우리는, (하나님께서 말씀하신 것처럼) 그분이 관원과 군주를 보내실 때는[155] 사람들뿐만 아니라 짐승들조차 그들을 두려워하게 하신다는 것을 알고 있습니다. 다니엘서에도 이와 같이 기록되어 있습니다.[156]

---

153) 엡 3:15.   154) 롬 13:2.   155) 벧전 2:14.

결과적으로, 우리는 하나님께서 임명하신 국가의 관원들에게 반항하여 일어나는 자들과, 소동을 일으키고 모든 것을 혼란케 하려는 자들은 난폭한 짐승들보다 악한 자들이라는 것을 알 수 있을 것입니다. 그러한 자들은 훈련소로 보내져야 마땅합니다. 우리 주님은 이성적인 피조물인 인간이 수치를 느끼도록 하기 위해, 심지어 난폭한 짐승들까지 군주와 관원들을 두려워해야 한다고 말씀하고 계시는 것입니다.

그러므로 하나님께서 우리로 하여금 복종하라 하신 자들에게 복종할 마음이 없는 자들은 마귀에게 속한 자들입니다. 또한, 제가 앞서 말씀드렸던 것처럼, 그러한 질서가 없다면 모든 것이 타락하게 되고 이 세상은 황폐화되어 갈 것임이 분명하지 않습니까? 그렇습니다.

따라서 우리가 지나치게 교만해지게 되고 그러한 교만으로 인해 누군가에게의 복종을 꺼려하게 된다면, 그 교만과 싸워야 하겠습니다. 그리고 하나님의 권세에 매임 받아야 하겠습니다. 아무리 야만적이라 할지라도, 이것이 우리의 족쇄가 되어, 하나님께서 우리에게 말씀하시는 것을 들을 수 있어야 합니다.

즉, 하나님께서는 우리에게서 직접 영광을 받으시는 것이 아닙니다. 우리는 하나님께서 그분 대신에 세우신 자들의 인격을 통해, 그리고 그분께서 그분의 형상을 새겨 놓으신 자들을 통해 하나님을 공경해야 하는 것입니다. 요컨대, 이웃을 향한 사랑이란 우리 자신을 겸비하고 유순케 되는 것에서 시작한다는 것을 알게 됩니다.

결국 우리는 교만과 무례함으로도, 자신을 너무 중히 여기는 것으로도

---

156) 단 2:38.

스스로를 높여서는 안됩니다. 오직 하나님을 기쁘시게 하는 것에 즐거이 굴복하고 따라야 합니다. 이와 같은 이유로, 사도 바울은 관원들에게 순종하라는 계명을 설명하면서 이웃을 향한 사랑을 상기시키고 있습니다.[157] 우리 주님이 우리에게 멍에를 씌우실 때 잠잠히 머리를 숙이는 유순함이 우리 안에 없다면, 이웃을 사랑할 수 없다는 것을 보여주려 하는 것이기 때문입니다.

그리고 우리가 무질서와 혼란을 원함으로써 권세자들이 더 이상 존경 받지 않게 된다면, 모든 것이 황폐화되고 타락하게 될 것입니다. 우리가 하나님께서 정하신 사회 질서를 지키지 않음으로 인해 야기되는 혼란을 보게 되느니, 차라리 모든 사람들이 아무런 이웃 없이 홀로 사는 것이 훨씬 나을 것입니다.

그러므로 우리가 기억해야만 할 것은, 이웃과 더불어 살고자 하는 한, 이러한 교만과 오만함을 끌어내려야만 한다는 것입니다. 마음에 교만을 품지 않고 도리어 낮아지며 유순해지는 법을 배워야 합니다. 사도 바울이 말한 것처럼, 심지어 가장 낮은 자에게조차도 복종하는 것이 우리의 의무라는 것을 확신하면서 말입니다.[158]

그리고 이를 위해, 우리에게 허용될 수 있는 것이 어디까지인지를 생각 해야 하겠습니다. 허용된 것 이상의 것에 욕심내는 것은 하나님께서 허락 하신 것보다 더 큰 권세를 가지려 하는 것이 되기 때문입니다. 그리고 무분별함은 우리로 하여금 자신을 잊게 만들기 때문입니다. 이뿐만 아니라 우리는 우리 자신의 가증함과 죄성에 대해서 제대로 알지 못하고 있습니

---

157) 롬 13:8.
158) 롬 12:16, 엡 4:2,8; 5:21.

다. 이러한 이유로 우리 모두는 자신이 놀라운 존재라고 생각합니다. 하지만 사실 우리는 아무 것도 아닌 존재입니다.

또한, 우리는 이웃을 무시하는 경향이 짙어 심지어 하나님께서 그들에게 주신 장점조차 경멸합니다. 결국 우리를 교만케 만드는 것은 바로 죄악이며 완고함인 것입니다. 그로 인해 모든 사람들은 본래의 자기 것보다 더 많은 것을 자신에게로 돌립니다. 우리가 마땅히 해야 하는 복종을 하지 못하는 것은 이러한 이유 때문입니다.

하지만 우리는 이에서 벗어나 우리 하나님께 겸비하는 법을 배워야 하겠습니다. 그분께서 우리에게 권세자들에게 복종하라고 명하셨다는 것을 알고 있기 때문입니다. 게다가 그들이 어떤 사람이든 간에, 우리에게 그들을 보내주신 것은 하나님이시라는 것을 알고 있기 때문입니다.

만일 자녀에게 아비나 어미가 있다면, 그는 "체, 우리 아버지는 전혀 아버지답지 않아. 그는 결점 투성이야"라고 말해서는 안됩니다. 실제로 그가 결점 투성이라 할지라도 그는 여러분의 아버지이며 그것으로 만족해야 합니다. 적어도 여러분에게 모든 것을 망쳐버리고 자연의 질서를 완전히 손상시킬 생각이 없다면 말입니다.

하나님께서 정해놓으신 것이 폐하여지지 않는 한, 여러분은 여러분의 아비를 그 모습 그대로 공경해야만 합니다. 왜 그렇습니까? 그것은 당신의 아비가 어떤 사람이든 간에, 그는 하나님께서 여러분에게 주신 분이기 때문입니다.

그리고 그 하나님께서 부모를 공경하라고 명하셨습니다. 선생이나 군주와 같은 모든 권세자들 역시 마찬가지입니다. 그들은 우연히 나타난 자들이 아닙니다. 사도 바울이 말하고 있고, 모든 성경이 증언하고 있는 것처럼, 그들은 하나님께서 보내신 자들입니다.[159] 게다가 우리는 관원을 제정하심으로써 하나님께서 섭리하시고 아버지와 같이 우리를 돌보신다는 것을 경험을 통해 분명하게 알게 됩니다.

따라서 그들에게 유순하게 복종하기 위해, 우리를 다스리는 권세를 가진 모든 자들 안에서 하나님의 선하심을 바라보는 법을 배워야 하겠습니다. 이로써 여러분은 우리가 무엇을 기억해야만 하는지를 깨닫게 되는 것입니다.

이렇게 하나님께서는 한마디로 요약하여 모든 권세자들에게 순종하라는 규칙을 주셨습니다. 그렇다고 해서 그분이 자신의 권리를 버리신 것도, 자신에게 속한 것을 보류하신 것도 아니라는 것을 유념해야 하겠습니다. 하나님께서는 여전히 가장 높은 지위를 차지하셔야만 하는 것입니다.

그리고 실제로 (앞서 인용된 사도 바울의 본문에 따르면) 모든 부권(父權)은 그분으로부터 나온 것입니다. 따라서 우리가 부모나 군주, 관원, 혹은 주인에게 순종할 때면 그들을 하나님의 관리자로서 대하는 것일 뿐임을 유념해야 하겠습니다.

하나님께서야말로 가장 높은 영광을 받으셔야 하며, 우리가 육신을 입은 사람을 공경하는 것이 그분께 드려야 할 섬김과 영광을 방해하지 않아야 합니다. 우리 모두는 그분을 향한 의무를 이행하기 위해 애써야 하는 것입니다. 어떤 사람이 하급 관리자에게는 순종하면서 재판관이나 군주의 얼굴에는 침을 뱉는 것을 목도하게 된다면, 이는 정말로 엄청난 광경일 것입니다. 그게 도대체 무엇이란 말입니까?

---

159) 롬 13:1, 욥 12:18, 딤전 2:2, 벧전 2:14.

마찬가지로 하나님에게서 그분의 으뜸 되심을 빼앗으면서 사람들에게만 순종한다면 이와 비슷한 일이 우리에게도 일어나는 것입니다. 이는 가장 높으신 하나님을 무시하는 것이기 때문입니다.

인간에게 있는 권세가 어떤 식으로든 하나님의 영광을 손상시킨다면 그것은 자연을 거스르는 일입니다. 그러므로 우리가 주목해야 할 것은, 우리는 권세자들에게 순종하라는 명령을 받은 반면, 예외가 있는데, 그로 인해 하나님께 속한 권리를 손상시키거나 비난해서는 안 된다는 것입니다. 이 권리는 이미 첫 번째 목록에서 다루어졌던 것입니다.

이로 인해 우리는 우리의 섬김을 통해 하나님께서 영광 받으시는 것이 가장 선행되어야 한다는 것을 알고 있습니다. 그리고 이와 같은 이유로 사도 바울은 이 본문을 해석하면서, 자녀는 부모에게 순종해야 하지만 '주 안에서'라고 분명하게 덧붙이고 있는 것입니다.[160]

저 역시 여러분에게, 우리가 권세자들에게 겸손히 순종하고 복종할 수 있도록 하기 위해 그 기초로 세워져야 할 것은, 하나님께서 그들의 인격을 통해 대표되고 있다는 것을 아는 것이라고 말씀드린 바 있습니다.

그런데 저에게서 그 근거를 가져가 버린다면, 그 모든 건물은 땅에 무너져 붕괴되어 버리지 않겠습니까? 따라서 그들이 하나님을 경외하지 않는다면 그것은 권세자들에게 순종하라는 교훈의 기초를 빼앗아 버리는 것이 되는 것입니다.

따라서 이것은 누군가에게 복종해야 하는 위치에 있는 자들뿐만 아니라 권세의 자리에 있는 자들에게도 권고의 교훈이 되어야 합니다. 자녀가

---

160) 엡 6:1.

있는 자들은 자신들이 하나님의 다스림을 받지 않는다면, 자신들이 받아야 할 복종도 없다는 것을 깨달아야만 하는 것입니다. 그렇다면 어떻게 해야 합니까? 아버지는 자녀를 교육함에 있어서 하나님을 경외함으로 해야 하겠습니다.[161]

그리고 스스로가 자녀에게 그 방법을 보여주는 것에서 시작해야 하겠습니다. 어머니도 마찬가지입니다. 큰 자든 작은 자든, 노인이든 젊은이든 간에 모두로부터 하나님께서 존귀히 여김을 받으실 수 있도록 해야 하겠습니다. 관원들도 하나님을 섬기고 영화롭게 해드리는 일에 열심이어야 하며, (힘을 다해) 그 일에 매진해야 하겠습니다.[162]

그리고 그들을 존귀케 하시어 그분의 위엄을 위해 일할 자리에 앉고 그분을 위해 성별케 된 검을 쥐기에 족하도록 하신 분은 바로 하나님이셨습니다. 그러므로 그들은 자신들이 정말로 그분의 관리자가 됨을 보여드려야 하겠습니다. 그렇게 하나님께서는 자격 없는 그들을 그런 위엄의 자리까지 높이셨습니다.

따라서 그들은 최소한 자신들이 그분의 이름으로 권세를 얻게 되었다는 것을 보여야 하겠습니다. 그분께 그 권세를 돌려야 하겠습니다. 이런 식으로 군주들도 자신의 의무를 이행해야 하는 것입니다.

그리고 모든 사람들 또한 동일하게 자신의 집과 가정에서 행해야 하는 것입니다. 하나님께서 남종과 여종을 둘 수 있는 특권을 주신 자들 역시 자신들도 더 높은 주인을 모시고 있다는 것을 기억해야 하겠습니다.[163]

그분의 권리가 온전히 보존되도록 그분께 순종해야 한다는 것을 기억

---

161) 엡 6:4.　162) 딤전 2:2.　163) 엡 6:9, 골 4:1.

해야 하겠습니다. 이렇듯 모든 권세자들(그들이 어떤 지위에 있든 간에)이 여기에서 취해야 할 교훈은 그들도 하나님께 순종하라는 명을 받았다는 것입니다. 게다가 부모와 관원들이 하나님께만 속한 것을 자신들이 취하고 우리로 하여금 하나님께 대한 순종을 저버리도록 하기 위해 횡포를 부리며 하나님을 거스려 스스로를 높이려 한다면, 제가 앞서 말씀드렸던 것처럼, 이는 예외 사항이 되어 그들에게 순종하지 않아도 됩니다.

하나님이 가장 으뜸이 되셔야 하며 그 뒤를 그분께서 정렬하신 순서대로 피조물들이 좇아야 하는 것입니다. 그리고 실제로, 세상에는 종종 유순함과 겸손함이 결핍되어 버린 경우가 나타납니다.

자녀들이 부모에게 반항하며 미친 짐승처럼 굴기도 합니다. 백성들이 앙심을 품고 반역합니다. 종들이 불성실하고 강퍅히 행합니다. 뿐만 아니라, 이들 모두가 아무리 해도 도무지 나아지지 않습니다.

헌데 이러한 상황이 나타나는 이유는, 바로 하나님께서 권세자들에게 주신 위엄을 그들이 악용한 것에 대해 징계하고자 하신 것이기 때문입니다. 때때로 우리는 군주들이 하나님의 이름을 찬미하지 못하게 하고 그분께 합당한 영광을 돌리지 못하도록 하는 것을 보게 됩니다.

그들은 오히려 이와는 정반대로 자신을 우상으로 만들어 하나님을 보좌에서 끌어내리고 자신이 그 자리에 앉습니다. 이는 분명합니다. 최소한 군주가 제멋대로 통치하고 있다는 것을 알 수 있습니다. 그러므로 하나님께서 그들에게 보응하시는 것이 마땅합니다. 부모에게는 하나님을 경외함으로 자녀를 양육하고자 하는 열심과 마음이 얼마나 있습니까? 그들 역시 이 일을 제대로 해내지 못하고 있습니다.

그래서 결국은 자녀들로 하여금 세상을 향해 나아가게 하고 있는 것인지도 모릅니다. 아니 오히려 그 부모들의 의도 자체가 경건하지 못하고 하나님과 그분의 말씀을 경멸함으로 자녀들을 교육하려는 것처럼 보이기도 합니다. 만일 아비가 늑대라면 그 자녀들도 늑대와 같이 되도록 하려 할 것입니다. 만일 그들이 늙은 여우라면 자녀들을 여우처럼 기르려 할 것입니다. 그들이 뱀이라면 자신들과 같은 자손들을 가지려 할 것입니다. 이는 확실합니다.

그러므로 그들이 그런 식으로 스스로를 망각한다면, 특히 하나님께서 손을 내밀어 그들을 높이시고 그들로 하여금 자신의 영광에 동참하게 하셨다는 것을 깨닫지 못한다면, 하나님께서 그 피조물들에게 보응하시는 것이 마땅한 일인 것입니다. 이것이 바로 항상 기억되어야 하는 바입니다. 그런데도 공의의 권세를 가진 사람이 스스로 "나는 누구인가? 보라, 나는 비참한 벌레에 불과하다. 그런데 하나님께서는 나로 하여금 그분의 이름을 의지하여 그분께서 주신 권세를 행하도록 하신 것이다"라고 생각하지 않는다면, 이는 수치스럽기 짝이 없는 배은망덕함이 아니겠습니까? 그가 그것을 깨닫지 않는다면 너무도 배은망덕한 자가 아니겠습니까? 마찬가지로, 아비들이 "보라, 하나님이야말로 모든 인류의 아버지이시다. 그러나 그분은 나에게 동일하게 영광스러운 직책을 주셨다. 그러므로 내가 그분을 따르는 것은 당연한 일이다"라고 생각하지 않는다면, 주인들이 "우리는 다른 사람들보다 조금도 낫지 못하다. 그런데도 하나님께서는 그분의 형상을 따라 우리를 창조하실 뿐만 아니라 그에 더하여 다른 사람들로 하여금 우리에게 복종하게 하심으로써 우리를 영광스럽게 하셨다"라는 것을 인식하지 못한다면, 만일 사람들이 이러한 것을 깨닫지 못한다면, 그들은 참으로 짐승과 같다고 말할 수 있지 않겠습니까?

결국, 배반과 불순종의 근거는 권세의 자리에 있는 자들이 자신들의 의무, 즉 무엇보다도 그들은 하나님께 영광을 돌리고 그분을 섬기며 순종하는 방법을 찾아야 한다는 것을 알지 못하는 데서 비롯된다는 것을 유념해야 하겠습니다. 정녕 자녀들과 백성들, 종들이 그로 인해 용서받게 되는 것은 아닙니다.[164] 하지만 이는 하나님의 타당한 보응이라는 것을 우리는 알고 있습니다. 그러므로 우리는 이 본문뿐만 아니라, 이 계명과 관련한 성경의 모든 부분에서 우리에게 말씀하고 있는 것을 따르는 데 더욱 열심을 내어야 하겠습니다.

요컨대, 우리 모두는 그분이 주신 직업과 상황에 맞게 우리에게 주어진 의무를 잘 감당해야 한다는 충고를 명심해야 하겠습니다. 하나님께서 공의의 권세를 갖는 영광을 주신 자들과 그분의 자리에 앉게 하신 자들은 그분의 이름으로 다스려 모든 사람들이 하나님을 섬기고 그분께 영광을 돌리도록 해야 한다는, 백성들에게 훌륭한 본을 보여주는 거울이 되어야 한다는 충고를 명심해야 하겠습니다.

그리고 하나님의 이름이 높임을 받고 모든 악한 말을 하는 자들이 그 입을 닫도록, 그에 합당한 경외함과 질서로 백성을 통치해야 한다는 충고를 명심해야 하겠습니다. 이 점을 유념하십시오.

또한 부모들은 자녀를 잘 양육하고 그들로 하여금 하나님이 그들의 유일한 아버지이심을 알도록 해야 하겠습니다. 그리고 남종과 여종을 다룰 때는, 주인을 잘 섬기되 하나님께서 항상 으뜸이 되실 수 있게 하도록 해야 하겠습니다. 주인은 섬김을 받고 종은 그 주인을 섬기는, 주인과 종의 일반

---

164) 벧전 2:18.

적인 거래를 좇아서는 안되겠습니다. 사람들은 흔히 그 이상의 것은 간과하기 때문입니다. 그리하여 자신의 유익과 만족만을 채우기 때문입니다.

그러는 동안 하나님은 잊혀집니다. 참으로 주인들은, 하나님께서 자신들뿐만 아니라 자신들의 권세 아래 있는 자들까지도 다스리시도록 해야 한다는 것을 깨달아야 하는 것입니다. 이는 권세를 가진 자들이 행해야 할 바입니다.

이제 우리 자신을 돌아보도록 합시다. 우리가 기억해야 할 것은, 우리에게 관원이 있어, 그들에게 반역하거나 국가에 대항하면서 하나님께서 정하신 질서를 전복하려 할 경우, 이는 육신을 입은 피조물에게 저항하는 것이 아니라는 것입니다.

우리가 공격하는 대상은 바로 하나님이신 것입니다.[165] 그분께 대항하는 전쟁을 일으킴으로써 우리가 얻을 수 있는 것이 무엇이겠습니까? 우리가 그분을 능가할 수 있습니까? 아닙니다. 오히려 하나님께서는 주저 없이 보응하실 것입니다. 그리하여 사람들은 너무도 당황하여 그분이 말씀하신 것을 놀라운 능력으로 지속시키신다는 것을 알게 될 것입니다. 여기까지가 첫 번째로 주목해야 할 바입니다.

또한 자녀들은 교만해지지 않도록, 난폭하거나 제멋대로 굴지 않도록 조심해야 하겠습니다. 우리 주님께서 주신 명에를 감당할 마음이 없다면 그것은 하나님을 대항하는 것과 같음을 확신하면서, 부모에게 잠잠히 복종해야 할 것입니다. 그리고 종들은 만일 자신들이 섬기고 있는 사람에게 복종하기를 거부한다면, 이는 하나님의 분노를 야기하는 것이 되며, 결국

---

165) 롬 13:2.

하나님의 다스림을 받는 것을 거부한 것에 대한 비난을 면치 못하게 된다는 것을 알아야 하겠습니다.[166]

하지만 이와 더불어 우리가 유념해야 할 것은, 하나님께서 우선적으로 영광 받으셔야 한다는 것입니다. 따라서, 하나님께서 스스로를 위해 합당하게 남겨두신 권리가 손상되지 않는 한에서, 백성들은 군주와 관원들에게 순종해야 합니다.

그리고 만일 군주가 우리로 하여금 악을 행하게 하고 하나님의 순결한 교훈을 폐하려 한다면(우리가 세상에서 너무도 흔히 볼 수 있듯이, 대부분의 사람들은 자신의 마음대로 종교를 왜곡시키고, 밀랍으로 형상을 만들어 자신들이 원하는 방식대로 종교를 뒤틀어 놓으려 합니다), 하나님께서는 그런 식으로 그들에게 순종하는 것을 좋아하지 않으실 것입니다. 그들은 누구입니까? 그들이 최고의 주권을 얻고자 하나님을 거스르고 하나님 위에 오르려 한다면, 그로 인해 그들은 도리어 모든 권세를 잃게 될 것입니다. 그런 마귀는 하나님과 우리 주 예수 그리스도 앞에서 무릎 꿇어야만 합니다.[167]

그런데 보십시오. 육신을 입은 인간은 하나님의 영광이 더럽혀지고 모든 종교가 내몰릴 정도로 스스로 높아지려 합니다. 그러므로 우리는 하나님께서 손상되지 않은 그분의 권리를 소유할 수 있는 한도 내에서, 군주와 부모에게 순종하는 법을 배워야 하겠습니다. 그분께 합당한 영광을 돌려드리는 데 방해가 되지 않도록 해야 하겠습니다. 그렇지만 양심에 어긋나지 않을 정도까지는 그들에게 순종해야 합니다.

---

166) 엡 6:5~6. 167) 사 45:23, 빌 2:10.

그리고 우리를 다스리는 권세를 가진 자들이 그들의 의무를 이행하지 않을지라도, 자녀들은 그 부모가 그들에게 너무 신랄하고 엄하게 한다고 할지라도, 그들을 함부로 대해서는 안됩니다. 분명 부모들은 자녀들을 학대해서는 안되며, 특히 그들을 낙심케 해서는 안됩니다.[168]

하지만 부모들이 자녀를 온유함으로 다스리라는 권고를 받아들이지 않는다 할지라도, 자녀들은 그것을 인내해야 합니다. 결국 우리는 우리를 다스리는 권세를 가진 자들의 수중에서 견뎌내야 하는 것입니다. 이렇게 하여 여러분은 하나님께서 이 계명을 통해 말씀하시고자 하는 것이 무엇인지를 알게 됩니다.

여기에서 그분은 한 가지 약속을 덧붙이고 계십니다. "너의 하나님 여호와가 네게 준 땅에서 네가 생명이 길고 복을 누리리라"라고 말씀하고 계십니다. 하지만 이에 앞서 한 가지가 더 있습니다. 즉, 우리는 스스로를 겸비하는 것을 싫어합니다.

그래서 하나님께서는 "너의 하나님 여호와의 명한 대로"라고 말씀하심으로서 우리에게 채찍을 가하고 계십니다. 그리고 이것은 제가 앞서 다루었던 교훈을 확인시켜 주고 있습니다. 다시 말해서, 우리에게서 공경을 받을 만한 상태에 있는 자들이 실제로 그럴만한 자격이 있는지, 혹은 그들이 그렇게까지 높임을 받기에 합당할 만큼 자신들의 의무를 이행하고 있는지의 여부를 논하는 것은 매우 어리석고 경박한 술책일 뿐이라는 것입니다. 그런 모든 문제는 제쳐 두어야 합니다. 왜 그렇습니까? 우리는 하나님께서 명하신 것에 만족해야 하며 그분의 선하신 뜻에 모든 것을 전적

---

168) 엡 6:4, 골 3:21.

으로 맡겨야 하기 때문입니다.

그리고 바로 그것이 여기에서 모세가 정확하게 "너의 하나님 여호와의 명한 대로"라고 덧붙이고 있는 이유인 것입니다. 그것은 마치 이렇게 말한 것과도 같습니다. "분명 사람들은 언제나, 할 수 있는 한 이를 거스르려 한다. 누군가가 그들을 복종시키려 할 때면 기꺼운 마음으로 그것을 감수하려 하지는 않을 것이다. 게다가 그들은 교만하여 언제나 높임 받기를 바란다. 따라서 하나님께서 그렇게 만드시기 전까지는 절대로 자발적으로 복종하지는 않을 것이다"라고 말입니다. 그는 이렇게 말하고 있습니다. "더구나 너희는 이와 같은 논쟁, 즉 '그는 나보다 못한 자인데도 그런 사람이 나를 다스리고 나는 그에게 순종해야만 하는가?' 라는 논쟁에 들어가기만 하면 언제나 하나님을 배반한다. 만일 너희가 사람들을 향해 그런 앙심을 품게 된다면, 하나님께서는 이보다 한 걸음 더 나아가 너희가 그분을 섬길 것인지 아닌지를 알기를 원하실 것이다. 그리고 하나님께서 그들을 보내셨는데도 너희가 그분의 대리자를 받아들이려 하지 않는다면, 그것은 분명 그분의 멍에를 거부하겠다는 표시가 된다. 그로 인해 그분의 공의는 의심을 받게 되며, 그분은 너희에 의해 해를 입으셨다고 느끼게 되실 것이다."

이렇듯 (모세가 말한 것처럼) 부모에게 불순종하는 자녀가 이 핑계 저 핑계를 대고, 상급자에게 반항하는 자들이 변명을 일삼는 것은 자연스러운 일입니다. 하지만, 동시에 그 어떤 것도 용납되지 않는다는 것을 여러분은 잘 알고 있습니다.

그 이유는, 하나님께서는 세상에 상급자를 제정하셨고, 또한 그것을 보존하실 것이기 때문입니다. 그분이 말씀하신 것은 결코 취소될 수 없습니다. 하나님께서 일단 분명한 뜻을 밝히시면, 우리는 더 이상 그것을 문제 삼을 수 없는 것입니다.

오직 우리는 그것에 동의하고 입을 다물어야만 합니다. 어쨌든, 우리 주님께서는 이 계명 안에 그분의 선하심을 담았습니다. 그리고 그렇게 하셔서 우리의 마음을 얻고 그분께로 더욱 인도하시려 하는 것입니다. 약속을 덧붙여 주심으로써, 우리로 하여금 더욱 자발적으로 상급자들에게 순종할 수 있도록 하신 것입니다.

(사도 바울이 말한 것처럼) 이것이 율법의 약속 있는 첫 계명이기 때문입니다.[169] 사실 우리는 앞서 하나님을 사랑하는 자에게 그분께서는 천 대에 걸쳐 자비를 베푸신다는 것을 살펴본 적이 있습니다.

그리고 그것은 우리가 우상숭배와 이방풍속에 치우치지 않고 순결하게 그분을 섬기기를 바라시고 계신다는 것을 보여주셨던 계명에 덧붙여져 있었습니다. 하지만 우리가 그때 보았던 것처럼, 그 약속은 모든 율법에 해당되고 있는 것입니다.

그런 반면에 이 약속은 부모에게 순종하라는 계명에만 첨부되어 있습니다. 따라서 우리는 이 계명을 준행하는 것이 곧 하나님께 열납될 수 있는 제사라는 것을 깨닫게 됩니다. 따라서 누군가에게 복종해야 하는 위치에 있는 자는 그 약속을 붙들고 반란과 소란을 일으키지 않으며, 다만 목을 굽히고 복종해야 하겠습니다.

그렇게 할 때 비로소, 하나님께서 보내시고 그분의 이름으로 임명하신 사람들에게 순종하기를 거부하지 않음으로써, 정말로 하나님께 순종하기

---

169) 엡 6:2.

를 바란다는 것을 보여줄 수 있을 것입니다. 결국 여러분은 이 약속이 주어진 목적이 무엇인지를 알게 됩니다.

즉, 하나님께서는 우리가 채찍에 무감각한 것을 아시고, 우리의 마음을 누그러뜨리려고 하셨던 것입니다. 온유함으로, 부드러움으로 우리를 이끄시어, 상급자들에게 순종하는 것이 우리를 분노케 만들거나 괴롭게 만들지 않도록 하신 것입니다.

하지만 이렇게까지 하시는 것으로 모든 것이 해결되는 것은 아닙니다. 때문에 우리가 기억해야 할 것은, 곧, 하나님을 잘 섬기기 위해서는, 모든 교만과 무례함을 내려놓아야만 한다는 것입니다. 우리 안에는 본질적으로 높이 오르기를 갈망하는 저주스러운 뿌리가 있어, 큰 자든 작은 자든 야망이 그들을 다스리고 있습니다.

그렇다 할지라도, 하나님을 섬기고자 한다면 이 모든 것을 내려놓아야만 합니다. 왜 그렇습니까? 참된 순종은 겸손에서 시작되기 때문입니다. 그리고 우리는 결코 사람들과 더불어 평화롭고 조화롭게 살 수 없다는 것을 유념해야 하겠습니다.

하나님께서 권세와 으뜸의 자리에 두신 자들이 그분을 대신해서 다른 이들의 순종을 얻게 되지 못한다면 말입니다. 만일 이렇게 된다면 모든 것은 파멸케 될 것이며 우리는 숲 속에 널리 퍼져 있는 야생 동물보다도 더 못한 신세가 될 것입니다. 그러므로 합당한 상급자에게 불순종하는 자들은 하나님과 자연과 모든 인류를 대적하는 자입니다. 그들은 모든 사람들이 멸시해야 하는 괴물인 것입니다.

그런데 하나님께서 우리를 다스리도록 하신 자들에게 복종함으로써 우리의 순종을 드러낼 때는, 우리가 그렇게 사람에 대한 복종을 통해 그분께 겸손히 나아가야 하는 데에는 그에 합당한 이유가 있으며, 그분은 바로 그런 식으로 우리로부터 섬김을 받으신다는 것을 깨달아야 하겠습니다.

이는 의식이라는 방법으로가 아니라, 참되고 순수한 마음으로 섬기는 것입니다.[170] 그렇게 함으로써 결국 우리는 그분께 합당한 경의를 표하게 되는 것이며 그분의 영광을 무엇보다 중요시 여기게 됩니다. 게다가 세상의 모든 사회 질서들은 우리를 그런 쪽으로 인도해야 합니다. 즉 하나님께서 하늘 위의 보좌를 높이실 수 있도록 말입니다.

그리고 자녀들은 부모에게 순종하고 백성들은 관원들에게 그러해야 하며, 그런 질서가 하나님의 법에 따라 모든 가정에서 나타나야 하는 것입니다. 바로 하나님께서 도처에 신분의 차이가 있도록 정하셨기 때문입니다.

그러나 이러한 사실은 우리를 좀더 높이 끌어 올려, 우리로 하여금 세상의 최고의 주권을 가지고 계신 하나님께서 모든 피조물을 다스리시고 또한 사실상 모든 인생의 주인이 되신다는 것을 깨달을 수 있도록 해야 하겠습니다.

결국 우리는 유한한 피조물이 받는 모든 순종은 하나님을 순전케 경배하는 데 이바지해야 한다는 것을 알게 되는 것입니다. 이렇게 하여 우리는 우리가 그 저주스러운 교황제를 얼마나 혐오하는지 좀더 분명하게 깨닫게 됩니다. 그것은 오직 하나님을 그분의 보좌에서 끌어내리고 그분께 속한 영광을 빼앗기 위해 세상에 스며들어 온 오만함이기 때문입니다. 교황 역시 자신의 상급자에게 복종해야 한다는 것을 인정할 것입니다.

하지만 어떻습니까? 그가 하나님의 질서든 자연의 질서든 지키고 있습

---

170) 요 4:24, 딤전 1:5.

니까? 아닙니다. 오히려 그 반대로 그의 의도는 성경에 속해 있는 모든 것을 멸시하는 것입니다. 하나님께서 우리에게 명하신 모든 질서와 모든 방침들을 뒤엎어 버림으로써 말입니다. 그는 자신이 그리스도의 대리자라고 말합니다.

그렇지만 세상은 그가 예수 그리스도를 그분의 보좌에서 밀어내어 그분이 더 이상 그분의 교회의 머리가 되지 못하도록 만들고 있다는 것을 알고 있습니다. 그러므로 우리는 하나님께서 세상에 정해 놓으신 것을 철저하게 거스르며 마귀가 정반대로 만들어 놓은 것을 혐오하는 법을 배워야 하겠습니다.

그와 함께 비록 우리는 상급자들이 자신의 힘을 남용하는 것을 보게 될지라도, 왕국이나 제국, 그리고 공의의 땅에서는 하나님께서 제정하신 것을 전복할 수 없다는 것을 확신해야 하겠습니다. 그 모든 것들은 보존될 것입니다. 그것들의 근거는 하나님이시기 때문입니다. 그 근거가 전혀 존재하지 않는 흉악한 교황제와 같지 않기 때문입니다.

오히려 그와 반대로 우리는 하나님께서 공의로운 왕들과 군주들, 관원들이 여전히 존속되도록 하실 것임을 알고 있습니다. 그러므로 그들은 분명 존속될 것입니다. 그리고 만일 아비가 그 의무를 다하지 않고 자녀들을 학대한다면, 우리는 이를 유감스러워하며 이같은 일은 우리의 죄로 말미암은 것임을 깨달아야 하겠습니다.

또한 하나님의 규례가 지켜지지 않아 모든 것이 질서를 벗어나게 된다면, 그분께 좀더 조심스럽게 달려가 그분께서 다시 모든 것을 제 자리에 돌려놓으시도록 구해야 한다는 것을 깨달아야 하겠습니다. 그렇게 하여 우리의 모든 바람은 그분의 다스림을 받는 것임을 알릴 수 있도록 해야 하겠습니다. 그것만이 그분이 우리를 행복하게 만드시는 유일한 길이기 때문입니다.

이제 우리의 죄를 시인하며 우리의 선하신 하나님의 임재 앞에 무릎 꿇도록 합시다. 우리가 행했던 것보다 더 절실하게 그 죄들을 느끼도록 해달라고 기도합시다. 참된 회개로써 그런 죄를 범한 우리 자신을 혐오스러워하는 법을 배울 수 있도록 해달라고 기도합시다.

그리하여 우리의 모든 죄가 사라지고 의로 말미암아 철저하게 그분을 닮아갈 때까지 더 많은 도움을 얻을 수 있도록 그분께로 돌아갈 수 있도록 말입니다. 그리고 '하늘에 계신 전능하신 하나님 아버지여'라고 말합시다.

제6계명

살인하지 말지니라
(신 5:17)

제 6 계명

살인하지 말지니라
(신 5:17)

17 살인하지 말지니라

우리는 앞서 사람들과 더불어 살기 위한 방법 가운데 한 가지로서 윗사람들에게 순종해야 한다는 것을 살펴보았습니다. 이는 하나님께서 율법의 두 번째 목록에서 명하셨던 것 중 첫 번째 것이었기 때문입니다.

그리고 하나님께서 우리를 다스리도록 하신 자들을 공경하는 것이 그분께서 사람들에게 전해주신 방법이기 때문입니다. 사실 우리가 사람들에 대해 말할 때면, 어느 정도 동등한 동료의식을 갖고 있습니다. 우리는 모두 아담의 후손이기 때문입니다. 우리는 모두 한 인류이기 때문입니다.

그리고 이것은 사람들이 평등하다는 것을 의미합니다. 그렇지만 하나님께서는 어느 정도의 신분을 만들어 놓으시기를 기뻐하셨습니다.[171] 따라서 우리 가운데 이러한 사실이 기억되고 그 질서가 지켜짐으로써, 탁월하고 위엄 있는 자들이 공경을 받을 수 있어야 합니다.

---

171) 롬 13:1.

이러한 이유 때문에 우리는 "그가 왜 나보다 더 존경받아야 합니까?"라고 우기지 말아야 합니다. 어떤 사람이 다른 사람보다 더 존경받을 자리에 있는 것은 그 사람이 그럴만한 자격이 있기 때문이 아닙니다. 이는 단지 하나님의 뜻일 뿐입니다. 하나님께서 그들에게 어떤 탁월함을 주셔서 공경을 받도록 하셨습니다.

또한 자녀가 부모를 공경함에 있어서 그들에게 어떤 경의를 표하는 것만으로는 충분하지 않습니다. 자녀들은 부모를 돌보아야만 하며 그 일에 최선을 다해야 합니다. 우리 주 예수 그리스도께서 자녀가 부모를 공경하는 척만 할 뿐, 부모가 어려울 때 그들을 돌봐야 하는 의무를 이행하지 않고 궁핍한 상황에 그냥 둔다면, 그것은 위선일 뿐이라는 것을 보여주셨듯이 말입니다.[172]

사람들이 형식적으로만 그것을 준수한다면, 그것은 부모가 마땅히 받아야 할 것을 그들에게서 빼앗는 것이며 하나님의 율법을 모욕하는 것입니다. 복종의 관계에 있어서도 마찬가지입니다. 이것은 사람들로 하여금 단지 공경한다는 뜻의 어떤 표시만 해도 좋다는 것이 아닙니다.

그들은 자신보다 위에 있는 자들에게 자신의 모든 권리를 내어놓을 뿐만 아니라 기꺼운 마음으로 그렇게 해야 한다는 것을 의미하기 때문입니다.[173] 사실 (제가 앞서 증거하였듯이) 사람들은 모든 속박으로부터 벗어나기를 원합니다.

하지만 하나님께서는 정반대의 질서를 세워놓으셨습니다. 그 때문에 우리는 누군가의 강요에 의해서가 아니라 기꺼운 마음으로 그 질서에 복

---

172) 마 15:4~6.   173) 롬 13:5, 엡 6:5~6, 골 3:22~23.

종해야 하는 것입니다. 우리의 마음이 이렇듯 순종과는 반대되는 곳을 향해 나아가는데도 불구하고 하나님께 순종해야 하는 것은 무엇 때문인가요? 게다가 마음으로부터 순종해야 하며, 우리 주님께서 우리에게 명하신 것은 어떤 것일지라도 그것이 유익하고 좋은 것이라고 생각해야만 하는 것입니다.

그러므로 결국 사람들과 좋은 관계를 갖기 위한 첫 발은, 우리의 부모와 모든 윗사람들이 다른 사람들보다 더 높임을 받았다는 것을 깨닫는 것입니다. 그들이 공경을 받을 수 있도록 하기 위해서 말입니다.

그런데도 그들이 만일 공경 받지 못한다면 하나님께서 그들을 통해 학대받으시는 것이 되며, 마치 우리가 그분을 공경하려 하지 않고 그분께 복종하려 하지 않는 것과 같은 것입니다.[174]

이제 모세는 이 다섯 번째 계명을 반포한 후에, "살인하지 말지니라"라고 덧붙이고 있습니다. 사실 이 계명은 너무도 간단하게 이루어져 있어, 언뜻 보기에는 하나님께서 그의 백성이 살인을 저지르는 것을 그다지 철저하게 금하지는 않으셨던 것처럼 보일 수도 있습니다.

하지만 우리가 주목해야 할 것은, 하나님께서는 우리의 삶을 잘 다스리기 위해 필요한 모든 것을 (그 짧은 문장 속에) 함축시키려 하셨다는 것입니다. 그러므로 그분은 어떤 것도 잊지 않으셨습니다. 이제 우리는, 사람들이 자신들의 삶을 만족스럽고도 순조롭게 다스리는 방법은 모든 악한 것과 무례함, 폭력을 삼가는 것임을 깨달아야 합니다.

더불어 다른 사람에게 상처 주거나 훼방하지 않으면서 순결하고 정직하게 살며, 자신의 혀를 삼가하여 거짓말로 인해 다른 사람에게 해를 입히지 않도록 해야 합니다.[175] 만일 우리가 우리 하나님의 뜻과 의에 우리 자신을 맞추어 가려 한다면, 이러한 모든 선한 특성이 우리 안에 있어야만 합니다.

그러므로 하나님께서 여기에서 살인에 대해 말씀하고 계시는 것은 전혀 이상한 일이 아닙니다. 그것이 우리로 하여금 우리 이웃에게 어떤 불법이나 해를 가하려 하지 못하도록 하기 때문입니다. 그럼에도 불구하고, 우리는 제가 앞서 다루었던 바로 다시 돌아와야 합니다.

다시 말해서, 하나님께서는 큰 자든 작은 자든, 심지어 얼간이조차 알아들을 수 있도록 하기 위해 그렇듯 야만적이고도 총체적으로 말씀하고 계신다는 것입니다. 누구든 자신의 무지를 핑계삼으려 한다는 것을 우리는 알고 있기 때문입니다.

게다가 무언가가 다소 희미하고 이해하기에 어려우면, 우리는 스스로가 그 문제와 전혀 상관이 없다고 생각하기 때문입니다. 우리가 죄를 지었을 때, 만일 "오, 그것은 내게는 너무도 고차원적이고 심오한 것이어서 조금도 이해하지 못했다"라고 말할 수만 있다면 모든 것이 괜찮을 것이라고 우리는 생각합니다.

따라서 사람들이 그러한 핑계를 대지 못하도록 하기 위해, 심지어 어린 아이조차도 그분이 말씀하신 것을 이해할 수 있도록 하시는 것이 하나님의 뜻이었던 것입니다. 그것이 바로 하나님께서 간단하게 "살인하지 말지니라"라고만 말씀하신 이유입니다.

더욱이 우리가 주목해야 할 것은, 하나님께서는, 우리를 조금씩 풍족한 삶으로 인도하실 목적으로, 우리가 악을 행하는 것을 삼가는 법을 배울

---

174) 롬 13:2   175) 시 15.

수 있도록, 가장 혐오스러운 것을 제시하고 계시다는 것입니다. 예를 들어, 하나님께서는, 여러분들이 이웃에게 어떤 잘못도 폭력도 행해서는 안 된다고 말씀하실 수도 있었습니다. 그렇게 말씀하시는 것이 오히려 효과적일 수도 있었습니다.

하지만 하나님께서는 "살인"이라는 단어를 제시하기 원하셨습니다. 왜일까요? 이는 그런 식으로 하나님의 형상을 멸하려 하는 것이 사람들의 본성을 거스르는 일이기 때문입니다. 따라서 짐승보다 못한 존재가 되려 하지 않는 한, 살인을 혐오해야만 합니다. 이와 더불어, 이것은 우리에게 살인보다 더 극악한 것이나 더 혐오해야 하는 것은 없다는 것을 가르쳐주고 있습니다.

따라서 하나님께서는 우리에게 더욱 단단히 금하시고 우리로 하여금 남을 괴롭히거나 잘못된 행위를 하지 않도록 하시기 위해 이웃의 피로 우리의 손을 더럽혀서는 안 된다고 말씀하고 계시는 것입니다.

그렇다면 살인만 저지르지 않으면 되는 것입니까? 앞으로 보여지게 될 내용과, 또한 이미 서론에서 언급되었던 것과 같은 많은 이유로 인해서 그렇지 않습니다. 하나님께서 뜻하신 바는 우리의 마음과 우리의 생각이 복종 속에 거하도록 하여 이웃을 향해 어떤 악한 뜻도 품지 않음으로써, 우리에게서 순결한 섬김을 받고자 하시는 것입니다.

그렇다면 왜 살인에 대해서 말씀하고 계신 것일까요? [그것은] 이렇게 말씀하신 것과 같습니다. "비록 너희에게 기록된 율법은 없지만, 그리하여 이방인과 다를 바 없지만, 너희는 살인이란 매우 수치스럽고 가증스러운 것임을 마음에 새겨야만 할지라. 지금 내가 너희에게 말하는 것은, 너희가 이웃에게 어떤 불법을 행하는 만큼, 그리고 그 마음에 어떤 증오와 원한을 품는 만큼, 너희들 모두를 살인자로 간주하고 책망하리라는 것이라."[176] 따라서 여러분은 하나님께서 왜 살인이라는 표현을 사용하셨는지 그 이유를 깨닫게 되는 것입니다. 이제 우리는 하나님께서 살인을 금하시는 데에는 분명한 이유가 있다는 것에 주목해야 하겠습니다. 왜 그럴까요? 우리가 온갖 잘못과 폭력을 삼가지 않는다면, 사람들과 교제를 할 수 없기 때문입니다.

그리고 하나의 특별한 방법으로 하나님께서는 모든 것을 금하고 계십니다. 왜 그렇습니까? 만일 그분이 장황하게 말씀하셨다면, "나는 그 교훈을 기억할 수가 없어. 그건 내게 너무 어려운 일이야"라고 말하는 사람이 있을 수 있기 때문입니다.

그러므로 하나님께서는 여기에서 한 마디로 말씀하시어, 그분의 교훈이 곧 습득되고 그분의 율법이 쉽게 기억될 수 있도록 하셨던 것입니다. 따라서 이 계명을 깊이 숙고해야 할 필요가 없습니다. 많은 양의 책과 기록을 보유해야 할 필요도 없습니다. 하나님께서는 선한 삶의 규칙을 열 마디에 함축시키셨으며, 우리는 그것으로 충분합니다.

이제 누가 자신은 그 조항을 잊었다고, 기억하지 못했다고 우겨댈 수 있겠습니까? 어떻게 그렇게 할 수 있습니까? 우리가 열 마디도 기억할 수 없단 말입니까? 결국 우리는 사람들이 자신이 해야 하는 것을 깨닫지 못할 경우 그것을 수치스러워 하도록 만드는 것이 하나님의 뜻이라는 것을 알게 됩니다. 이렇게 하여 하나님께서 그렇게 간단하게 말씀하신 이유를 알게 되는 것입니다. 더욱이 하나님께서는 이해하기 쉽게 말씀해주고 계

---

176) 요일 3:15.

십니다. 우리가 그분께 조용히 복종하는 법을 배울 수 있도록 하기 위해서 말입니다. 심지어 더할 나위 없는 얼간이조차 그분의 율법을 이해하기 위해 훌륭한 학자가 되어야 할 필요가 없다는 것을 알 수 있도록 하기 위해서 말입니다.

하나님께서 직접 스스로를 낮추심을 통해, 아무리 보잘것없는 영을 가진 자라 할지라도 율법에 담겨 있는 것을 깨닫지 못할 정도로 무지한 자가 없도록 하셨기 때문입니다. 그것이 바로 우리가 여기에서 기억해야 할 바인 것입니다.

더욱이 하나님께서는 살인을 혐오스럽고도 불법적인 것으로 간주하시어 금하셨습니다. 그러므로 우리는 이웃을 살인하기 위해 그 이웃을 반하여 일어나는 자는 이 땅에 살 가치도 없다는 것을 확신해야 하겠습니다. 그는 숲 속의 짐승들보다 더 사악한 자이기 때문입니다.

우리는 곰이나 사자와 같은 야생 짐승들이 더불어 잘 지내고 있는 것을 알고 있습니다. 왜 그렇습니까? 그들에게는 어떤 이성이나 가르침이 없습니다. 율법도 공의도 없습니다. 비록 그러할지라도, 자연의 보편적인 지식[혹은 본능]으로 인해 그들 가운데도 질서가 존재합니다.

그러므로 여러분은 짐승조차도 자신과 같은 종(種)인 짐승들과 더불어 잘 살아가는 기술을 가지고 있다는 것을 알고 있습니다. 서로에게 해를 가하지 않으면서 말입니다.

하물며 하나님께서 살인은 악한 것이라고 그 마음에 각인시켜 놓으신 사람들은 어떻습니까? 그들이야말로 조금만 생각해 보면 그 살인을 억제할 수 있는 것 아니겠습니까? 그들은 자신들이 모두 하나(one nature)이고 모든 사람들은 이웃에게서 하나님의 형상을 본다는 것을 알고 있습니다. 그런데도 폭력을 억제할 수 없단 말입니까? 도대체 무엇이 더 필요한 것입니까?

결국, 비록 하나님께서 우리에게 말씀하지 않으셨을지라도 우리 안에는 이미 충분한 증거가 있다는 것을 기억해야 하겠습니다. 만일 어떤 사람이 이웃을 거스른다면, 이는 본성에 맞서는 것이며 인간이라는 부류에 속할 가치도 없는 것입니다.

이렇듯 하나님의 권세는 우리가 앞에서 깨달아야 했던 지식과 하나가 되며, 하나님께서는 우리에게 사람의 피를 흘리지 말되, 만일 그럴 경우 그분 앞에서 심판을 받게 될 것이라는 것을 보여주고 계십니다. 따라서 우리는 어느 누구에게도 잘못을 행하지 않고 살아야 할 것이며 그렇지 않을 경우 그분이 우리의 치명적인 원수가 되신다는 것을 깨달아야 하겠습니다. 하나님께서는 사람들이 그분의 보호 아래 있다고 말씀하고 계시기 때문입니다.

실제로 여기에는 그 어떤 위협도 표현되어 있지 않습니다. 하지만 다른 곳에서 그 부분에 대해 말씀하고 계십니다. 즉, 사람은 하나님의 형상을 따라 창조되었다고 기록되어 있는 것입니다.[177] 따라서 누군가에게 폭력을 가하는 것은 정당한 일이 아닙니다. 그것은 마치 우리 주님께서 "너희가 그런 식으로 서로에게 해를 가하려 한다면 이는 나에게 전쟁을 선포하는 것이라. 내가 네 안에 나의 형상을 새겨놓았기 때문이라"라고 말씀하시는 것과 같기 때문입니다.

만일 어떤 사람이 군주의 팔에 상처를 입혔다면 그것은 살인죄로 징계

---

177) 창 9:6.

를 받을 만큼 심각한 범죄입니다. 왜 그렇습니까? 그것은 국가의 혼란을 야기하기 때문입니다. 그런데 보십시오, 하나님의 형상이 사람에게 새겨져 있습니다. 그리고 그것이 멸시되었습니다. 그렇다면 그런 불법은 갑절의 징계를 받아야 하지 않겠습니까? 그렇습니다.

따라서 우리는 우리가 누군가에게 잘못을 행할 때면 하나님께서는 그러한 행동을 하나님께 직접 폭력을 가하는 것으로 간주하신다는 사실과 우리가 그런 잘못을 삼가지 아니하면 이는 너무도 어리석고 미친 짓이라는 것을 하나님께서 직접 보여 주신다는 사실에 주목해야 하겠습니다.

게다가 우리로 하여금 이를 잘 기억하고 있도록 하기 위해, 우리 주님께서는 살인이 저질러질 경우 반드시 그로 인해 땅이 더럽혀진다고 말씀하고 계십니다. 다른 본문에서 사람의 피 흘림은 땅을 더럽히며 쉽게 지워지지 않는다고 기록되어 있는 것으로 이를 알 수 있습니다.[178] 살인과 관련하여, 허락된 전쟁에서와 같은 합법적인 경우에 이루어진 것일지라도, 그것은 부정한 것이라고 기록되어 있습니다.[179]

왜 그렇습니까? 우리로 하여금 피 흘림을 더욱 혐오하도록 하기 위한 것입니다. 원수가 공공연한 전쟁에서 죽임을 당하게 된다면, 비록 그를 죽인 자가 정당하고 합법적인 이유를 가졌으며 그것이 불가피한 일이기 때문에 하나님으로부터 용서함을 얻는다 할지라도, 그것은 여전히 오점이 될 것입니다.

그리고 그것을 행한 자는 부정하다고 기록되어 있습니다. 왜 그럴까요? 이는 하나님께서 우리로 하여금 하나님과 더불어 평온하게 살도록 우리

---

178) 민 35:33. 179) 대상 22:8.

를 창조하셨으며 우리는 어떤 변명도 할 수 없다는 것을 알도록 하기 위해서인 것입니다.

그것은 우리에게 즉각적인 오점이 될 것이고 머지않아 하나님 앞에서 부정하게 될 것이라는 것을 알도록 하기 위해서인 것입니다. 이렇듯 성경은 이와 관련하여 여러 가지 형태로 말씀하고 있습니다. 따라서 우리가 더욱 경외함으로 이웃에게 어떠한 잘못을 행하지 않고 살아가는 것이 마땅하지 않겠습니까? 그렇습니다.

이렇듯 하나님께서는 우리의 미숙함과 연약함을 고려하시어 이토록 이해하기 쉽게 말씀하고 계신 것입니다. 따라서, 우리는 이에서 더 나아가 유혈을 삼가는 것만으로는 충분하지 않다는 것을 주목해야 하겠습니다. 이뿐만 아니라 우리는 어떠한 불법과 폭력 또한 삼가야 합니다.

요컨대, 사람은 그 자체로 우리에게 귀하고 소중한 존재여야 합니다. 우리가 그러한 상태에 이르게 될 때까지, 하나님께서는 여전히 우리를 살인자로 여기실 것입니다. 만일 어떤 사람이 이웃을 때린다면, 그가 그 사람을 죽이지 않았을지라도, 그는 이미 하나님 보시기에 살인자인 것입니다. 왜 그렇습니까? 이미 말씀드렸듯이, 우리는 말다툼이나 몸싸움을 작고 가벼운 잘못이라고 여길지라도, 하나님께서는 그렇게 여기지 않으시기 때문입니다. 그리고 그러한 하나님의 뜻을 알려주시려는 목적으로 그런 표현을 사용하신 것이기 때문입니다. 왜 하나님께서는 이렇듯 작은 잘못조차도 작게 여기지 않으시는 것입니까? 왜냐하면 그 안에는 언제나 살인하고자 하는 의도가 있기 마련이기 때문입니다.

그리고 그것이 바로 하나님께서 그런 행위를 살인이라고 말씀하신 이유인 것입니다. 뿐만 아니라, 살인을 저지르는 것이 금기시 된다면, 마찬가지로 어떤 잘못을 행하거나 이웃에게 어떤 폭력을 행하는 것조차 금기시 되어야 한다는 것을 깨달아야 하겠습니다. 누군가에게 삿대질을 하고 화를 낸다면, 머지않아 하나님 앞에서 살인을 저지르게 될 것입니다.

이러한 사실을 깊이 생각해 본다면, 이전보다 너그러워지게 되지 않겠습니까? 우리는 말 한마디가 마음에 들지 않아 곧 삿대질을 하게 되고 상대방을 때리게 되는, 성미 급한 사람들을 보곤 합니다. 그들은 피를 흘리지 않았으므로 이것을 작은 문제라고 생각합니다.

하지만 우리는 싸우는 자들은 모두 살인자라고 말씀하신 하나님께서 그분의 약속을 어기도록 만들지 말아야 합니다. 자신의 잘못을 자기 멋대로 판단하여 정당화하지 않는 법을 배워야 하겠습니다. 이를 위해 오직 하나님께서 주신 판결을 조용히 받아들여야 하겠습니다. 이웃을 향해 폭력을 행한 자는 누구든 이미 하나님 앞에서 살인죄를 저지른 것임을 깨달으면서 말입니다. 그것이 사실상 우리가 여기에서 기억해야 하는 바인 것입니다.

하지만 우리가 지금까지 분노해본 적이 없었습니까? 이웃들에게 불법을 행했던 적이 없었습니까? 그러므로 우리는 그 중심을 살펴보아야 합니다. 하나님께서 우리에게 사회법을 주신 것이 우리로 하여금 정직하게 살도록 하려는 목적 때문만은 아니셨기 때문입니다.

하나님의 본성에 따라 율법을 주셨던 것입니다. 우리는 그분은 영이시므로 신령과 진정으로 예배해야 한다는 것을 알고 있습니다.[180] 그러므로 우리는 그분이 우리에게 규칙을 주시되, 우리의 손과 발뿐만 아니라 우리

---

180) 요 4:24.

의 정욕과 생각을 다스리는 규칙을 주셨다는 것을 깨달아야 합니다. 사람은 육신을 입고 있습니다.

　따라서 하나님의 율법이 그들에게 처음 선포되었을 때 자신들이 세상 앞에서 부끄럽게 행하지만 않는다면 율법의 의무를 잘 이행한 것이라고 생각하게 되는 것이 사실입니다. 그로 인해 그들은 악을 행하는 것을 너무도 쉽게 허락하고 허락 받습니다.

　그리고 같은 이유로, 심지어 어렸을 때부터 하나님의 율법에 근거하여 살아와야 했던 유대인들조차, '살인하지 말지니라' 라는 이 말을 너무도 문자 그대로 받아들였습니다. 그들 역시 이웃에게 상처를 줄만한 공공연한 폭행을 가하지만 않았다면 하나님을 분노케 하지 않았을 것이라고 생각했던 것입니다.

　그러므로 그 잘못이 눈앞에 분명히 드러나지만 않으면, 그것으로 인해 하나님 앞에서 책망 받을 이유가 없다고 주장합니다. 우리 주 예수 그리스도께서 율법이 얼마나 어리석게 설명되고 있는지를 보여주시면서 꾸짖으신 것이 바로 이것입니다. (그분이 말씀하시기를) " '살인하지 말지니라' 라고 기록되어 있다 하여, 너희는 그것으로 인해 사람들이 너희를 법정에 세울 수 없다면, 하나님 앞에서도 용서받게 될 것이라고 주장하도다. 하지만 이웃을 '라가' 라 한 자는 누구든지, 다시 말해, 이웃에게 화를 낸 자는 누구든지 곧 지옥 불에 들어가게 되리라."[181] 다른 사람에게 잘못을 행한 자는 누구든지 하늘로부터 내려오는 심판의 위험에 처해있는 것입니다. 하나님과 그분의 모든 천사들은 그를 원수로 여기실 것입니다.

---

181) 마 5:21~22.

그리고 비록 아무것도 하지 않았을지라도 이웃을 향해 투덜거리며 입 안에서 중얼거린 자는 누구든지 심판의 위험에 처하게 되는 것입니다. 결국 우리는 우리 주 예수께서 알려주시는 것이 무엇인지를 알게 됩니다.

즉, 우리가 아무런 폭력도 행하지 않고 육체적인 싸움을 하지도 않았으며 이웃을 다치게 할 의도도 거의 없으며 그를 향해 칼을 뽑아본 적이 한 번도 없다고 주장할지라도, 그것만으로는 충분하지 않다는 것입니다.

하나님께서는 우리의 혀와 우리의 생각과 우리의 모든 정욕을 다스리고자 하신다는 것을 깊이 생각해야만 합니다. 그것에는 합당한 이유가 있기 때문입니다.

그러므로, [말로써] 이웃을 학대한 자는 누구든지 자신이 이미 살인자임을 보여주는 것이 됩니다. 혀는 칼과 같기 때문입니다. 따라서 비록 여러분의 손에 상대방을 찌를 만한 칼이 들려있지 않을지라도, 여러분의 혀가 이웃에 대해 악하게 말하고 욕한다면, 하나님 보시기에 그것 역시 일종의 살인인 것입니다.

그리고 누군가를 그다지 심하게 학대한 것은 아니어서 세상을 향해 이를 숨길 수 있을지라도, 당신에게 죄가 없을 것이라고 생각하지 마십시오. 당신이 입 속으로 중얼거렸을지라도 하나님 보시기에 그것은 당신에게 죄가 있다고 하기에 충분한 것이기 때문입니다. 당신이 사람들 앞에서는 용서받고 세상의 공의에 의해서는 붙잡히지 않을지라도, 하늘 보좌 앞에서는 책망 받게 될 것입니다.

이러한 이야기를 들을 때면, 이를 말씀하시는 분은 세상의 심판자가 되

---

182) 벧전 4:5.

라고 하나님 아버지께서 보내주신 바로 그분이라는 것을 깨닫게 되는 것이 당연한 일입니다.[182] 따라서 이 점에서 우리 자신에게 너무 많은 여지를 주어서는 안됩니다. 우리의 억지와 잔꾀로는 아무 것도 얻을 수 없을 것이기 때문입니다.

반면 율법을 정확하고 자연스럽게 해석하기 원한다면, 하나님을 바라보는 법을 배워야만 합니다. 말씀하고 계시는 그분은 누구이십니까? 그분은 심지어 우리의 마음과 생각을 다스리는 분이십니다.[183] 가식적인 섬김을 참지 않으시는 분이십니다. 우리가 세상적인 악만 삼가는 것으로는 만족치 않으시는 분이십니다. 신령과 진정으로 섬겨야 할 분이십니다.[184] 그분은 우리의 양심이 순수하고 깨끗하게 되도록 하실 것입니다.[185]

그리하여 우리로 하여금 모든 악으로부터 깨끗하게 되도록 하실 것입니다. 그러므로, 우리가 하나님의 본성을 깊이 생각해본다면, 그분의 율법을 더 이상 외적인 행동에 가두어 두어서는 안됩니다. 오히려 하나님께서 말씀하시는 살인은 우리가 이웃에게 가지는 모든 악의와 불쾌감, 분노, 증오와 동일하다는 결론에 도달해야 합니다.

바로 그러한 이유로 사도 요한은 "이웃을 미워하는 마음을 가진 자마다 살인하는 자니"라고 말하고 있는 것입니다.[186] 이것은 마치 "여러분이 그 문제에 있어서 그럴싸한 표정을 하고 아무리 미움을 마음속 깊이 숨겨둘지라도, 시치미떼고 아무리 악의를 드러내는 표현을 하지 않을지라도, 하나님께서 그것을 묵인하실 것이라고 생각하지 마십시오"라고 말하는 것과 같습니다.

---

183) 삼상 16:7, 시 7:9.　184) 요 4:24.　185) 딤전 1:5.　186) 요일 3:15.

사람들은 여러분이 드러내지 않는 것에 대해서는 알지 못합니다. 하지만 여러분에게 이웃을 미워하는 마음이 있다면, 너무도 은밀하여 누구도 그것을 알아채지 못할지라도, 즉시 여러분은 하나님 앞에서 살인자가 되는 것입니다.

그리고 그 이유는 너무도 명백합니다. 사실 군주와 관원들이 법을 만들 때, 하나님의 방식을 따르는 것은 아닙니다. 그들이 만든 법의 목적은 단지 사람들로 하여금 외적인 사회 질서를 잘 따름으로써 누구도 학대받지 않도록 하기 위한 것입니다. 모든 사람들의 권리와 평화, 조화가 사람들 사이에서 유지되도록 하기 위한 것입니다. 그것이 바로 법을 만드는 관원들의 의도입니다.

왜 그렇습니까? 그들은 육신을 입은 인간이며 그들 내부에 숨겨진 정욕을 변화시키지는 못하기 때문입니다. 그것은 하나님께 속한 것입니다. 게다가 그들은 인간의 마음을 자세히 살피지 못합니다. 그것은 하나님만이 하실 수 있는 일이며 그래서 성경은 그것을 하나님께 돌리고 있습니다.[187] 그럼에도 불구하고 사회법에서도, 누군가를 죽일 수 있을만한 범죄를 저질렀다면 비록 한 방울의 피도 흘리지 않았다 할지라도 그 범죄자는 교수형에 처해지기에 마땅합니다.

어떤 사람이 누군가를 향해 칼을 잡아 뺐다면, 상대방이 그 사람의 칼을 피해 아무런 상해도 입지 않았다 할지라도, 이방인의 법조차도 그에게 교수형을 선고합니다. 왜 그렇습니까? 그 법이 중요시 여긴 것은 그 행위의 결과가 아니라 목적과 의도였기 때문입니다.

---

[187] 시 7:9.

이렇듯 세상의 군주와 관원들도 죄를 범하려 한 자들을 벌합니다. 그들이 목적을 달성하지 못하고 그 시도가 성공하지 못했을지라도 말입니다. 그러니 하나님은 어떠하시겠습니까? 그분이 유한한 피조물보다 더한 권세를 갖고 있지 못하시겠습니까?

그런 점에서 우리는 하나님께서 이웃을 미워하는 자를 살인자로 정죄하신다는 것을 알아야 합니다. 왜 그렇습니까? 앞서 말씀드렸듯이, 그 이유를 알기 위해서는 그분의 본성이 어떤지 깊이 생각해 보아야 합니다. 그런데 우리에게 그분의 계명을 지키려는 마음이 있습니까? 그렇다면 사실상 살인에서부터 시작해야 합니다. 왜 그렇습니까?

하나님께서는 우리로 하여금 미리 두려움을 느끼게 하여, 우리가 이웃에게 해를 가하거나 어떤 착취나 잘못을 행하려 할 때마다 그것이 견디기 힘들만큼 혐오스럽고 끔찍한 일이라는 것을 깨달을 수 있도록 하려 하셨기 때문입니다. 왜 그렇습니까?

그것은 일종의 살인이기 때문입니다. 그러므로 여러분은 하나님께서 우리를 첫 일격에 꼼짝 못하게 하시려 했다는 것을 알게 됩니다. 그리고 그것이 바로 우리가 살인에서 시작해야 하는 이유인 것입니다.

게다가 누군가를 가볍게 구타하는 것을 하나님께서 살인이라고 정죄하시는 것이 이상하게 여겨진다면, 뿐만 아니라 입으로만 죄를 짓는 것, 게다가 아무런 말 없이 얼굴만 찌푸리는 것, 깊이 감춰둔 은밀한 불만조차도 하나님 앞에서는 살인이라 비난받는 것이 이상하게 생각된다면, 그분의 본성이 어떠한 것인지를 깊이 생각해 보아야 할 것입니다.

---

188) 히 4:12~13.

그리고 그분이 인간들보다 더 많은 인정을 받기에 합당하신 분인가를 생각해 보아야 합니다. 만일 악한 의도가 드러났을 때 이를 벌할 능력이 세상의 심판자에게 있다면, 모든 것을 다 아시는 하나님은 어떠하시겠습니까?

더욱이 우리는 히브리서 기자가 "하나님의 말씀은 저자이신 그분과 같아, 골수를 찌르는 양날 검처럼 우리의 생각을 감찰하나니"[188]라고 기록하고 있는 것을 깊이 생각해야 합니다. 왜 그렇습니까? 하나님의 임재 앞에 숨길 수 있는 것은 아무것도 없기 때문입니다.

이렇듯 하나님 앞에서 아무것도 숨길 수 없기에 그분의 말씀이 마음의 가장 깊은 곳까지 감찰하실 수 있음은 당연한 일입니다. 그러므로, 사람들에게는 알려지지 않는 것들이, 하나님 앞에서 모두 드러난다는 것은 피할 수 없는 사실이 되는 것입니다. 따라서 우리는 이웃에게 앙심도, 나쁜 뜻도 품지 않으며 살아야 한다는 권고를 받아 들여야만 합니다.

하지만 우리는 이에서 좀더 앞으로 나아가야 합니다. 악한 일을 행하는 것을 삼가는 것만으로는 충분하지 않기 때문입니다. 사람들은 서로 돕도록 창조되었습니다. 따라서 서로를 공궤해야 합니다. 하나님께서는 우리에게 살인을 금하시며, 도리어 우리가 이웃의 생명을 중요시 여기고 최대한 그들을 공궤하며 보존하려 애써야 한다는 것을 보여주고 계십니다. 이러한 목적에서 시작하는 것, 그리고 그분이 명하신 것이 무엇인지를 우리에게 보여주시는 것이 바로 그분의 뜻이었던 것입니다.

왜 그렇습니까? 우리는 우리 자신이 얼마나 큰 죄인인지를 알기 때문입니다. 우리가 얼마나 많은 생각을 하는지, 그리고 얼마나 많은 찔레와 가시들을 가지고 있는지 보십시오. 우리가 얼마나 많은 정욕을 가지고 있는지, 얼마나 많은 덤불과 가시나무와 그 밖의 것들을 가지고 있는지 보십시오. 그러므로 하나님께서 우리의 마음 속에 있는 죄와 악을 제거하려 하신 데에는 분명한 이유가 있는 것입니다.

게다가 우리 안에 있는 죄 많고 타락한 온갖 요소들을 고치시려 하는 것입니다. 그렇게 하지 않으면, 최소한의 선한 일을 하는 것도, 선한 생각을 하는 것도 불가능하기 때문입니다. 그런 이유로 선지자는 사람들이 묵은 땅을 갈고 가시덤불 속에 파종하지 말아야 한다고 말하고 있는 것입니다.[189]

그는 마치 이렇게 말하고 있는 것과 같습니다. "나는 세상이 너희와 함께 하고 있다는 것을 알고 있다. 만일 어떤 사람이 너희에게 너희가 하나님을 분노케 했다고 말하면, 너희는 그럴싸한 표정을 하고 마치 변화된 척 할 것이다. 하지만 그러는 동안에도 너희는 이전에 했던 대로 계속할 것이다"라고 말입니다. 따라서 들에 씨를 뿌리는 것만으로는 충분하지 않습니다. 여러분은 가시덤불을 뽑아내고 땅을 깨끗하게 해야 합니다. 여러분이 그럴싸하게 보이려고만 한다면, 가시와 찔레, 엉겅퀴 등 악한 잡초들이 여전히 그 안에서 자랄 것입니다.

그러므로 그것은 바른 파종이 되지 않으며, 하나님 앞에서 좋은 열매를 거둘 수 없게 될 것입니다. 그러한 이유로 우리 주님께서 "**이웃의 생명을 보존할지니라**"라고 말씀하시는 대신 "**살인하지 말지니라**"라고 말씀하신 것입니다. 그런데 제가 선지자에게서 인용했던 것처럼, 사람들은 하나님을 향해 그럴싸한 모습으로만 그 의무를 이행하려할 뿐, 여전히 악과 타락을 일삼고 있다는 것을 우리는 경험을 통해 알고 있습니다. 사실 우리

---

[189] 렘 4:3.

는 어떤 사람이 이웃에게 선을 행해야 한다고 말할 경우, 이를 전적으로 반박하려 하지는 않습니다.

그리고 실제로 이웃에게 선을 행하는 척하며 그 의무를 이행할 것입니다. 하지만 그러는 동안에도 우리의 상처는 그 안에서 곪아가고 있을 뿐입니다. 단지 그 위에 고약을 붙이고 있는 것일 뿐입니다.

마치 집이 썩어 무너져가고 있는 데도 이를 수리하기 위한 비용을 감당하려 하지 않는 자들처럼 말입니다. 오히려 그들이 하고 있는 일은 무엇입니까? 그 위에 회반죽을 바르고 구멍과 갈라진 틈을 메웁니다. 하지만, 그러는 동안에도 그들의 집은 무너져가고 있습니다.

우리도 그와 같습니다. 우리도 가능한 쉽게 우리의 의무를 이행하기 위해 우리 자신 위에 회반죽을 바르거나 고약을 붙입니다. 하지만 자연은 우리에게 그와는 반대로 가르쳐 주고 있습니다.

만일 어떤 사람이 들에 파종하려 할 경우, 찔레와 가시 가운데 씨앗을 던지려 하겠습니까? 아닙니다. 들이 흠 없고 깨끗하다는 것을 확인한 후에야 그것을 갈고 경작할 것입니다. 우리도 그와 같아야 합니다. 그러므로 하나님께서 우선 악을 책망하는 데에는 분명한 이유가 있다는 것을 알아야 하겠습니다. 그분은 그 악들이 우리의 본성에 깊이 뿌리박혀 있다는 것과, 그것을 제거하는 것이 매우 어렵다는 사실을 알고 계시기 때문입니다. 게다가 우리로 하여금 그분의 의로 살도록 하기 위해서는 결코 우리를 그런 상태로 두실 수 없다는 것을 알고 계십니다. 우리 안에 있는 이 저주스러운 악의 뿌리를 뽑아내지 않으신채 말입니다.

이런 이유로 하나님께서는 '살인하지 말지니라' 라고 말씀하신 것입니다. 이것은 마치 이렇게 말씀하신 것과 같습니다. 즉, "서로 사랑하며 살고자 하느냐? 그렇다면 모든 사람들이 자신을 들여다보고 그 안에 이웃을 향한 미움이나 증오, 악의가 있는지 잘 살펴보아야 할지니, 너희로 하여금 이웃을 위협하거나 혹은 무언가를 하도록 만드는 흥분과 열망이 너희에게 있는지 살펴보아야 할지라. 너희는 이러한 것들을 깊이 생각해 보아야 할지라. 너희가 온갖 분노와 미움, 증오로부터 깨끗하게 되면, 그 후에는 너희가 성냄과 불법과 폭력을 삼가, 이웃에게 어떤 것도 행하지 않으며 너희 마음에 그들을 향한 어떤 원한도 악의도 품지 않을 뿐만 아니라 악한 뜻에 영향을 받지 않게 되는 것만으로는 충분하지 않다는 지점에 이르러야 할지라. 다만 자비를 베풀며 살아야 할지라. 하나님을 너희 아버지로 경배하면서 서로에게 형제가 되어야 할지라." 이것이 바로 우리가 이르러야 할 지점인 것입니다.

그러므로 우리가 주목해야 할 것은, 만일 우리가 하나님의 율법을 통해 유익을 얻고자 한다면, 우리 안에 있는 악과 결함을 유의해 보고 그것들을 안타까워해야 한다는 것입니다. 게다가 그것들을 제거하려 애써야 합니다. 그런데 우리가 그렇게 해오고 있습니까? 더구나 이것이 우리가 해야 하는 전부가 아닙니다.

하나님은 우리로 하여금 이 세상에서 나태하게 살도록 하지 않으실 것이기 때문입니다. 우리를 창조하신 하나님은 악을 삼가는 것에 만족하지 않으십니다(돌이나 나무와 같은 감각 없는 것들도 그 정도의 수준은 되기 때문에). 우리는 힘을 다하여 선을 행해야 합니다.[190]

그러므로 우리 주님께서 이웃들의 생명을 귀하고 소중하게 여기도록

---

190) 시 34:14.

하시며, 동시에 궁핍에 처한 이웃을 돕지 않는 자는 그를 살인하는 것이나 마찬가지임을 보여주고 계시다는 것을 깨달아야 하겠습니다. 어떤 악한 뜻을 품거나 이웃을 남몰래 미워할 때뿐만 아니라, 심지어 궁핍에 처한 그들을 구하지 않을 때조차도 우리는 살인자가 되는 것입니다.

그들에게 우리의 도움이 필요할 때 그들을 위해 애쓰지 않는다면, 우리는 하나님 앞에서 책망 받게 될 것입니다. 그러므로, 우리는 이러한 경우에 더 이상 자만하지 말아야 합니다. 율법이 얼마나 엄격한지 우리는 알고 있기 때문입니다.

그렇다고 지나치게 엄격한 것은 아닙니다. 하나님은 우리를 그분의 형상대로 창조하셨으니 우리가 그분의 계명에 따라 사랑으로 하나되는 것을 어찌 거부할 수 있겠습니까? 혹은 하나님께서 우리에게 그런 끈으로 연합하게 하셨으니 그분을 아버지로 공경하여 우리가 형제되는 것을 어찌 거부할 수 있겠습니까?

하나님께서 우리를 그런 공평과 정의로 이끌었다고 해서 하나님이 우리에게 너무 엄격하시고 너무 무거운 짐을 지우셨다고 말할 수 있겠습니까? 아닙니다. 아무리 그렇다 할지라도, 우리는 자만하는 것을 경계해야 하겠습니다. 우리 주님이 우리로 하여금 힘써 서로 돕도록 하시고 그분이 하신 것처럼 우리도 이웃의 생명을 중히 여겨야 한다는 것을 알고 있기 때문입니다.

이제 우리는 이 "살인하지 말라"는 계명이 의미하는 바가 무엇인지를 깨달았습니다. 그렇다면, 우리로 하여금 그분의 뜻에 맞추어 갈 수 있도록 우리를 인도해 달라고 하나님께 기도하는 것 외에 우리가 할 수 있는 일이 무엇이겠습니까?

이는 그분의 말씀이 희미하다고 우겨대기 위한 것이 아닙니다. 혹은 기억할 수 없을 정도로 너무 많은 계명이 있다고 우겨대려는 것도 아닙니다 (하나님께서는 한 두 마디로 말씀하시고 어떤 변명도 할 수 없도록 간결하게 말씀하셨기 때문입니다). 더군다나 우리가 어디에서 시작해야 하는지 알지 못한다고 우겨대려는 것도 아닙니다. 이미 하나님께서 우리에게 그것을 보여주고 계시기 때문입니다.

즉, 우리가 그다지 심각하지도 치명적이지도 않은 죄라고 생각하며 익숙하게 해왔던 악을 행하는 대신에, 이와는 반대로 언제나 '내가 이웃에게 아주 작은 해를 입혔다 할지라도, 나는 하나님 앞에서 살인자야'라고 생각해야만 합니다. 우리가 악을 행하기를 사양하지 않을 때면, 마귀는 우리의 눈을 가리워, 단숨에 누군가를 죽이고 그 목을 자르기를 바라는 것만이 악이라고 생각하도록 만듭니다.

하지만 이것은 위험한 생각입니다. 심지어 우리 자신의 본성조차도 "죽여버릴 거야"라고 말할 정도로 미치광이가 되지 못하도록 우리를 억제하기 때문입니다. 하지만 어떤 사람이 우리를 불쾌하게 하여, 우리가 그에 대한 화를 더 이상 참을 수 없게 된다면, 그 때를 조심해야 합니다. 그 순간은 연기처럼 지나가 아무것도 아닌 것처럼 보입니다.

게다가, 어떤 원한을 품게 되었을 때, 같은 방법으로 복수하고 과도한 폭력을 행사하지 않는다면 용서받는다고 생각합니다. 더욱이 어떤 사람이 누군가를 때리기 위해 주먹을 쥐었다고 해봅시다. "체, 한 대밖에 안 때렸으니, 치명적인 공격은 아니야"라고 말할 것입니다. 이렇듯 많은 사람들이 자신을 사면합니다.

왜 그렇습니까? 그들은 자신의 죄를 너무도 경시하기 때문입니다. 하지만 우리는 하나님께서 우리에게 말씀하신 대로, 이와는 정반대의 방법을 견지해야 합니다. 즉, 우리가 누군가를 때리려 할 때나, 잘못을 행하려 할 때, 혹은 어떤 미움이나 원통함을 품고 있을 때면, 살인을 떠올리고 다음과 같이 생각해야 합니다.

'불쌍한 피조물이여, 너는 어디로 가고 있는 것이냐? 너는 너 자신을 어디로 몰아넣고 있는 것이냐? 너 자신을 하나님 앞에서 살인자로 만들려 하느냐?' 라고 말입니다.

그러므로 우리는 더 이상 우리가 어디에서 시작해야 하는지를 모르고 있다고 우겨대지 말아야 하겠습니다. 하나님께서 그것을 우리에게 보여주셨으며, 고의가 아닌 이상 아무것도 모를 수가 없기 때문입니다. 따라서 결국은 우리가 눈을 들어 너무도 분명하게 보았어야 했던 것을 보려 하지 않은 것뿐이라는 사실을 알게 될 것입니다. 그것이 바로 우리가 이 부분에서 깨달아야 할 바입니다.

더 나아가서, 하나님께서 사랑을 명하시고 우리가 필요할 때 서로를 도울 의무가 있다는 것을 보여주시기 전에 먼저 살인을 금하신 데에는 분명한 이유가 있습니다. 왜 그런 것일까요? 우리는 뿌리 채 뽑혀져야 할 악한 정욕으로 가득하기 때문입니다.

따라서 찔레와 가시로 가득한 땅이 파종하기 전에 깨끗케 되어야 하는 것처럼, 우리 역시 본래 우리 안에 있는 악으로부터 깨끗케 되어야 합니다. 그렇지 않으면 결코 서로를 사랑하며 살 수 없습니다. 한편 모든 사람들은 자신이 가지고 있는 능력을 잘 살펴보아야 합니다.

그리고 만약 내가 그 능력으로 이웃을 도와야 한다면, 하나님께서 나에게 주신 것은 나의 것이 아니라는 것, 다시 말해서, 다른 사람을 중히 여기지 않을 정도로 나 자신을 너무 많이 사랑해서는 안 된다는 사실을 확식해야만 합니다. 나의 도움을 필요로 하는 다른 사람들을 도울 능력이 나에게 있다면, 그들을 도와야 한다고 말입니다. 모든 사람들 사이에는 하나라는 일체감이 있기 때문입니다.

하나님께서 남자와 여자를 따로 있게 하셨을 때, 이는 따로 떨어져 살도록 하려 하셨기 때문이 아닙니다. 오히려 우리를 하나되게 하십니다. 이렇듯 하나님께서는 우리를 모으십니다. 그러므로 우리는 하나님께서 우리 가운데 있게 하신 일체감을 유지, 지속시켜야 하며, 우리의 혈육을 미워하는 본성과 싸워야 한다는 결론에 항상 다다라야 합니다.

하지만 믿는 자들 가운데에는 이보다 훨씬 더 중요하게 여겨야 할 것이 있습니다. 그들은 자신이 하나님의 형상대로 창조되었다는 것을 주시해야 할 뿐만 아니라, 우리 주 예수 그리스도의 지체라는 것을 기억해야만 합니다.[191] 그로 인해 모든 인류에게 공통적으로 존재하는 본성이라는 끈보다 훨씬 더 엄격하고 거룩한 끈이 있는 것입니다.

따라서 우리는 하나님께서 그의 백성 가운데 있게 하신 연합을 잊는 자들을 더욱더 혐오해야 합니다. 그들은 우리가 사탄의 부하들에게서 보는 바와 같이, 하나님의 교회의 몸을 분열시킴으로써 그분이 하나되게 하셨던 것을 갈라놓으려고만 하기 때문입니다.

그리고 그들은 악행만을 일삼습니다. 마치 고의적으로 하나님께 도전하려는 것처럼 말입니다. 이는 하나님께서 자신들로 하여금 사람들에게 매인바 되게 하시고, 그로 인해 자신의 유익(그들이 보기에)을 구치 않거

---

191) 엡 5:30.

나 혹은 자신의 생각대로 행치 않는 자들로부터 자신들을 구별하시기 때문입니다. 그토록 잔인하고 너무도 끔찍한 생각이 사람의 마음에 들어온다면, 그것은 마귀가 그 사람 안에 살며, 하나님의 영이 그를 조금도 다스리지 않는다는 증거가 아니겠습니까?

그렇습니다. 따라서 우리는 여기에 언급되어 있는 대로 즉, 모든 원한과 악의를 제거하고 이웃을 섬기며 하나님께서 우리에게 주신 능력에 따라 우리의 의무를 이행하기로 결심하고 이 같은 원리에 우리 자신을 맞추어 나가는 법을 배워야 하겠습니다.

게다가, 사악한 정욕(그것들이 깊이 숨겨진 것이라 할지라도)이 하나님 앞에서는 살인으로 간주된다면, 사람들이 도를 지나쳐 서로를 때리고 죽일 경우, 그 폭력과 불법은 어떻게 되겠습니까? 그들은 세상에 있는 그 어떤 이교도들보다도 악한 자들이 아니겠습니까? 그렇습니다.

하지만 그것이 무엇으로부터 기인한 것이든지 간에, 우리가 악행을 삼가는 동안에도 우리의 마음이 변화되지 않은 채 남아 있다면, 하나님의 학교에서 그다지 유익을 얻지 못했다는 것을 깨달아야 하겠습니다.

그러므로, 참된 그리스도인의 온전함이 어떤 것인지를 보여주기 위해서는, 마음속에 은밀히 사악한 뜻을 품는 것을 삼갈 뿐만 아니라, 이웃을 위해 힘을 다해 노력하는 참된 형제들이 되어야 합니다.[192]

그리고 은밀히 어떤 악한 뜻을 품는 것이 정당하지 않는 것일진대, 그 도를 지나쳐 때리고 죽이며 불법을 행하는 것은 더욱더 정당하지 않습니다. 그렇게 하는 자들은 난폭한 짐승들보다도 못한 자들인 것입니다.

게다가 그런 생각이 심지어 이방인들 사이에서, 그리고 인간의 법에 의해 책망 받을 일이라면, 하나님의 율법 앞에서는 더욱더 책망 받을 것입니다. 따라서 그분께 복종하는 법을 배워야 하겠습니다. 우리의 의지에 따라서가 아니라 우리 자신의 본성에 따라 말입니다.

하지만 그분은 영이시므로, 우리로 하여금 온전히 그분을 섬기도록 하실 것입니다.[193] 우리의 발과 손의 속박 외에도 우리의 마음 또한 그분을 따르도록 말입니다. 하나님께서 우리와 연합하도록 부르셨던 모든 자들과의 형제애를 지속하는 한, 그런 복종과 순종으로, 우리의 모든 노력이 우리의 행위에 의해 보여질 때, 우리는 그분의 참된 자녀가 됩니다.

이제 우리의 죄를 시인하며 우리의 선하신 하나님의 임재 앞에 무릎 꿇도록 합시다. 우리가 행했던 것보다 더 절실하게 그 죄를 느끼도록 해달라고 기도합시다. 그리고 그분께서 우리를 이웃과 하나되게 하셨다는 것을 깊이 상고합시다.

우리로 하여금 온갖 악하고 잘못된 행동을 절제함으로써 그분을 향한 우리의 경외함을 나타내도록 하시기를 바라신다는 것을 상고합시다. 우리가 쏘아 맞혀야 할 중요한 과녁과 같은 형제애로 서로를 사랑하며 살 수 있도록, 그분을 우리 아버지로 공경하며, 그분으로부터 그리고 그분의 성령으로부터 그분의 말씀에 근거하여 다스림 받을 수 있도록, 그리하여 우리가 그로 인해 점점 더 강건해 질 수 있도록 말입니다.

그분의 손길이 항상 우리에게 닿아 있다는 것을 알게 되면, 결국 우리는 그분의 보호 아래 나아가 그곳에 거할 것입니다. 하나님께서는 이러한 은혜를 우리뿐만 아니라 이 땅의 모든 민족과 나라에 부어 주시는 것을 기뻐하실 것입니다.

---

192) 벧전 2:17.   193) 요 4:24.

제 7 계명

간음하지 말지니라
(신 5:18)

제 7 계명

간음하지 말지니라
(신 5:18)

18 간음하지도 말지니라

그리스도인의 삶에 대해 말하고 있는 사도 바울은 하나님을 경외할 것을 권면하면서, 의로움과 근신함으로 살아야 한다고 덧붙이고 있습니다. 이와 동일한 내용이 율법의 두 번째 목록에도 언급되고 있다는 것에는 의심할 바가 없습니다.

그렇다면 우리 주님께서 두 번째 목록에서 명하신 것들을 준수하고자 하는 마음이 우리에게 있습니까? 그것은 누군가에게 신체상이나 재산상의 해를 가하지 않는 것만으로는 충분하지 않습니다. 이러한 의로움뿐만 아니라, 성실하고 정직하게 사는 것이 동시에 요구됩니다.

이는 다른 부분에서도 언급되어 있습니다. 제가 앞서 다루었던 디도서의 본문에서 사도 바울은, 우리가 우리 주 예수 그리스도의 은혜로 말미암아 구속받은 것은 우리로 하여금 이 세상에서 하나님을 경외하며 살도록 하기 위해서이며, 또한 근신함과 의로움으로 살도록 하기 위함이라고 말하고 있습니다.[194]

디모데서에서도, 선한 정부가 있어 관원들이 그들의 의무를 다한다면, 우리는 경건 중에 의롭고 성실하게 살게 될 것이라고 말하고 있습니다.[195] 여기에서 하나님을 경외한다는 것은 우리가 이전에 언급했던 영적 예배와 같은 것입니다. 즉, 그것은 전심을 다해 그분을 신뢰하고자 하고, 그분께 의탁하며, 그분께 합당한 경의를 표함으로써 드리는 순전한 경배를 말하는 것입니다.

그리고 이웃과 관련한 측면에서는, 서로에게 어떻게 행해야 하는지 아는 것을 말합니다. 이러한 것들이 바로 여기에서 하나님께서 규정하고 계신 두 가지 핵심 사항인 것입니다. 우선적으로 언급되고 있는 의로움이란, 누구에게도 폭력이나 재산상의 강탈이나 사기를 행하지 않는 것입니다.

그리고 나머지, 정직이나 근신, 성실이라는 이름으로 제정하신 것은, 우리의 삶에 방종이나 방자함, 음탕함, 불법이 없는 것을 말합니다. 우리는 하나님께서 살인을 금하신 계명을 해석하는 가운데, 그분이 의도하신 것은 우리로 하여금 온갖 불법과 해를 가하는 것을 삼가도록 하시는 것임을 알게 되었습니다.

그리고 그뿐만 아니라, 우리는 또한 이웃과 화목하게 살고자 해야 합니다. 누구도 고통받지 않고 말입니다. 그뿐입니까? 우리는 재산을 다루는 일에 있어서도, 도둑질을 하거나 이웃에게 불리한 거짓 증언을 해서는 안 된다고 주장해야 합니다.

그러한 것들 역시 공의나 의로움에 속하는 것이라고 단언해야 합니다. 결국 우리가 모든 사람의 권리를 지켜주려 한다면, 신체적인 해나 잘못을

---

194) 딛 2:12. 195) 딤전 2:2.

가하지 않아야 할 것입니다. 그리고 재산에 있어서도 마찬가지로, 그들의 소유 중 어떤 것도 도적질하려 하지 않아야 합니다.

그런데 여기에서 하나님께서는 간음을 금하는 법을 이 두 가지 사이에 끼워 놓고 계십니다. 그리고 이 간음이 근신이나 성실이라는 표현 하에 이해되고 있습니다.

결국 비록 우리가 누구의 재산도 도적질하지 않고, 살인자가 되지도, 다툼을 일으키는 자가 되지도 않는다 할지라도, 음란이나 방탕을 행하거나 더러운 관계를 갖는다면, 하나님께서 우리를 기뻐하지 않으실 것이라고 생각해야만 합니다. 의로움과 근신함은 불가분의 것입니다. 하나님께서 그것들을 율법 안에서 하나되게 하셨기 때문입니다.

그리고 우리는 하나님께서 사도를 통해 그것을 확고히 하셨다는 것을 알게 됩니다. 그 사도는 여기에서 간단하게 다루어지고 있는 것들을 풍부하게 설명하고 있습니다. 따라서 우리가 이 본문의 참된 의미를 알고자 한다면, 여기에서 하나님께서 우리에게 명하신 것이 무엇인가를 깨달아야 합니다.

즉 그것은, 성실하고 순결한 삶을 살아 우리 안에 부정이나 방종이 없도록 해야 한다는 것입니다. 그것이 바로 이 계명이 의도한 결과입니다. 사실 여기에서 명백하게 금하고 있는 것은 **"간음을 행하는 것"**입니다. 이는 다시 말해서, 다른 사람의 아내를 꾀어 통간함으로써 결혼의 맹세를 깨뜨리는 것을 말합니다.

하지만 우리는 제가 여기에서 다루었던 것을 다시한번 심사숙고해 보아야 하겠습니다. 즉, 하나님께서는 한가지 사항 아래 전체를 포함시키신다는 사실말입니다. 결국, 이 계명은 우리로 하여금 모든 형태의 성적 음행을 더욱 혐오하도록 하기 위해 우리가 본질적으로 거부해야 하는 것을 제정해 놓으신 것입니다.

이미 말씀드렸듯이, 사람들이 악을 행하고자 하는 꾀임을 받을 때면, 자신을 속이고 그 죄는 매우 사소한 것이라고 생각하게 되며, 그로 인해 그 작은 것에서부터 더 큰 것을 향해 나아갑니다.

따라서 이와 반대로, 두려움에 사로잡히도록 하기 위해, 하나님께서는 가장 가증한 죄를 우리 앞에 제시하고 계십니다. 그렇게 함으로써 우리로 하여금 미리 두려움을 갖게 하여 어떤 죄를 저지르는 것에 그리 쉽게 현혹되지 않도록 하고 계십니다.

이는 마치 이렇게 말씀하시는 것과 같습니다. "넘어질까 조심하라. 너희 목이 부러질까 함이라. 단지 미끄러질 뿐이라고 생각하지 말라. 그 넘어짐은 치명적인 것이 될 것이기 때문이라. 그러므로 주의하라"라고 말입니다. 따라서 여러분은 하나님께서 그분의 율법에 왜 그런 규례를 만드셨는지를 알게 되는 것입니다.

그리고 그분께서 왜 일반적인 모든 성적 음행에 대해서 말씀하시는 것이 아니라, 간음, 즉 결혼을 깨는 것에 대해 말씀하고 계시는지를 알게 됩니다. 그리고 이를 통해 우리는 인간의 삶 전체에서 거룩한 것으로 취급되어져야 하는 것이 있다면, 그것은 바로 남편이 아내에게, 그리고 아내가 남편에게 맹세했던 서약이라는 것을 알게 됩니다. 실로 우리가 했던 모든 언약과 약속은 신실하게 지켜져야 합니다.[196]

그 모든 것들을 비교해 보았을 때, 결혼이 하나님의 언약이라 불리는 데

---

196) 시 15:4.

에는 분명한 이유가 있음을 알게 됩니다. 잠언에서, 솔로몬이 하나님은 결혼의 주인이시고, 따라서 남편이 아내에게 했던 약속을 깬다면 그는 단지 아내에게 뿐만 아니라 하나님에게도 약속을 저버린 자가 된다는 것을 보여주고 있기 때문입니다.[197]

여자의 경우도 마찬가지입니다. 그녀가 잘못을 행하면, 그것은 남편에게 뿐만 아니라 살아 계신 하나님께도 행한 것입니다. 그분께 맹세한 것이기 때문입니다. 그분이 결혼생활을 제정하셨고 그것을 창시한 분이시므로, 하나님께서는 그것이 지속되도록 하실 것입니다. 그러므로 우리가 "간음"이라는 말을 들을 때면, 이를 지독히 혐오해야 합니다. 그것은 하나님께서 결혼으로 묶어주신 거룩한 끈을 고의로 깸으로써 그분께 명백히 도전하는 것이기 때문입니다. 마치 정신나간 짐승처럼 말입니다.

이로써, 우리는 하나님께서 성실이란 것을 어떤 것이라 여기시는지 알게 됩니다. 왜 그렇습니까? 하나님께서 우리로 하여금 근신하고 순결하며 온화하도록 하시고자 할 때, "너희가 정직하고 성실히 행하지 않으면, 간음을 행한 자들보다 결코 낫지 못하나니, 다시 말해서, 너희가 어떤 변명으로 사람을 속일지라도, 아무리 너희의 잘못을 작고 사소한 것으로 만들지라도, 나는 너희를 혐오하노라. 너희는 악취를 풍기고 있으며, 내 눈에 너희의 삶 전체는 오염되었기 때문이라"라고 말씀하고 계시기 때문입니다.

그러므로 제가 앞서 말씀드렸던 것과 같이, 이 계명은 우리 스스로를 성실하고 순결하게 하도록 엄중히 명하고 있는 것임을 깨닫게 합니다. 이로써 사람들이 혼란과 불법으로 가득하면서도 누구에게도 잘못을 행하지

---

197) 잠 2:17.

않았다고 말하는 것이 얼마나 어리석은 변명인가 하는 것이 드러납니다. 우리 주님은 본인 스스로가 어떤 목적으로 그렇게 말씀하신 것인지를 너무도 잘 알고 계시기 때문입니다.

그것은 그분의 혀가 짧기 때문이 아닙니다. 조리 있게 말씀하시는 법을 알지 못하시기 때문도 아닙니다. 이는 사람들이 성적 음행과 음란을 그저 사소한 문제일 뿐이라 여길 경우, [그러한 생각까지 심판할만한] 또 다른 심판대가 있다는 것을 보여주려 하신 것입니다.

즉, 하나님께서는 부정직하고 음란하게 행동한 모든 자들을 간음자라 책망하시고 저주하실 것입니다. 그러므로 여기에서 "간음하지 말라"라고 하신 말씀을 더욱 심사숙고해야 합니다. 그리고 동시에, 이 계명이 함축하고 있는 의미까지 추구해야 합니다.

우선 (제가 앞서 말씀드렸던 것과 같이) 하나님께서는 결혼생활이 거룩하게 지켜지도록 하셨다는 것을 깨달아야 하겠습니다. 우리 개개인과 우리의 삶은 그분께 있어 소중한 것입니다. 따라서 하나님께서는 남자와 그 아내 사이에 맺어진 서약과 약속이 그 가치를 지속하도록 하실 것이며, 결혼과 같은 성스러운 것이 수치와 비난을 받도록 하지 않으실 것입니다. 때문에 누구도 이웃의 아내를 음란한 눈으로 바라보지 말아야 합니다. 왜 그렇습니까? 하나님께서 이미 그녀를 남편과 부부가 되게 하셨고, 그녀의 남편으로 하여금 그녀를 보호하도록 하셨기 때문입니다.[198]

그리고 우리가 악한 행위를 생각하거나 어떤 부정한 욕망을 느끼게 될 때면, 우리에게 말씀하셨던 것을 상기하여 이를 두려워하게 함으로써, 그

---

198) 창 20:16.

런 생각을 떨쳐버리도록 하기를 원하십니다. 즉 그분의 이름으로 결합된 거룩한 일체감을 깨는 자들에게는 하나님께서 보응하실 것에 대한 두려움 말입니다.[199] 남편과 관련하여 여자 역시도 마찬가지입니다. 아내 역시 결혼한 남자를 보았을 때 사악한 욕망을 가져서는 안됩니다.

왜 그렇습니까? 하나님께서는 그녀에게 짝을 지정하여 주셨기 때문입니다. 우리의 창조주에게 대항하여 전쟁을 일으킬 셈이 아니라면, 우리 모두는 배우자와 함께 자신의 가정 안에 거해야 합니다. 그리고 하나님께서 창시자이시므로, 그 규례는 조금의 침해도 없이 유지되어야만 합니다. 우리는 이 점을 중요하게 여겨야 합니다.

하지만 이 밖에도, 우리는 항상 하나님의 속성으로 돌아와야 합니다. 그리고 그분은 세상의 입법자가 아니시라는 것을 기억해야만 합니다. 세상의 입법자는 단지 겉으로 드러난 행동만을 금할 뿐, 음탕한 정욕은 상관하지 않습니다. 하지만 하나님은 어떠한 외식도 인정하려 하지 않으십니다.[200] 그분은 우리와 같지 않으시기 때문입니다. 사람은 스스로 죄를 인식하지 못하면 그것에 만족합니다.

하지만 우리의 마음을 감찰하시는 하나님께서는 예레미야서에 기록된 것처럼 참된 것을 중요하게 여기십니다.[201] 따라서 율법을 통해 그분이 의도하신 바는, 단지 우리 육신만 억제하라는 것이 아닙니다. 우리의 영에 특별한 관심을 두십니다.

그러므로 하나님께서 단지 행위만을 금하시어, 결혼생활이 어떤 실제적인 행위에 의해 깨지지 않도록 하신 것만은 아니라는 것에 주목해야 하

---

199) 잠 2:17.   200) 삼상 16:7.   201) 렘 5:3.

겠습니다. 그분은 모든 사악한 욕망과 정욕까지 금하고 계십니다. 이 때문에 우리 주 예수 그리스도께서는, 다른 사람의 아내를 사악한 눈으로 바라보는 자는 이미 하나님 앞에서 간음을 행한 것이라고 말씀하고 계신 것입니다.[202] 그런 자가 인간의 법에 의해서는 비난을 받거나 간음죄로 처벌받지 않겠지만, 이 계명을 어긴 것이므로 하나님 앞에서는 이미 책망 받을 자인 것입니다.

따라서 우리가 이 간음이라는 단어를 들을 때면, 이는 매우 심각하게 책망 받을 일이므로, 실제적인 행위와 관련한 모든 성적 음행을 삼갈 뿐 아니라, 우리의 생각과 마음을 순결하게 지킴으로써, 눈과 마음 모두 더럽히지 않아야 한다는 것을 깨달아야 하겠습니다.

사도 바울이 결혼하지 않은 자들은 어찌하면 하나님을 기쁘시게 할까 하는 것에 마음 써야 한다고 말하면서, 참된 순결이란 스스로의 몸과 마음 모두를 정결하고 깨끗하게 보존하는 것이라고 규정하고 있기 때문입니다.[203]

그는 성적 음행으로 몸을 더럽히지 않는 자들이 순결한 자들이라고 말하고 있지 않습니다. 몸과 마음 모두를 더럽히지 않으려 하는 자들이 바로 순결한 자들입니다. 그러므로 이렇듯 하나님께서 온갖 간음을 얼마나 저주하시고 혐오하시는지를 깊이 생각해본다면, 이에서 더 나아가 온갖 형태의 성적 음행과 관련해서도 동일한 결론에 이르러야 합니다.

사실 결혼생활의 맹세를 깨뜨리는 자는 이중적인 범죄를 저지른 것이며, 그것은 이미 말씀드렸던 대로 너무도 가증스러운 일입니다. 하지만 우리는 항상 이 지점으로 돌아와야 하는 데, 즉 하나님께서 의도하신 바

---

202) 마 5:28. 203) 고전 7:34.

는 사람들이 결혼을 저버리는 어떠한 범죄도 저지르지 않는 것뿐만 아니라 짐승과 같이 지내지 않는 것입니다. 그리하여 성적 음행이 만연하고, 결혼하지 않은 사람들이 이성 없는 짐승들처럼 그들이 만난 모든 사람들과의 음란한 행위에 쉽게 빠지지 않도록 하는 것입니다. 우리는 몸과 마음 모두를 정결하고 깨끗하게 해야 합니다.

기록에 의하면, 우리의 영혼뿐만 아니라 우리의 몸까지도 성령의 전이기 때문입니다.[204] 방금 우리가 증거한 대로 말입니다.[205] 그리고 사도 바울이 고린도인들에게 그들 사이에 행해진 간음과 음행은 너무도 수치스럽고도 책망 받을 일이라고 말했을 때 바로 이렇게 말했습니다. (그가 말하기를) "너희는 너희 몸이 성령의 전인 줄을 알지 못하느냐?"라고 했습니다.

보십시오, 하나님은 연약한 그릇일 뿐만 아니라 부패한 시체이며 흙에 불과한 우리의 이 곤고한 육체를 택하시어 영화롭게 하셨습니다. 하나님께서는 우리가 그런 존재임에도 불구하고, 그 육체를 영화롭게 하시어 그분이 거할 수 있도록 그분의 성령의 전으로 만들어 주신 것입니다.

그런데도 우리는 여전히 그 육체에 음탕하게 빠져 그것을 돼지우리로 만들려 하고 있단 말입니까? 어떻게 그런 패역을 저지를 수 있습니까? 게다가, 그것이 전부가 아닙니다. 사도 바울이 우리를 어디로 인도하려 하는지 유의해서 살펴보아야 하겠습니다.[206]

우리의 몸은 예수 그리스도의 지체입니다. 따라서 만일 누군가 자신의

---

204) 고전 6:19.
205) 그가 이렇게 말한 것은, 오늘 설교에서 결혼은 엄숙한 것이라고 말했기 때문이라는 것을 유의하라.
206) 고전 6:15.

몸을 성적 음행에 내어주면, 그것은 그리스도의 몸을 갈기갈기 찢어버리는 것과 같은 것입니다. 분명 우리는 모든 순결함의 근원이신 하나님의 아들을 우리의 더러움, 불결함과 뒤섞을 수 없기 때문입니다.

그러므로 이제 어떤 사람이 자신을 음행에 던져버린다면, 그것은 우리 주 예수 그리스도의 몸을 힘껏 조각조각 찢는 것과 같습니다. 그렇다고 해서 우리가 실제로 그렇게 할 수 있는 것은 아닙니다. 하나님의 아들은 우리로 인해 그렇게 더럽혀질 수 있을 정도로 우리의 영향을 받는 분이 아니시기 때문입니다. 하지만 그분을 거스르고 그런 무례를 범했으므로, 우리는 패역의 죄를 짓는 것이 되는 것입니다.

따라서 하나님께서는 우리 모두로 하여금 그분을 위해 결혼의 맹세와 서약을 지킬 뿐만 아니라, 순결하고 정숙한 삶을 살아가도록 하신다는 것을 알아야 하겠습니다. 그리고 부정하거나 불결한 것에 대한 고삐를 늦추도록 하지 않으신다는 것을 알아야 하겠습니다. 왜 그렇습니까? 제가 진술했던 여러 이유들이 우리를 그렇게 하도록 만들어야 합니다. 그러므로 간음과 관련하여 이미 말씀드렸던 바를 살펴보십시오. 그리고 오늘날의 경우에도 그것을 동일하게 적용해야 하겠습니다.

즉, 마귀가 우리를 어떤 음란으로 유혹할 때면, 성실함으로 우리의 이성을 통제해야 합니다. 그 유혹을 항상 물리쳐 우리 안에 들어올 수 없도록 할 만한 그런 성실함으로 말입니다. 어떤 이방인[207]이 손을 자제하는 것(다시 말해, 약탈과 불법, 잘못된 행위를 삼갈 수는 있습니다)만으로는 충분하지 않다는 것을 설득력 있게 말한 바 있습니다. 보는 것도 자제해야

---

207) 페리클레스(Pericles).

한다는 것입니다.

다시 말해서, 어떤 음란한 시선도 주지 말아야 한다는 것입니다. 이와 같이 눈멀고 무지한, 불쌍한 사람들조차 우리에게 많은 것을 가르칠 수 있다면, (제가 앞서 말씀드렸던 것처럼) 하나님께서 더 영화롭게 하시어, 그분 자신을 위해 영혼뿐만 아니라, 완전히 타락했고 (우리가 알 듯이) 그 안에는 부패함밖에 없는 육체까지도 회복시키셨다고 하는 우리는 어떻게 되겠습니까?

이렇듯 하나님께서는 그분 자신을 위해 우리의 육체를 취하셨고 그 안에 거하기를 허락하셨습니다. 우리로 하여금 그분이 거하시는 장소가 되게 하시고 거룩한 전이 되게 하셨습니다. 따라서 우리로서는 하나님을 우리에게서 몰아 낼만한 불결함과 부정을 저지르지 않으며 조심스럽게 살아가는 법을 배워야 하지 않겠습니까?

게다가 우리는 사도 바울이 말한 바, "다른 모든 죄마다 사람의 몸밖에 있거니와 음행하는 자는 자기 몸에게 죄를 범하느니라"[208]라고 한 것을 상기해야만 합니다. (성경에 언명된 것처럼) 강도나 도둑질은 분명 우리의 손을 더럽힙니다. 이사야 선지자가 이에 대해 우리가 누군가에게 죄를 범하면, 피묻은 손을 갖게 될 것이라고 말할 정도로 말입니다.[209]

하지만 사도 바울은 음행이 더 수치스러운 것이며 그것을 더욱 조심해야 한다는 것을 잘 알고 있었습니다. 그래서 그들에게 음행으로 인한 흔적은 몸에 새겨지므로, 그의 몸은 그것으로 인해 책망 받게 된다고 말하고 있는 것입니다. 우리는 틀림없이 우리의 명예를 지키기 위해 물불을

---

208) 고전 6:18.   209) 사 1:15, 59:3.

가리지 않을 것입니다. 누군가에 의해 그 명예가 훼손되거나 더럽혀진다면 매우 가슴 아파할 것입니다.

그런데도 왜 우리는 그 명예를 그토록 가벼이 여기어, 하나님 앞에서, 천사들 앞에서, 그리고 사람들 앞에서 악평을 얻음으로써 이를 훼손하고 더럽히는 것입니까? 따라서 우리는 이러한 사실을 마음 깊이 간직해야 하겠습니다.

그렇게 마음 깊이 간직하면 우리 안에서 그런 연약함을 발견하게 되고, 마귀가 끊임없이 우리를 유혹할지라도 스스로를 제어하게 될 것입니다. 게다가 이러한 사실은 우리의 몸뿐만 아니라 마음까지도 앞서 말한 순결함으로 돌이킬 수 있도록 하는 고삐가 될 것입니다.[210]

더욱이 우리는 기록된 바와 마찬가지로, 누구도 헛된 말로 자신을 속이지 말아야 한다는 것을 유념해야 합니다.[211] 그로 인해 하나님의 진노가 불신자들에게 임하기 때문입니다. 사람들이 자만하기 시작한 것이 어제오늘의 일은 아닙니다.

그리고 음행을 저지르는 것이 그토록 중요하고 치명적인 죄는 아니라고 주장하는 것 역시 어제오늘의 일이 아닙니다. 그렇지만, 우리는 이러한 자들이 음행을 선천적인 죄이며 그다지 중요하지 않은 문제라고 칭함으로써, 하나님을 조롱하고 있다는 것을 알고 있습니다. 그런 식으로 말하는 음탕한 돼지들이 있습니다.

이 때문에 사도 바울은 "누구도 너희를 속이지 못하게 하라"고 말하고 있는 것입니다. 그 당시에도 그런 자들이 하나님을 멸시하는 말을 입밖에

---

210) 고전 6:20.　211) 엡 5:6.

내었습니다. 그리고 많은 이들이 자기 위로를 일삼는 세상의 방법을 좇아 그런 말들에 현혹되었습니다.

사도 바울은 "누구든지 그런 거짓말로 너희를 속이지 못하게 하라"라고 말하고 있습니다. 왜 그렇습니까? 음행은 하나님 앞에서 가증한 것이기 때문입니다. 사도 바울이 고린도전서 10장에서 인용하고 있는 것처럼,[212] 하나님께서는 그러한 음행에 징계를 내리심으로써[213] 그것이 가증한 것임을 보여주고 계십니다. 그 본문에서 그는 이러한 예를 제시하고 있습니다.

즉, 많은 사람들이 음행으로 인해 죽었고, 그것을 통해 하나님께서 음행을 참지 않으신다는 것을 나타내셨습니다. 사람의 목숨은 하나님 보시기에 귀중한 것입니다. 그것은 어제 살펴본 바와 같습니다. 그들은 그분의 형상대로 지음 받은 피조물이기 때문입니다.

그런데도 이만 이 삼천 명의 사람들이 그렇게 죽임을 당했고 하나님께서 그만큼의 자신의 형상을 파괴시키셨습니다. 다시 말해서 그분이 만드신 피조물들을 죽이신 것입니다. 따라서 그것은 무서운 하나님의 보응의 불꽃이 타올랐던 것이라고 말할 수 있지 않겠습니까? 물론입니다. 그렇다면 왜일까요? 바로 음행 때문인 것입니다.

그러므로 우리는, 도를 넘어서는 엄격힘을 보이신 적이 없는 하나님께서 음행에 대해서는 그토록 엄히 벌하셨던 것으로 보아, 마치 그것이 가벼운 죄이고 쉽게 용서받을 수 있는 것인 양 스스로를 속이지 말아야 한다는 결론을 내려야 하겠습니다.

오히려 하늘의 심판자 앞에서 그것을 평가받게 될 것임을 확신해야 하

---

212) 고전 10:8. 213) 민 25:9.

겠습니다. 비록 사람들은 우리를 용서하고 우리 스스로 생각하기를 그것은 단지 부정하고 음탕한 놀이에 불과하다고 할지라도, 하나님께서는 분명 손을 대십니다.

따라서 우리는 그분과 그분이 우리에게 주신 일례를 주의하여 살펴봄으로써, 그분을 두려워하고 힘을 다해 모든 흠으로부터 자신을 지킬 수 있어야 하겠습니다. 이로써 여러분은 실제로 율법의 이 일곱 번째 계명이 어떻게 이해되어야 하는지를 알게 되었습니다.

즉 우리는 음란과 무절제로 우리 자신을 더럽히지 말아야 하는 것입니다. 이렇게 해서 우리가 우리 몸과 우리 영혼을 순결하게 지키려 하게 되었다면, 또한 우리를 음행으로 유혹하는 기회 역시 피해야만 하지 않겠습니까? 물론입니다.

따라서 우리는 방종하는 행위가 사탄의 덫에 자신을 내던지는 것 외에는 아무 것도 아니라는 것을 유념해야 하겠습니다. 그리고 비록 그들이 그 방종으로 인한 세상적 책망은 면하게 된다 할지라도, 이미 하나님 앞에서는 간음자에 해당하는 것입니다.

이러한 사실을 잘 숙고해 본다면, 의복이나 몸짓, 말에서 더 이상 음란함을 보지 않게 될 것입니다. 그것이 세상에서는 흔한 일이고 그런 면에서 매우 많은 자유를 허락 받고 있을지라도 말입니다. 남자와 여자가 서로를 유혹하고 음란한 미끼를 놓을 목적으로 옷을 차려 입는다면, 그렇게 하는 것이 바로 음탕한 계략이 아니겠습니까?

사실 그들은 "나는 음행을 저지르지 않았다"라고 변명할 것입니다. 하지만 그들은 사탄에게 스스로를 먹이로 내어주고 있는 것입니다. 그리고 자신들뿐만 아니라 힘을 다해 다른 사람들까지 끌어들이고 있는 것입니다. 따라서 그것들 역시 하나님 앞에서는 일종의 음행인 것입니다.

그리고 복장에 사용된 모든 방종과 사치는 남자를 유혹하기 위해 덫을 놓는 것일 뿐입니다. 몸짓과 말 역시 마찬가지입니다. 남자와 여자가 서로에게 익숙해짐으로써 사탄에게 틈을 열어주기 위해 자주 교제를 하여, 결국 사탄의 올가미에 걸려들고, 그에게 스스로를 노예로 넘겨주게 되면, 그것은 결국 하나님 앞에서 음행을 저지르는 것이 됩니다.

그리고 비록 아무런 행동도 하지 않고 음행이라 단정지을 만한 어떠한 것도 없을지라도, 하나님께서는 그런 행위들을 처벌하지 않은 채 그냥 두지 않으실 것입니다. 바로 음행을 시도했다는 것이 너무도 명백하기 때문입니다.

결국 이런 저런 행위에 악을 행하려는 의도가 전혀 없었으므로 그것은 악한 것이 아니라고 말함으로써 스스로를 변명하려는 것은, 너무도 어리석고 유치한 방법이라는 것이 분명해집니다. 춤추고 방탕한 생활을 즐기는 자를 예로 들어봅시다. 음행을 저지르지도 않았는데 그것이 악한 것입니까?라고 그들은 말합니다.

사실 그렇습니다. 그것은 계획적으로 하나님을 조롱하는 것과 같기 때문입니다. 그분을 괴롭히기 위해 눈속임하면서 동시에 그것이 악인지 아닌지 알아 맞혀보라고 그분을 시험하고 있는 것이기 때문입니다.

춤추는 것은, 일부러 사탄에게로 가는 문을 열어주며 그가 담대히 들어올 수 있도록 그를 향해 크게 외치는 행위인, 음행으로 가는 서문이나 마찬가지라는 것은 잘 알려진 사실입니다. 그것이 바로 춤의 결과이며 본질인 것입니다.

만일 여러분들이, "나에게는 전혀 악의가 없었다"라고 말한다면, 그것은 하나님을 거짓말쟁이로 만드는 것입니다. 보십시오, 사도 바울은 음란한 말이 선한 행실을 더럽힌다[214]고 고백하고 있습니다. 게다가 그는 우리를 더욱 부끄럽게 만들기 위해 어떤 이방인[215]의 말을 인용하고 있습니다.

만일 우리가 사도 바울의 교훈을 받아들이지 않는다면, 불쌍한 이교도들과 우상숭배자들의 학교에 가야 하겠습니다. 그들 역시 부정한 말이 선한 행실을 더럽힌다는 것을 매우 능숙하게 설명해 줄 수 있기 때문입니다. 이렇듯 사람들의 혀는 타락하고 음란한 말로 오염되어 있으며, 그들의 행동과 말은 헛된 것일 뿐만 아니라, 철저한 부정의 증거이자 표시일 뿐입니다.

이러할진대, 이러한 상황에서 그들이 자신들에게는 악의가 전혀 없었다고 말한다면, 그것은 성령의 명백한 모순이 아니겠습니까? 그렇습니다. 그러므로 우리는 모든 음행이 금지되었다는 것은, 우리의 말과 몸짓 모든 면에서 정숙하게 행동해야 한다는 것을 의미한다는 것을 유념해야 하겠습니다.

그리고 우리 안에는 음행이나 음탕함으로 가기 쉬운 방종의 여지가 있어서는 안 된다는 것을 의미합니다. 사실 깨끗한 양심을 가진 자들에게는 모든 것이 깨끗합니다.[216] 하지만 그럼에도 불구하고 우리는 사탄이 우리를 덮치지 않도록 경계해야 합니다. 그가 우리에게서 어떤 여지를 발견하지 않도록 말입니다.

그러므로 여러분은 이것을 깊이 숙고해야 합니다. 즉, 우리는 음행뿐만 아니라 그에 필적할 만한 모든 것과 그것의 온갖 부속물, 그것과 가까운

---

214) 고전 15:33.　215) 메난더(Menander).　216) 딛 1:15.

모든 것, 그리고 우리를 그리로 유인하고 유도할 만한 모든 것을 조심해야 합니다. 요컨대, 우리는 사도 바울에게서 인용했던 것으로 돌아와야 합니다. 즉, 우리는 누구에게도 그 사람 자신이나 재산상의 해를 입혀서는 안됩니다. 그러므로 우리는 성실하게 살며, 모든 방종과 난잡함을 삼가야 합니다.

그리고 온갖 음란한 말과 춤과 그 외의 부정한 행동이 일종의 음행으로서 하나님 앞에서 책망 받는 것처럼, 다른 모든 단정치 못한 행동들 역시 책망 받는다는 것을 유념해야 하겠습니다. 여러분은 야만적인 짐승처럼 마셔대는 술고래와 같은 사람들을 볼 수 있을 것입니다. 폭발할 정도로 잔뜩 마시게 되면, 그들은 수치스러움을 깨닫지 못한 채 다시 제정신으로 돌아올 때까지 온갖 추악한 행실에 스스로를 내던집니다.

그 결과 사람들이 짐승처럼 술고래와 탐식자가 되어 자신의 몸을 온갖 악행에 내던집니다. 그런데도 우리는, 그들이 실제로 음행을 저지른 것은 아니므로, 하나님의 손을 벗어날 수 있을 것이라 여기는 것입니까? 간음자로 저주받게 되지는 않을 것이라 생각하는 것입니까? 그렇습니다. 우리는 그렇게 생각하고 있습니다.

그렇다면 여러분은 바울이 이야기한 근신함이 우리에게 무엇을 말해주고 있는 것인지 깨달아야 합니다. 이는, 우리가 하나님 앞에서 순결하고 성실하고자 한다면, 음행 그 자체를 삼갈 뿐만 아니라 먹고 마심에 있어서 역시 근신하여 우리의 참된 양식이 되도록 해야 한다는 것입니다.

스스로를 더 이상 통제할 수 없도록 만드는 탐욕을 불러일으키지 않도록 해야 한다는 것입니다. 그것이 바로 우리가 한층 더 유념해야 할 바입니다. 그렇다면 이런 주장이 있을 수 있을 것입니다. "그렇다면 우리의 육신 안에 있는 연약함을 생각해 볼 때, 우리가 어떻게 그 모든 부정한 것을 삼갈 수 있겠습니까?"라고 말입니다.

우리는 사람들이 얼마나 스스로를 절제하지 못하는지 알고 있기 때문입니다. 그리고 그것을 통해 우리의 본성이 얼마나 죄로 가득한 지를 잘 나타내 보여주고 있기 때문입니다.

사실 사람들은 순결할 수 없습니다. 만일 그분께서 특별한 은사를 통해 우리를 보호해주시지 않는다면 말입니다. 우리 주님은 우리가 그것을 통해, 즉 무절제한 육신을 통해 아담이 지은 죄의 저주를 느끼기를 원하시기 때문입니다.

기록에 따르면, 그 은사는 모든 사람들에게 동일하게 주어지는 것이 아닙니다.[217] 따라서 사람들은 하나님께서 자신에게만 주신 것이 무엇인지를 깊이 생각해 보아야만 합니다. 그리고 하나님께 더욱 많이 매인바 되어 있다는 확신을 가지고, 그분이 주신 은사를 사용해야 합니다.[218] 하지만 어쨌든 간에, 자신을 절제할 수 없는 모든 자들을 위한 대비책으로 결혼이란 것이 예비되어 있습니다.

하나님께서는 우리가 얼마나 연약한 존재인지에 대한 증거를 남겨놓으시기 원하시지만, 그럴지라도 이를 위한 합당한 대비책을 마련해놓으신 것입니다. 남자가 육적으로 연약한 것일까요? 아니면 여자의 경우가 그런 것일까요? 어느 경우이든 간에 실로 그것은 악인 것입니다.

그리고 그것이 선천적인 경향일지라도(실로 그것은 아담으로부터 받은 타락한 본성에서 유래한 것입니다), 그 자체로 책망 받게 될 것입니다. 무

---

217) 고전 7:7. 218) 고전 7:9.

절제는 하나님께서 우리로 하여금 그분의 흔적을 지니고 천사와 같이 되도록 하기 위해 인류에게 주셨던 뛰어난 존엄성과는 거리가 먼 것입니다. 육체를 함부로 사용하는 것은 죄인 것입니다.

그런데도, 우리 주님께서는 우리를 참으시고, 한가지 방법을 정하시어 그것을 통해 악이 우리 안에 들어와 죄로 전가되지 못하도록 하셨습니다. 분명 육신을 절제하지 않는 것은 그 자체가 죄이며 가증스러운 것입니다. 하지만 결혼으로 인해 그것이 가리어진다면 하나님 앞에서 그 죄가 우리에게 전가되지 않을 것입니다.

따라서 헌신된 자가 스스로를 억제할 수 없어 그것으로 인해 하나님께 기도하고 있다면, 개나 소, 혹은 난폭한 짐승처럼 제멋대로 행하며 음란하게 살지 않도록, 그에게 아내를 취하게 하십시오. 하나님께서 정하신 방법을 따라 결혼생활을 하게 되면 그의 악은 가리어지고 숨겨지게 됩니다. 그리하여 그것이 심판대에 오르지 않게 됩니다.

그리고 거기에서 우리는 우리 하나님의 측량할 수 없는 선하심을 보게 됩니다. 그분은 우리 안에 이런 악을 남겨두시어 그것으로 인해 우리가 수치를 느끼도록 하셨습니다. 하지만 그럼에도 불구하고 한 선한 방법을 정하시어 그것으로 그 악을 숨기셨습니다.

그리고 사람들은 여전히 부정함에도 불구하고 하나님 앞에서 그리고 그분의 심판의 자리 앞에서 그것으로 인해 책망 받지 않도록 하셨습니다. 그렇게 그들을 결혼이라는 굴레 안에 거하게 하셨습니다. 모든 부정은 불법이기 때문입니다.

예를 들어, 어떤 사람이 아내를 너무 자주 바꾸거나 혹은 그 아내가 남편을 자주 바꾼다면, 그들은 자신들의 침소를 매음굴로 만드는 것이나 마찬가지입니다.

하지만 하나님을 경외함으로 인해 아내와 성실하게 지낸다면, 비록 성적 행위는 수치스러운 것일지라도, 그것으로 인해 하나님 앞에서나 천사들 앞에서 비난이나 부끄러움을 당하지 않습니다. 왜 그렇습니까?

이는 결혼이라는 은닉처가 불결하고 부정한 것을 거룩하게 만들어 주기 때문입니다. 더럽고 추악한 것을 깨끗하게 만들어 주기 때문입니다. 우리 주님은 그런 대비책을 정해주실 정도로 자비로우십니다. 그러므로 우리가 그 대비책을 사용하지 않는다면 이는 더욱 음란하고 배은망덕한 것이 아니겠습니까?

그러면서 도리어 하나님은 그들의 필요에 대비해 아무 것도 마련해두지 않으셨다고, 혹은 우리의 질병을 치유하는 선한 치료자의 역할을 감당하지는 않으신 채 오히려 우리가 아는 것처럼 우리를 훼방하기만 하셨다고 주장하는 사람들의 그런 핑계들을 저버리지 않는다면, 정말로 배은망덕한 것이 아니겠습니까?

우리 주님은 이런 면에서 우리를 구해주시고, 거룩한 결혼을 제정하시어 금욕의 은사를 받지 않은 사람들이 온갖 악에 빠지는 것을 막으셨습니다. 따라서 우리는 연약하다는 잔꾀를 삼가야 하겠습니다. 그것이 바로 우리가 주목해야 하는 바입니다.

그리고 이와 관련하여, 남자와 여자가 하나님을 경외하고 절제한다면 결혼이라는 테두리 안에서 그 침소가 거룩하게 된다고 기록한 사도의 말을 유념해야 하겠습니다.[219] 침소는 당연히 수치스러운 것입니다. 그런데

---

219) 히 13:4.

도, 우리 주님께서 이 모든 것을 거룩하게 하셨습니다.

그 사도가, 만일 하나님께서 눈감아주시지 않았다면 사람 앞에서조차 수치스러울 일을, 하나님 앞에서 거룩한 것이라 일컬은 것은 결코 작은 문제가 아닙니다. 반면에 그는 하나님께서 모든 간음자들에게 저주와 보응을 내리실 것이라 선언하고 있습니다.

이를 들은 우리로서는, (만일 필요하다면) 이 거룩한 그림자로 우리 자신을 가리는 법을 배워야 하겠습니다. 우리의 수치스러운 행위가 하나님과 그분의 천사들 앞에서 저주받고 책망 받지 않기 위해서 말입니다.

그리고 이와 더불어 모든 간음자들과 행음자들에게 내리신 이 무시무시한 선고를 두려워해야 하겠습니다. 게다가 만일 누군가가 결혼하지 않은 채 이를 견뎌낼 수 있다 할지라도, 그들에게 주의를 주어 단지 잠시동안만 그렇게 하도록 해야 하겠습니다.[220] 하나님께서 자신들에게 절제의 은사를 주셨다는 증거를 발견하지 못할 경우, 그분께서 그런 그들을 위해 제정해 주셨던 대비책을 거절하지 않도록 말입니다.

그러므로 결혼을 하지 않은 자들은 하나님께서 그 상태에서 그들을 불러내어 결혼을 하도록 하실 때면 언제든 복종할 수 있도록 준비되어 있어야 하겠습니다. 반면 여기에서 우리는 사탄이 거룩이라는 허울 아래 모든 질서를 뒤바꾸어 놓고 있다는 것을 깨닫게 됩니다. 그리고 세상 또한 그것으로부터 너무도 혐오스러운 것이 기인했다는 것을 알게 됩니다.

즉, 교황제도에서는 결혼하지 않은 채 사는 것이 가장 완전무결한 덕인 것처럼 보입니다. (수도사들이 말하기를) 완전한 상태는 결혼하지 않은

---

220) 고전 7:5.

상태입니다. 신부들은 자신들이 하나님께 바쳐진 자들이라고 말합니다.

(그들이 말하기를) 우리는 성직자들이며 이른바 교회의 정수입니다. 따라서 우리는 세상의 일반적인 더러움으로부터 구별되어져야 합니다. 그리하여 교황제도에서는 사람이 결혼을 포기하면 하늘의 천사들에게 가까워지는 것으로 간주되는 것입니다.

하지만 한편으로, 우리는 그런 흉악한 교만으로 인해 하나님께서 조롱당하고 있는 것을 봅니다. 그런 식으로 결혼을 멸시함으로 인해 지독하게 혐오스러운 것보다 더 심각한 일이 발생했기 때문입니다.

성직자들과 수도사들, 그리고 수녀들은 하나님께서 그들에게 주신 은혜를 부인함으로써 그분께 도전하고 있습니다. 즉, 만일 그들이 자신들 안에 있는 연약함을 깨닫는다면 그들은 결혼이라는 것을 할 것입니다. 하지만 그들은 이 결혼을 부정한 것이라 여기며 멸시하고 경멸하고 있는 것입니다. 뿐만 아니라 이는 심지어 본성을 거스르는 일입니다.

그러므로, 사람들이 하나님께서 주신 대비책을 발로 짓밟는다면, 하나님께서 그런 참람함에 보응하시는 것이 마땅하지 않겠습니까? 제정신을 잃은 병든 사람이 건강을 위해 약을 먹는 대신에, 의사의 처방에도 불구하고 그것을 바닥에 내팽개치는 것이 아니겠습니까?

더군다나 이러한 상황이 교황청의 지옥의 개들, 거룩한 결혼제도를 부인한 성직자들과 수도사들, 수녀들이라는 이 모든 기생충에 의해 이루어지고 있는 것입니다. 그 점에서 그들은 하나님을 향해 공공연히 전쟁을 하고 있는 것입니다.

그리고 그들은 그것으로 만족하지 않습니다. 우리는 그들이 얼마나 더 나아가고 있는지를 알고 있습니다. 그들은 모든 사람들의 머리카락이 쭈

뱉 설 정도의 신성모독을 서슴지 않고 내뱉습니다. 그것만으로도 세상은 마귀가 그들을 완전히 압도했다는 것을 알 수 있을 것입니다.

그리고 변절한 혹은 타락한 로마 교회는 바로 적그리스도의 중심이라는 것을 알 수 있습니다. 그들은 육신에 있는 자들이 하나님을 기쁘시게 할 수는 없다 할지라도,[221] 모든 부정한 것으로부터 구별되어야 한다고 선언했기 때문입니다. 또한, 결혼이란 것은 성직자들에게는 허락되지 않아야 한다고 선언했기 때문입니다. 하지만 이러한 것들은 바로 교황의 말일 뿐입니다. 그럼에도 불구하고, 그들은 하늘에서 내려온 계시인양 받아들였습니다.

만일 마귀가 완전한 자유를 갖고 이 세상에 육신을 입고 온다 할지라도, 하나님과 거룩한 결혼생활을 무시한 채 결혼한 자들을 향해 "**육신에 있는 자들은 하나님을 기쁘시게 할 수 없느니라**"라고 말하는 것보다도 더 가증스럽게 말할 수 있겠습니까? 그것은 모든 인류를 책망하는 것이나 마찬가지입니다. 그렇게 함으로써 그는 오늘날 살아있는 자들뿐만 아니라 율법 아래 살았던 거룩한 선조들, 즉 모든 거룩한 족장들과 사도들, 순교자들 역시 책망하는 것이기 때문입니다.

결국 여러분은 로마의 마귀가 사도들과 순교자들, 그리고 하늘에서 내려온 모든 거룩한 선조들을 추방하려 한다는 것을 깨닫게 됩니다. 따라서 교황의 낙원에 있기를 바라는 자는 누구나 지옥에 있는 마귀와 친구가 될 것이 분명합니다. 무례한 "**시리키우스(Syricius)**" 교황이 그런 신성모독을 내뱉음으로써 이전에 살았던 거룩한 사람들의 대부분을 천국에서 몰

---

221) 롬 8:8.

아내려 한 것은 터무니없는 일이었습니다.

하나님께서는 그런 끔찍한 신성모독이 발언되는 것을 결코 허용하지 않으셨을 것입니다. 그런 마귀들이 자신들의 영향력을 멀리 뻗쳐 거룩이라는 가식 아래 결혼을 부인하도록 내버려둠으로써, (그에 대한 당연한 보응으로서) 자기 멋대로 온갖 사악한 부정을 저지르고 그로 인해 이교도들조차도 경멸했던, 혐오스러운 남색으로 세상을 오염시킴으로써, 로마의 교황좌를 혐오스럽게 만드는 것이 하나님의 뜻이 아닌 이상 말입니다.

그러므로 이로써 우리는 (제가 이미 말씀드렸던 것처럼) 하나님께서 주신 선물을 멸시하지 말고 겸손함으로 사용하라는 권면을 받게 됩니다. 그리고 절제하지 못하는 자들은 머리를 숙여 결혼이라는 멍에를 받아들이고 감수하는 법을 배워야 하겠습니다.[222]

남편들이 아내를 참아 주고 아내가 남편과 화목하게 살고자 노력하면, 그것이 바로 하나님께서 받으시는 제사라는 것을 확신하면서 말입니다.[223] 그리고 만일 그들에게 자녀가 있다면, 가난하든 부유하든 간에, 그들로 하여금 자녀를 양육하고 그 필요를 공급해 주도록 해야 하겠습니다. 하나님께서 그것을 예배로 받으실 것이라고 확신하면서 말입니다. 또한 여성들이 가사 일로 수고하고 애쓸 때면, 그들로 하여금 자신들의 행위가 하나님께 제사로 받아들여지리라는 것을 깨닫도록 해야 하겠습니다.

그리고 현재 결혼한 상태에 있는 자들로 하여금 하나님께서 그들을 받으신다는 것을 깨닫도록 만들어야 하겠습니다. 하나님을 무시하고 결혼을 하지 않는 것이 천사와 같은 완전함에 이르는 길이라고 생각하는 그런

---

222) 고전 7:9. 223) 엡 5:22,25, 벧전 3:5,7, 딤전 2:15.

마귀들에 의해 결혼이 멸시받는다 할지라도 말입니다.

뿐만 아니라 심지어 하나님께서 그들의 가정을 다스리신다는 것을 깨달도록 말입니다. 하나님께서는 자신이 결혼이라는 제도를 창시하셨다고 말씀하고 계십니다.[224] 따라서 사람들이 그분에 뜻에 근거하여 결혼한다면 하나님께서 이에 은총을 허락하실 것입니다. 아직 결혼하지 않은 자들 역시 하나님을 경외하며 살되, 결혼이라는 제도를 존중하고 그에 맞게 적절히 예우해야 한다는 권면을 받아들여야 하겠습니다.

그리고 결혼을 한 자든, 그렇지 않은 자든 모두가 몸과 마음을 정결케 보존하는 데 주의를 기울여야 하겠습니다. 사도 바울이 고린도전서 7장에서 말하고 있는 것처럼 말입니다.[225]

거기에서 사도 바울은 과부와 결혼하지 않은 자들을 책망하고 있는 것이 아닙니다. 단지 그들에게 자신의 의무를 행할 것을 훈계하고 있는 것입니다.[226] 과부와 처녀들과 결혼하지 않은 자들은 하나님께 더욱 견고히 붙잡힌 바 되어 있어야 합니다.

그리고 하나님께 전적으로 헌신하는 데 있어서 좀더 적게 방해받는 자들로 살아야 합니다. 왜 그렇습니까? 그들은 마음을 빼앗길 만큼의 많은 세상일을 가지고 있지 않기 때문입니다.[227] 결혼한 자들에게는 방해물들이 많습니다. 그렇다고 해서 결혼한 자들은 그 굴레에 얽매여 끊임없이 경외함과 신중함으로 살아가지는 않아도 된다는 것이 아니라는 것을 깨달아야 합니다.

결국 여러분은 어떤 상태에 있든 간에 근신함과 성실함을 존중해야 한

---

224) 마 19:5, 잠 2:17.   225) 고전 7:34.
226) 고전 7:32,34~35.   227) 고전 7:33~34.

다는 것을 깨닫게 됩니다. 개개인이 순결과 성실의 증표를 보여줄 수 있을 뿐만 아니라, 몸과 영이 모두 하나님께 드려지는 헌물이자 제사가 될 수 있도록 말입니다.[228] 하나님께서는 우리 주 예수 그리스도의 보혈로 우리의 몸과 영을 값비싸게 사셨기 때문입니다. 그리하여, 그분의 성전으로서 그 안에 거하실 수 있도록 우리의 몸과 영이 자신에게 드려지기를 바라시기 때문입니다.[229]

이제 우리의 죄를 시인하며 우리의 선하신 하나님의 임재 앞에 무릎 꿇도록 합시다. 우리가 행했던 것보다 더 절실하게 그 죄를 느끼도록 해달라고 기도합시다. 그 죄들을 깊이 후회함으로써, 우리가 자각하는 죄를 시인함과 동시에, 그분께 의지하는 법을 배울 수 있게 됩니다.

하나님께 온전히 헌신하고 모든 것으로 그분을 기쁘시게 해드리려 애쓸 수 있게 됩니다. 우리가 이 땅에서의 행로와 순례 여행을 마치고 우리를 위해 예비되어 있는 구원에 이를 때까지 말입니다. 그 구원은 이미 천국에 있습니다. 하나님께서는 이러한 은혜를 우리뿐만 아니라 이 땅의 모든 민족과 나라에 부어 주시기를 기뻐하실 것입니다.

---

228) 고전 6:20.　229) 고전 6:19.

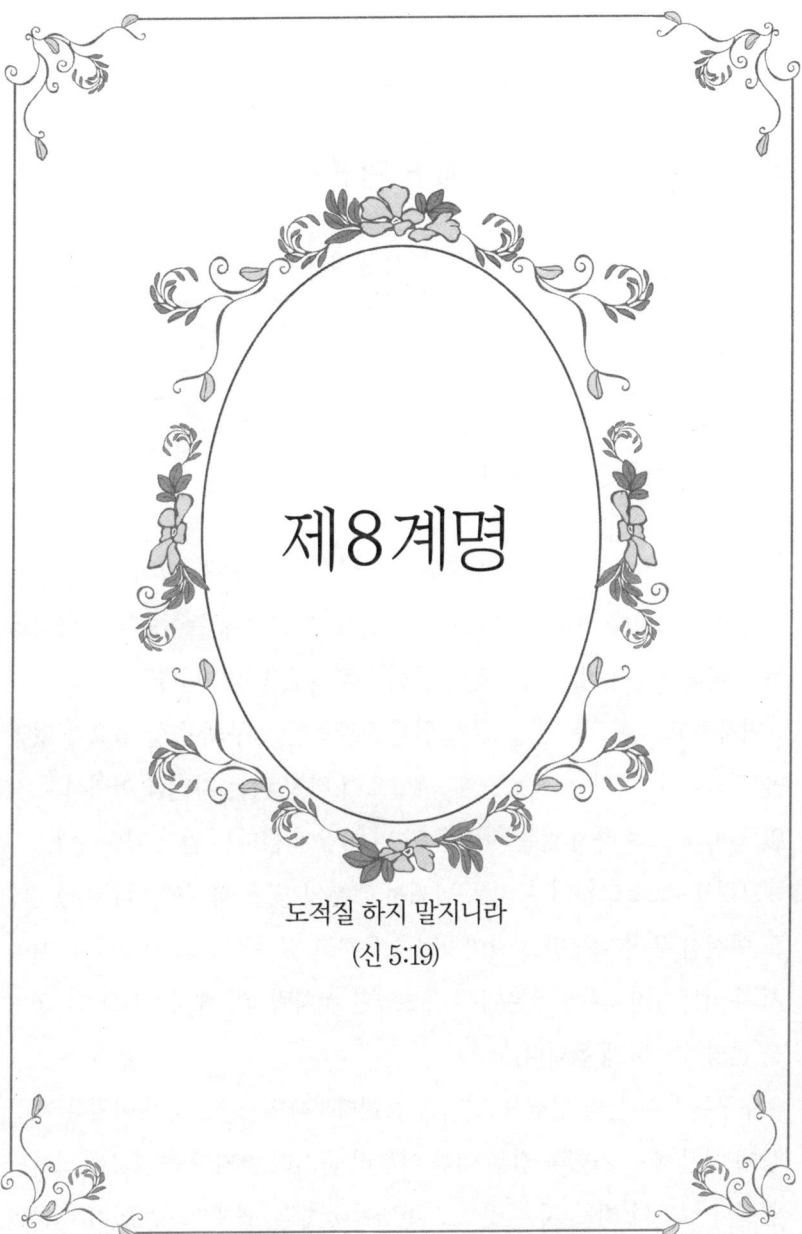

제8계명

도적질 하지 말지니라
(신 5:19)

제 8 계명

도적질 하지 말지니라
(신 5:19)

19 도적질하지도 말지니라

하나님께서는 각각의 계명을 우리가 익숙하게 받아들일 수 있게끔 선포하고 계십니다. 따라서, 만일 우리가 이 한 문장에 들어있는 하나님의 뜻을 이해했다면, 바르게 처신하는 법을 체득했을 것입니다.

거룩하고도 의로운 삶을 살기 위해 오랫동안 연구해야 할 필요가 없었을 것입니다. 하지만 격언 중에, 깨달으려 하지 않는 자만큼 어리석은 자 없으며, 들으려 하지 않는 자만큼 귀 먼 사람이 없다는 말이 있습니다.

그리고 바로 그것이 우리 주님께서 그분의 빛을 목전에 비춰주셨는데도 여전히 우리가 눈먼 얼간이처럼 행동하고 있는 이유인 것입니다. 따라서 우리는 이미 다른 부분에서 다루었던 것처럼, 이 계명에서도 그 의미를 분명하게 알게 됩니다.

누구든지 자신의 양심을 철저히 들여다본다면, 이웃을 속이거나 재산상에 어떤 해를 가했을 경우 이를 아무리 숨기려 할지라도 결국은 하나님 앞에서 절도의 죄를 지은 것으로 판명될 것임을 쉽게 알 수 있기 때문입니다. 하지만 어떻습니까? 우리는 세상을 향해서는 수치를 숨길 수 있습니다. 그리고 우리에게는 그것으로 충분합니다.

반면 하나님의 공의는 발아래 짓밟히고 있는데도 그에 대해 생각하지 않습니다. 하지만, 이 모든 무화과 나뭇잎들은 우리에게 아무런 도움이 되지 않을 것입니다. 우리는 결국 하늘의 심판관 앞에 판결 받게 될 것입니다. 그리고 나서 선지자 스가랴를 통해 말씀하신 것,[230] 즉 그분의 저주가 위증자와 도적에게 임할 것이라고 하신 것이 헛된 말이 아니었음을 알게 될 것입니다.

다시 말해서, 우리가 어떤 잘못을 범하든, 율법의 어떤 항목을 어기든 간에, 하나님께서는 그것으로 인해 우리를 벌하시기에 족한 방법들을 발견하실 것입니다. 사람들은 스스로를 정당화하거나 합리화하려 하겠지만, 하나님께서는 결국 위증자들과 도적들 모두를 향해 진노하실 것입니다.

그렇다 할지라도, 하나님의 뜻을 더욱 잘 이해하기 위해서, 우리는 그분이 "도적질"이라는 단어를 사용하신 것에 주목해야 하겠습니다. 이는 우리로 하여금 온갖 기만과 약탈, 뿐만 아니라 우리가 이웃에게 행하고자 생각해 낼 수 있는 모든 잘못된 행위들을 미워하도록 하기 위함인 것입니다. 지금까지 살인과 간음을 설명함에 있어서 보여졌던 것처럼 말입니다.

만일 어떤 사람이 누군가를 도적이라 부른다면, 그는 그것을 불쾌하게 여길 것입니다. (그것은 명예를 훼손시키는 말이기 때문입니다) 그는 세상 앞에서 그런 부정직한 자가 되는 것을 참을 수 없을 것입니다.

그 때문에 하나님께서는 우리가 다른 사람의 재산에 가할 수 있는 온갖

---

230) 슥 5:3~4.

사기와 공모, 기만, 교활함, 손상, 손실, 강탈 등을 혐오하도록 하기 위해 그 모든 것을 도적질이라고 부르고 계십니다. 그분은 얼마든지 다른 식으로 말씀하실 수 있었습니다. "다른 사람의 소유를 빼앗는 것을 삼갈지니라. 이웃에게 어떤 손해나 손실을 입히는 것을 삼갈지니라. 어떤 식이든 폭력을 행하는 것을 삼갈지니라"라고 말씀하실 수 있었습니다.

하지만 하나님께서는 한 마디로 "도적질 하지 말지니라"라고 말씀하고 계십니다. 그렇다면 왜 그렇습니까? 우리로 하여금 온갖 기만을, 온갖 강탈과 약탈을, 온갖 부당이득과 책략을, 어떤 방식으로든 남을 괴롭히는 것을 한층 혐오하도록 만들기 위한 것입니다.

그리고 다른 사람에게 해를 가하는 것에 대해 언급하는 것조차 부끄러워하고 심지어 마음으로부터 그것을 혐오하도록 만들기 위한 것입니다. 그것은 하나님 앞에서 도적질의 죄를 범한 것이기 때문입니다.

게다가, 도적질에는 여러 가지 종류가 있다는 것을 주목해야 하겠습니다. 어떤 사람들은 교활한 방법과 음모를 통해 다른 사람의 재산을 갈취하기 위해 은밀히 결합하고 사기행각을 벌입니다. 또 어떤 사람들은 공공연한 폭력을 사용하는데, 그것은 약탈이나 강탈, 혹은 노략질이라고 불릴 만한 것입니다. 그리고 어떤 사람들은 좀더 은밀하게 행동합니다.

그리하여 그들은 사람을 해친 것처럼 보이지 않습니다. 세상이 그들을 비난할 수도 없습니다. 그럼에도 불구하고, 그들은 솔직하고도 바르게 행동하지 않은 것이므로, 하나님 앞에서는 도적인 것입니다. 우리가 이 본문에서 우리에게 금하고 있는 것이 무엇인지를 알고자 한다면, 그런 식으로 특별한 형태의 도적질까지 살펴보아야 합니다.

하지만 우리가 주목해야 할 것은, 하나님께서는 도적질에 대해서 사람의 방식대로 심판하지 않으신다는 사실입니다. 권세와 존경을 받는 자리에 있는 사람들은 하나님 앞에서 반드시 책망 받게 될 것입니다. 그들을 고발하는 자가 없다 할지라도, 그들이 해롭게 한 가난한 자들의 부르짖음에 보응하실 것입니다.[231] 그리고 그 가난한 자들이 아무런 말을 하지 않는다 할지라도, 그들이 겪은 고통은 하나님 앞에서 충분히 크고 격렬한 울음소리를 낼 것입니다. 입 밖으로 말하지 않는다 할지라도 충분히 가치 있는 고발장이 될 것입니다.

그러므로 우리는 도적질을 판단함에 있어서 우리 자신의 생각에 의존하거나 하나님의 손에서 도망칠 수 있을 것이라고 생각해서는 안됩니다. 사람이나 세상의 공의로는 처벌받지 않는다 하더라도 말입니다. 하나님께서는 훨씬 깊은 곳까지 들여다보시고 계시기 때문입니다.

따라서 간단히 말해서, 우리의 것이 아닌 것을 우리 것으로 만들고자 하는 온갖 종류의 해악과 온갖 종류의 탐욕은, 성경 전체를 통해 보여지는 하나님의 관점에서는 도적질이라고 불리어진다는 것을 기억해야 하겠습니다. 실제로 하나님께서는 선지자 이사야를 통해 이렇게 말씀하고 계십니다.[232]

즉, "약탈과 강탈을 일삼는 자는 [마찬가지로 약탈과 강탈을 당할] 자신의 차례를 맞게 될 것이라"라고 말입니다. 이는 교수형에 처해지는 시시한 도적들에 대해 말씀하고 계시는 것이 아닙니다. 오히려 세상에서 영향력을 행사하는 큰 왕들과 군주들에 대해 말씀하고 계시는 것입니다.

또한 1장에서 하나님의 교회를 이루고 있었던 거룩한 백성들에게 이렇

---

231) 출 22:23, 신 24:15.   232) 사 33:1.

게 말씀하고 계십니다. (그가 말씀하시기를) "네 방백들은 도적과 짝하는 도다."[233] 그런데도 그들은 분명 누구로부터도 비난받지 않았었습니다. 아니, 오히려 그들이 다른 사람들을 비난했었습니다.

하지만 결국에는 하나님 앞에서 책망받고야 맙니다. 이 땅에서 존경받는 위치에 있다 할지라도 도적의 행위를 하는 자들은 반드시 율법에 의해 비난받게 마련이며, 하나님께서는 본문을 통해 그들에 대해 판결하고 계십니다.

따라서 우리는 우리의 도적질이 세상에서는 용서받을 수 있을지라도, 혹은 감춰지거나 사람들을 속일 수 있을지라도, 우리에게 이롭지 못할 것이라는 것을 깨닫도록 해야 하겠습니다. 하나님의 율법은 변개치 않을 것이며 언제든지 곧 실행될 준비가 되어 있기 때문입니다.

하나님께서는 자신이 금하신 것은 그 어떤 것이라도 그에 대한 해명을 요구하셨습니다. 이렇게 해서 여러분은 우리가 이 본문에서 기억해야만 하는 것이 무엇인지를 알게 되었습니다.

그러나 이를 좀더 명백하게 하기 위해, 지금껏 제가 간단하게 다루었던 것들을 좀더 상세히 설명하고 실례를 들어 상술하고자 합니다. 앞서 말씀드렸듯이, 우리가 만일 하나님께서 선포하셨던 것들에 부지런히 귀를 기울였다면, 이를 위해 장황하게 설명해야 할 필요가 없었을 것입니다.

하지만 어떻습니까? 우리가 추구하는 것들은 온통 우리 자신을 혼란에 빠뜨리며, 이미 잘 알고 있는 문제임에도 불구하고 그것까지도 의심하게 만듭니다. 그러므로 우리는 좀더 추궁을 받아야 할 필요가 있는 것입니

---

233) 사 1:23.

다. 여러분에게 이미 말씀드렸듯이 여러 형태의 절도나 도적질이 있습니다. 어떤 이들은 다른 사람의 물건을 빼앗음으로써 도적질을 합니다.

이는 누군가가 말을 훔쳤다, 돈을 훔쳤다, 침대나 항아리, 그릇 등의 것들을 훔쳤다라고 말하는 것과 같습니다. 세상은 이러한 형태의 도적질에 대해서는 충분한 심판을 내리고 있습니다.

하지만 어떤 상인이 자신의 상품을 통해 그것의 가치보다 더 많은 이득을 취할 경우에, 혹은 그가 불법적인 방식으로 상품을 팔아 그것에 대해 아무것도 모르는 순진한 사람이 기만 당하게 되며 함정에서 빠져 나오는 법조차 모른다 할 경우에, 사람들은 이것을 도적질이라고 생각하지 않습니다. 그렇지만 누구도 그러한 상인을 책망하지 않는다 할지라도 그는 도적입니다. 그는 매우 비양심적으로 행동했기 때문입니다.

물론 기만당한 자는 그런 상황에서 바람직하고도 적법한 판정을 받게 될 것입니다. 그리고 그가 만일 그 공모를 알아채게 된다면, 곧 그 상인이 자신에게 죄를 범했다고 말할 것입니다. 우리는 우리가 입은 해를 스스로에게 증명해 보이기 위해 굳이 학자[윗사람, 상담자]나 훌륭한 목회자를 찾아가지 않아도 됩니다. 우리 모두는 우리가 당한 그것이 죄인지 아닌지를 잘 알고 있습니다.

그런데도, 우리는 우리 자신 안에 있는 동일한 형태의 도적질은 분별해 내지도, 충분히 숙고하지도 않습니다. 하지만, 하나님께서는 불법적인 방법으로 순진한 사람을 속인 도적을 반드시 심판하실 것입니다. 그 도적은 판단과 숙련이 부족한 그 순진한 사람을 기만하였기 때문입니다. 미숙한 사람에게 자신의 상품을 비싼 가격으로 판매한 사람 역시 다른 경우와 마찬가지로 도적인 것입니다.

또한 어떤 수공예업자는 시시한 물건이나 모조품을 만들었는데 아무도 그것을 알아차리지 못한다 하여 그 물건의 가치와는 상관없이 값을 매겨 이익을 챙기면서, "내가 상대해야 하는 사람은 부유한 사람이야. 그러니 이 물건이나 저 물건이나 나에게는 매한가지지. 그의 지갑은 두둑하거든"이라고 변명하기도 합니다.

어떤 사람은 실제로 이렇게 말합니다. 하지만, 분명한 것은 그러한 술책이 세상에서는 유용하게 쓰일지라도 하나님의 공의는 그를 심판하실 것이라는 사실입니다. 모든 사람에게 이와 관련한 의견을 물어 그것은 전혀 도적질이 아니라는 동의를 얻어낸다 할지라도, 하나님께서는 우리가 바라는 대로 말씀을 취소하지 않으실 것입니다.

그러므로 여러분은 사람들이 간과하는 도적질이라 할지라도 하나님의 심판 앞에 나오게 된다는 것을 깨닫게 됩니다. 그렇듯 자기 마음대로 행한 자들이 제아무리 스스로를 용서해 주는 음탕함을 행하고자 한다 할지라도 말입니다. 보십시오. 제가 이미 말씀드렸듯이, 하나님의 율법은 변개치 않으시기 때문입니다. 그리고 이후에 그것이 실행되는 것을 반드시 보게 될 것입니다.

뿐만 아니라, 우리는 교활하고 음흉하게 일해서는 안됩니다. 때문에 우리는 본래의 정직함으로 돌아와야 합니다. 즉, 우리가 스스로에게 하지 않을 만한 일은 다른 사람에게도 해서는 안 되는 것입니다.[234] 우리 모두는 이러한 규칙을 잘 알고 있습니다. 굳이 방대한 양의 책을 보며 도적질 하지 말아야 한다는 것을 배워야 할 필요가 없습니다.

---

234) 마 7:12.

요컨대 모든 사람들은 이웃에게 어떻게 해야 하는지 알고 있는 것입니다. 다시 말해서, 추잡하게 행동해서는 안됩니다. 다른 사람의 손실을 통해 부유해지려 해서도 안되고, 다른 사람의 물건을 마치 자신의 것인 양 긁어모아서도 안 되는 것입니다.

그러므로 더 이상 어떤 말도 필요 없습니다. 너무도 그럴싸한 우리의 변명과 핑계는 아무런 효력이 없게 될 것입니다. 우리가 사람들을 속였다는 것은, 동일하게 하나님의 눈을 흐리게 만들었다고 주장하는 것이 되기 때문입니다. 이러한 사실이 좀더 명백하게 인식될 만한 예를 들어 봅시다. 법에 근거하여 다른 사람의 재산을 취득한 사람은 스스로가 그것들을 소유할만한 정당한 권리를 얻었다고 생각합니다.

왜 그렇습니까? 그는 법의 규율에 근거해 그 재산을 취했기 때문입니다. 저는 어쩌면 그 법이 타락한 것일지도 모른다는 얘기는 하지 않겠습니다. 사실 뇌물이나 그 외 사악한 음모를 통해 법을 도둑질을 하기 위한 장으로 삼는 사람도 있습니다. 그렇게 하여 그들은 모든 권리와 평등을 뒤엎고 공의의 법정을 종종 다른 사람의 권리를 팔고 모든 평등을 변질시키는 시장으로 만들어 버립니다.

그리고 그렇게까지 하지는 않는다 할지라도, 잔꾀와 교활함을 사용하여 다른 사람의 재산을 취할만한 수단을 발견한 사람은, "법이 그것을 그렇게 판단한 이상, 세상에 이보다 더 정당한, 혹은 더 적법한 권리증서란 없다"라고 주장합니다.

하지만 그것은 이중으로 도적질을 하는 것이며, 법의 규율을 어겨 이웃의 재산을 취하는 것보다도 훨씬 더 악랄하게 약탈하고 노략한 것입니다. 왜 그렇습니까? 그렇게 하는 것은 명백한 도적질이며, 게다가 그러한 도적질은 가장 거룩한 것인 공의를 가장하여 저지른 것이기 때문입니다. 그것은 하나님께서 결코 참지 않으시는 패역함이 될 뿐입니다.

만일 누군가가 어떤 집을 약탈했을 경우, 매우 가혹한 처벌을 받게 될 것입니다. 하물며 하나님께서 자신의 위엄을 부어주신 공의의 자리를 혼란에 빠뜨림으로써 모든 것을 뒤죽박죽으로 만들고 혼동 상태에 있게 한다면, 이는 강도질보다 훨씬 더 악한 것이 아니겠습니까?

그러므로 우리가 주목해야 할 것은, 우리가 사람 앞에서는 얼마든지 스스로를 가장할 수 있을지라도 하나님의 법은 결코 변개치 않는다는 것입니다. 우리가 교활한 꾀나 악의, 강탈이나 폭력을 행한다면, 반드시 도적으로 책망 받게 될 것입니다.

어떤 사람이 자신의 권세를 이용하여 가난한 이웃을 혹사시키고 억압한다면, 그는 도적이며 절반은 살인자가 됩니다. 그것은 단지 도적질이나 강도질에 불과한 것이 아니라 살인에 해당되는 것입니다. 그럼에도 불구하고, 그러한 일은 계속해서 일어나며 또한 용서받고 있습니다.

사실 사람들은 때때로 그러한 상황에 대해 불평하곤 합니다. 하지만 그런 사람들은 절반에 불과합니다. 그러는 동안에도 이러한 방탕을 행하는 자들은 스스로를 합리화합니다. 오히려 (설상가상으로) 더욱 능란한 도적일수록 존경을 받습니다. 가진 것이 많을수록 더욱 부유하게 되기 때문입니다.

그리고 사람들이 그에게 허리를 구부릴수록 그는 더 높아지기 때문입니다. 이런 이유로 여러분은 종종 사람들이 도적질을 통해 세상에서 큰 명예를 얻는 것을 보게 됩니다. 따라서 우리는 우리의 눈을 멀게 만드는 그런 가리개를 취하지 말아야 하겠습니다. 오히려 성경이 말씀하고 계신 것이 무엇인지를 숙고해야 하겠습니다.

즉 우리가 스스로에게 하듯이 다른 사람에게 행하지 않으면, 다른 사람의 권리를 존중해 주지 않으면 우리는 도적인 것입니다. 악이란 덕행과 반대되는 것이라 규정지어야 하기 때문입니다. 만일 우리가 도적질이 무엇인지를 잘 알고자 한다면, 우리 이웃에게 의를 행하는 것이 무엇인지를 숙고해야 하겠습니다.

지금, 우리가 이웃의 재산을 약탈하려 하거나, 다른 어떤 방식으로든 그들의 것을 소유하고자 한다면, 이는 의를 행하고 있는 것이 아닙니다. 우리가 만일 사악한 공모나 폭력, 강탈을 행하고 있다면, 우리가 도적질을 하고 있다는 명백한 증거가 가시화 됩니다. 그러나 우리는 도적질이란 단지 우리 손으로 직접 다른 사람의 돈이나 물건을 빼앗는 것만이 아니라는 것을 알고 있습니다. 자신의 것이 아닌 것을 취하는 것 또한 도적질이며, 하나님께서 우리 손에 맡기신 것들을 보존하는 데 소홀히 하는 것 역시 이에 포함됩니다. 모든 사람이 자신의 소유를 잘 간수하는 것이 그분의 뜻이기 때문입니다.

예를 들어 봅시다. 어떤 종이 주인의 재산을 낭비하거나 함부로 써버린다면 그는 도적인 것입니다. 어떤 일꾼이 품삯을 받기를 바라면서도 빈둥거리고 열심히 일하려 하지 않는다면, 그 역시 도적입니다. 우리는 이러한 사실을 잘 알 수 있습니다.

하지만 다른 형태 역시 고려해 보고 이것과 비교해 보는 것이 좋을 것입니다. 즉 만일 우리가 다른 사람의 권리를 보장해 주지 않는다면, 그런 편향적인 행동 또한 하나님 앞에서 늘 도적질로 취급받을 것이며 우리는 그에 대해 책망 받게 될 것입니다.

이제 우리에게는 하나님께서 우리를 마치 도적인 것처럼 저주하지 않으시도록 하기 위해서는 우리가 어떻게 살아야 하는가를 아는 일이 남아 있습니다.

그와 관련해 첫 번째로 주목해야 할 점은 이웃을 사랑하는 법을 배우는 것입니다. 사도 바울이 로마서 13장에서 보여주고 있는 것처럼 말입니다.[235] 그런데도 사람들이 다른 사람의 재산을 빼앗는 것을 매우 사소한 일로 여긴다는 것은 참으로 놀라운 일이 아닐 수 없습니다. 어떤 사람이 이웃을 사랑한다는 것이 그토록 어려운 일인가를 물어보면, 그렇지 않다고 대답하면서도 말입니다.

자연은 사람들이 서로 연합하도록 만듭니다. 하나님께서도 그분의 형상을 따라 모든 사람들을 창조하셨습니다. 따라서 서로를 사랑하는 것은 우리에게 어려운 일도 성가신 일도 아니어야 합니다. 도적이 되고 싶지 않다면 사도 바울이 말한 것처럼 행해야 합니다.

게다가 우리가 다른 사람에게 합법적으로 빚진 것이 무엇이며, 어떤 의무를 지고 있는가를 숙고해 본다면, 우리에게 "도적질하지 말라, 간음하지 말라, 살인하지 말라"라는 경고 따위는 필요 없는 것이 될 것입니다.

사도 바울이 보여주고 있는 것처럼 이 모든 경고는 불필요한 것이었을 것입니다. 그렇지만 어떻습니까? 그와 같이 생각하는 사람은 거의 없습니다. 아니 이와는 반대로, (제가 이미 말씀드렸던 것처럼) 다른 사람의 재산을 훔치게 되면, 우리는 곧 헛된 변명을 찾고자 합니다.

그리고 사기를 치거나 나쁜 행위를 하거나 강탈을 하면, 즉시 피묻은 손

---

235) 롬 13:8~10.

으로 변명을 하며 회피합니다. 하지만 그렇게 함으로써, 우리는 우리 안에 사랑이 없으며, 난폭한 짐승과 같다는 것을 드러내는 것일 뿐입니다. 그로 인해 우리는 사람으로 받아들여질 가치가 없습니다. 하나님께서 아담의 모든 자손 가운데 두신 연합의 끈을 끊어버렸기 때문입니다. 따라서 이 모든 것은 한 가지로 요약됩니다. 즉, 만일 우리가 도적으로 간주되기를 바라지 않는다면, 이웃을 향해 사랑을 베풀어야 한다는 이 교훈을 염두에 두어야 한다는 것입니다.

이외에도 우리가 주목해야 할 또 다른 점이 있습니다. 즉 우리는 부유하게 되기를 탐해서는 안 된다는 것입니다.[236] 무언가를 얻고자 하는 바램이 우리 안에 자리잡자마자, 분명 우리는 도적이 될 것이기 때문입니다. 그 외 다른 상태란 존재할 수 없습니다. 이것이 처음에는 이상하게 여겨질 것입니다.

하지만 우리 모두가 지혜를 모으면, (이방인들이 말하듯이) 본성이 우리에게 무엇을 가르치고 있는지 알 수 있습니다. 즉 우리가 부유하게 되기를 탐하면 반드시 갈고리나 지팡이로 긁어모으느라 혈안이 되게 마련이라는 것입니다.

그러므로 도적질을 피하기 원하십니까? 그렇다면 탐욕, 다시 말해서 부유하게 되고자 하는 바램을 버려야 합니다. 이 말이 트집 잡히지 않도록 하기 위해서는 우리가 어떻게 해야 할까요? 현 상태에 만족하는 법을 배워야 하겠습니다. 일정한 버팀목 없이 탐욕으로 항상 마음이 어지럽고 동요되는 사람은, 정욕에 의해 이리 저리 흔들려 안식할 수 없기 때문입니다.

---

236) 딤전 6:9~10.

또한 "여기 나의 경계선 안에 만족해야 한다"고 말할 수 없기 때문입니다. 저는 하나님께서 모든 사람에게 허락하신 상태는 그를 둘러싼 경계선과 같아야 한다고 말씀드리겠습니다.

이는 마치 "보라, 너의 하나님은 너로 하여금 그분이 너에게 허락하신 것에 거하고 그것으로 만족하도록 하기를 원하신다. 만일 네가 그렇게 하지 않는다면, 너는 세상의 모든 질서를 소란케 하는 것일 뿐만 아니라 너의 하나님께 맞서는 것이다. 마치 그분께 전쟁을 선포하고자 하는 것과 같다"라고 말하는 것과 같습니다.

그러므로 여러분은 우리가 주목해야 할 것이 무엇인지를 알게 됩니다. 이웃에게 사랑을 베풀어야 한다는 규칙이 우리를 이끌어 가야 하므로, 우리는 우리의 상태에 만족하는 법을 배워야 합니다. 왜 그렇습니까?

그것이 하나님의 뜻이며 우리가 그 뜻에 순종하는지 어떤지 하나님께서 시험하시리라는 것을 알고 있기 때문입니다. 또한 그것은 사도 바울의 규칙, 즉, 우리가 비천에 처할 줄도 알고 풍부에 처할 줄도 알아 모든 일에 배부르며 배고픔과 풍부와 궁핍에도 일체의 비결을 배웠다[237]는 규칙을 지키지 않고서는 이루어질 수 없는 것입니다.

사도 바울이 자신의 경험담을 증거하여 우리에게 그 실례를 들어주고 그 방법을 보여줌으로써 말하고자 한 것은 단지 가난을 인내해야 한다는 것만은 아닙니다. 동시에 부와 풍부에 처할 줄도 알아야 한다고 말하고 있습니다. 어떻게 말입니까?

이는 참으로 공허한 말에 불과한 것처럼 보입니다. 누구나 가난에 처했

---

237) 빌 4:12.

을 때면 인내할 것을 권면 받을 필요가 있다는 것을 알고 있습니다. 왜 그렇습니까? 우리는 시험을 받게 될 것이기 때문입니다. 먹을 것이 없다는 것은 너무나 괴롭고 고통스러운 일입니다. 그럴 때는 보리개떡이라도 먹을 수 있다면, 그것만으로도 느긋하고 여유로울 것이라고 여기게 될 것입니다.

따라서 가난이라는 문제를 다룸에 있어서, 누구나 우리가 위안 받아야 하며 하나님께 불평하거나 악을 행하도록 미혹되지 말아야 한다는 권면을 들어야 할 필요가 있다는 것을 인정할 것입니다. 하지만 우리가 부에 처하는 법도 알아야 한다고 누군가가 말하면, 사람들은 마치 그 말이 전혀 근거 없는 헛된 말인 듯 경멸하며 비웃을 것입니다.

그러나 이 교훈이 오히려 전자보다 더 유익합니다. 왜 그렇습니까? 부유한 사람들이 어떤지 잠시 생각해 봅시다. 그들은 결코 채워질 수 없는 깊은 심연들입니다. 가난한 사람들보다 훨씬 더 만족할 줄 모릅니다.

부유한 사람과 가난한 사람을 비교해 보면, 마치 가난한 사람들이 괴로워하고 불평하며 좀도둑질에, 그 외에도 많은 음탕한 짓들을 하려 한다는 것을 알게 될 것처럼 여겨집니다. 하지만 오히려 실제로는 그들 대부분이 하나님께서 주신 것에 만족하며 묵묵히 자신의 삶을 살아가고 있다는 것을 알게 될 것입니다.

그러나 부유한 사람, 특별히 왕이나 군주들과 같은 부류의 사람들의 경우에는, 광분하여 이 세상의 모든 부를 탐하고 있는 것을 발견하게 될 것입니다. 마치 전혀 만족할 줄 모른다는 듯이 말입니다.

뿐만 아니라 그들은 태양이 가난한 사람들에게도 빛을 비추고 있는 것조차 마음 아파합니다. 요컨대, 그들은 하나님께서 이 땅 전체를 부유한 사람들이 소유하도록 주신다 할지라도 그것으로 충분해 하지 않을 것처럼 보입니다.

(제가 말씀드린 대로) 그들은 태양 빛을 가난한 사람들과 함께 소유하고 있는 것이나 가난한 사람들에게 마실 물이 있다는 것조차 마음 아파하기 때문입니다. 게다가 가난한 사람들이 수고하며 최선을 다한다 할지라도, 부유한 사람들은 그들을 적대시합니다. 비록 가난한 사람들이 부유한 사람을 위해 땀과 피를 흘릴지라도, 그들이 그 희생의 대가를 먹을 때면 부유한 사람은 그가 자신의 배에서 창자와 내장을 뽑아낸다고 생각합니다.

더 부유한 부류의 이러한 인색함, 혹은 짐승같은 잔혹함은 너무도 명백합니다. 그리고 너무도 흔한 일입니다. 그러므로 사도 바울이 "우리가 부에 처하는 법을 배웠을 때 매우 유익했다"라고 말하는 것에는 합당한 이유가 있습니다. 그것은 바로, 우리가 더 많이 모으기를 바라지 않을 경우에는 묵묵히 우리의 생업에 종사하게 되기 때문입니다. 하나님께서 우리에게 풍요로움을 주셨다 하더라도 끝없이 "오, 이 땅이 좋구나. 이것도 사고 그 다음 저것을 사야겠어"라는 식의 탐욕을 부리지 않고 말입니다.

게다가, 더 많이 가지려는 바램을 버리는 것만이 부유한 사람이 해야 하는 전부가 아닙니다. 우리는 또한 마음이 가난해져야 합니다. 다시 말해서, 우리는 우리의 부를 신뢰함으로 밀미암이 자만히거나 그것들을 사용해 더 약한 부류와 존경받는 자리에 있지 못한 자들, 자신들을 보살펴 줄 만한 세상의 친구들을 갖지 못한 자들을 학대하는 데 이용해서는 안됩니다. 결국 우리는 하나님께서 뜻하실 때면 언제든지 가난하게 될 준비가 되어 있어야만 하는 것입니다. 현재 부유한 자, 즉 가득 찬 곡식창고와 포도주 저장실을 가지고 있는 자, 두둑한 지갑을 가지고 있는 자, 토지와 재산을 가지고 있는 자, 그리고 장사를 하여 큰 이익을 얻은 자로부터 하나님께서 그 모든 것을 빼앗아 가려 하실 때도, 그것을 이상하게 생각하지 않도록 해야 하겠습니다. 그로 인해 슬퍼하고 지나치게 초조해 하지 않도록 해야 하겠습니다.

오직 욥처럼 인내하며, "하나님께서 내게 주신 것을 다시 거두어 가시는 것은 그분의 뜻이므로, 그분의 이름을 찬양합니다"라고 말할 수 있도록 해야 하겠습니다.[238] 부에 처하는 법을 아는 것은 매우 어려운 일입니다. 그분이 주신 것이 무엇이든 간에 담담히 받아들이라는 하나님의 뜻에 순종하지 않는다면, 참으로 그렇습니다.

다시 말해서, 하나님께서 바라시는 것은, 그분이 주시면 가난이라도 끈기 있게 참아내고 그분이 우리 손에 쥐어주신 소유에 만족하는 것입니다. 그 소유물에 현혹되지 않은 채로 말입니다. 그렇지 않으면 우리는 언제나 도적이 될 수밖에 없습니다. 가난한 사람은 악한 일에 대한 유혹을 받게 될 것이며, 하나님께서 그 일을 눈감아 주실 것이라고 생각하게 되기 때문입니다.

때때로 그들은 이러한 변명, 즉 "오, 나는 그런 사람이 내 등골을 빼 먹으려 한다는 것을, 할 수만 있다면 나를 파멸시키려 한다는 것을 알고 있습니다. 그러니 내가 그에게 앙갚음한다고 해서 그것이 어찌 정당하지 않다는 말입니까?"라고 합니다. 누구나 자신의 모습을 자신이 조각하려고 한다는 것을 명심하십시오.

하지만 그것은 우리의 몫이 아닙니다. 진실로 어떤 사람이 약탈과 술책,

---

238) 욥 1:21.

기만 등으로 부자가 되었다고 할지라도, 그에게서 그가 가진 것을 빼앗는 것은 우리가 아닙니다. 그는 하나님 앞에서 그것에 대해 심판 받을 것이기 때문입니다.

따라서 지금 우리가 가난에 처해 있을 경우, 다음과 같은 말로 스스로를 제어하지 않는다면 조만간 도적질을 하게 될 것입니다. 즉, "우리를 훈련시키는 것이 우리 주님의 뜻이야. 그 때문에 우리는 세상의 소유물을 갖지 못한 거야. 우리가 바라는 만큼 소유하지 못한 것은 그런 식으로 우리를 소박하게 하는 것이 하나님의 작정하신 것이기 때문이야"라고 생각해야 합니다. 이점을 명심하십시오.

그리고 동시에 이러한 유혹을 극복하고자 노력해야 하겠습니다. 우리는 솔로몬조차 가난에 처해지지 않기를 바랬다는 것을 알고 있기 때문입니다. 그 역시 도적질을 하게 될까봐 두려워했습니다.[239] 그런 사람조차 두려워했습니다. 게다가 신자의 이름으로 하나님께 간구했습니다. 그러니 우리는 더욱 조심해야 하지 않겠습니까? 물론입니다.

따라서 먹고 마시는 것이 부족한 사람들, 어떤 길로 향해야 하는지 알지 못하는 사람들, 너무도 궁핍한 삶을 살아가고 있는 사람들, 그리하여 종종 허기진 배를 채울 수 없는 사람들, 그리고 바라는 만큼의 일용품 또한 갖고 있지 못한 사람들은, 스스로를 하나님의 손에 의탁하고, 그렇게 할 수밖에 없었다는 핑계를 대며 다른 사람에게 죄를 짓거나 해를 가하지 않는 그런 삶을 살도록 은혜 내려 주십사 그분께 기도해야 하겠습니다.

그리고 세상을 제 뜻대로 하고 지갑에 돈이 두둑한 사람의 경우에는 그

---

239) 잠 30:9.

들이 흔히 하듯 가난한 사람들에게 함정을 파놓음으로써 학대하는 일이 없도록 주의하도록 해야 하겠습니다. 부유한 사람들이 어떻게 행동하는지를 보십시오. 그들은 몰락해 가는 가난한 사람을 보게 되면, 사냥꾼처럼 곧바로 습격합니다.

그리고 결국은 덫에 걸려들 때까지 옴짝달싹 못하게 만듭니다. 그러므로 부유한 상태에 있는 사람들은 탐심에 빠지지 않고 스스로를 자제하여 자신들의 풍요함을 악용하지 않도록 해야 하겠습니다. 풍요함에 처한 자들이 그렇지 않은 자들을 학대하지 않도록 해야 하겠습니다. 우리가 이런 상황에 처했을 경우에도 이런 식으로 행동해야 합니다.

게다가 먼 곳에 있는 것들을 얻으려고 치밀해지기보다는, 그렇게 할 수 있는 기회가 오면, 그런 온갖 무가치한 것들을 신중하게 물리쳐야 하겠습니다. 다른 사람의 손실을 통해 스스로를 부유하게 할 수 있게 된다면 그 모든 것들을 얻고자 하기보다는, 그런 부유한 사람들이 가난한 사람들의 목을 자르며 많은 과부와 아비 없는 아이들을 만들어 낸다는 것을 깨달아야 하겠습니다. 그들은 그렇게 생각하지 않는다 할지라도 말입니다.

우리의 육은 그런 기회를 얻고자 맹렬히 기지를 발휘하고 치밀히 꾀한다 할지라도, 우리 하나님께서 우리를 시험코자 하신다는 것을 기억해야 하겠습니다. 우리 손에 검이 있다 할지라도, 그것으로 누군가에게 해를 가해서는 안 된다는 것을 깨달아야 하겠습니다.

그리고 만일 우리가 가난한 사람들과 같은 경우에 처하게 된다면 우리 역시 구원받기를 원할 것임을 숙고해야 하겠습니다. 요컨대, 우리가 도적질을 삼가려 한다면, 늑대도 여우도 되어서는 안되겠습니다. 기만과 교활을 일삼는 자는 여우와 같기 때문입니다.

그리고 아무리 빈궁에 처한 자라 할지라도, 그들이 자신들의 분을 좇아 악행을 저지른다면, 다른 사람의 소유물을 불법적으로 갈취함으로써 스스로가 더 이상 사람이 아니라는 것을 보여주는 것이 됩니다.

그리고 폭력으로 강탈한 자들의 경우, 그들은 난폭한 짐승과 같습니다. 모든 것을 게걸스럽게 먹어치우는 것 외에는 아무 것도 구하지 않는 짐승 말입니다. 그러므로, 도적이 되지 않기 위해서 우리는 무자비한 자가 되지 말아야 하겠습니다. 동시에, 세상의 것들 중 우리가 원하는 것이 무엇이든 간에, 하나님께서 복 주시어 그것을 허락하실 때까지 우리는 기다려야 하겠습니다.

만일 우리가 이러한 규칙을 지킨다면, 분명 온갖 탐욕과 강탈, 온갖 기만과 같은 것들은 곧 변화될 것입니다. 우리에게 있는 모든 질병을 치유하기에는 이보다 좋은 약이 없습니다.

즉 우리는 이렇게 말하며 눈을 들어 하늘을 바라볼 수 있을 것입니다. "하나님은 우리의 아버지이십니다. 그분은 우리에게 필요한 모든 것을 공급해 주십니다. 그분만이 우리가 이 현재의 삶을 살아가기 위해 필요한 모든 것을 공급해 주실 것이라 기대할 수 있는 분이십니다. 한 마디로 말해서, 그분의 은총이야말로 모든 부의 근원이십니다"라고 말입니다.

우리가 이러한 사실을 충분히 납득하고 있다면, 더 이상 어떤 것도 필요 없게 될 것입니다. 우리에게 도적질을 금하고 있는 율법의 교훈도, 그 외 어떤 다른 권고나 선전도 필요 없게 될 것입니다. 이 한 마디로 충분할 것입니다.

그런데 실상은 어떻습니까? 분명 우리는 하나님께 우리의 매일의 양식을 구합니다. 우리를 먹이시는 것이 그분의 고유한 일이시라고 고백하면서 말입니다. 그렇지만 동시에 좀도둑질과 속임과 앙심에 빠집니다. 그것은 하나님을 철저히 경멸하는 것이 아닐까요? 저는 입술로 매일의 양식을 달라고 말합니다.

그러면서도 그것을 마귀의 손에서 얻고자 합니다. 우리가 불법적인 방법을 사용하여 누군가를 속이고 다른 사람에게서 빼앗는다면, 도대체 누구의 손에 우리의 행복을 맡기고 있는 것입니까? 하나님의 손입니까? 도적과 강도들과 짝하고 있는 것이 아닙니까?

그러므로, 우리가 술책과 강탈을 일삼는다면, 마귀가 우리를 부유하게 해주기를 전적으로 바라는 것임이 분명합니다. 게다가 그것은 우리가 하나님을 믿지 않는다는 것과, 하나님의 은총을 통해서는 그 어떤 것도 바라지 않는다는 것의 명백한 표시가 됩니다. 그분이 우리를 공급해 주실 수 있을 정도로 부유하지는 않다고 생각하는 것입니다. 우리가 어떤 상태에 처해 있는지 보십시오.

그렇지만 한편으로는 이러한 것들이 우리에게 유익이 되어야만 합니다. 우리 주님께서 도적과 강도를 저주하시고 그것을 혐오하신다는 이야기를 들을 때면, 우리 역시 그것을 싫어하고 혐오해야 하겠습니다. 그분은 인간들이 원하는 대로 판단하지 않으시며 다만 우리가 바르게 살도록 하기 원하신다는 것을 확신하면서 말입니다.

모든 사람이 자신의 권리를 보호받고, 누구도 자신의 소유와 재산과 관련하여 방해받거나 비난받지 않아야 하기 때문입니다. 따라서 더욱 주의해야 합니다. 게다가, 우리는 악에 치우쳐 있습니다. 그러므로 우리 하나님을 경외하고, 제가 이전에 보여드렸던 것과 같이, 남의 물건을 훔치는 것을 삼가도록 할만한 방법을 얻고자 해야 하겠습니다.

그리고 우리는 그분이 우리를 하나되게 하셨다는 것을 알고 있습니다. 따라서 율법과 공평의 법을 지켜야 하겠습니다. 더욱이 부유해지기를 갈망해서는 안되겠습니다. 요컨대, 가난을 인내하라는 이 교훈을 내 것으로 만들어야 하겠습니다. 지나치게 많은 것을 얻으려 하고 스스로를 향상시킬 수 있기를 갈망하지 말아야 하겠습니다.

결국 우리는 모든 잔혹한 행위와 기만을 혐오해야 하겠습니다. 특별히 부당이득과 책략을 통해 부유해질 수 있다고 생각할 정도로 짐승과 같이 되지 않아야 하겠습니다.

그러한 점에서 스스로를 속이지 말아야 하겠습니다. 왜 그렇습니까? (앞서 말씀드렸던 것과 같이) 참된 부는 하나님의 은총이기 때문입니다. 그러므로 우리가 온갖 도적질을 삼가기 원한다면, 그 근원인 하나님의 은총을 깊이 들이마셔 가득 채워야 하겠습니다.

이와 더불어 우리는 또한 하나님께서 어떻게 위협하고 계신지를 직시해야 합니다. 하나님께서는 우리에게 이 계명이 대단히 올바르다는 것을 충분히 보여주고 계십니다. 그리고 다른 사람에게 해를 가하거나 잘못을 행하지 않고 바르게 살아가는 방법을 주셨습니다.

그러나 우리가 여전히 강퍅한 마음을 가지고 있고 악한 욕망이 우리를 정반대의 길로 가게 한다는 것을 하나님께서는 알고 계십니다. 그 때문에 우리가 두려워 할만한 위협을 덧붙이고 계십니다.

그러므로 그분이 "도적이나 탐람하는 자는 하나님의 나라에 들어가지 못하리라"[240]라고 말씀하신 것이 사소한 문제이겠습니까? 이 현재의 삶을

---

240) 고전 6:10, 엡 5:5.

중요하게 여겨 이 세상에서 삶을 유지해 나가기 위한 하찮은 물건들을 모으려고 하나님께서 불쾌하게 하실만한 일을 해야 하겠습니까?

하나님께서는 우리가 그분의 나라로부터 내쫓김을 당할 것이라고 말씀하십니다. 우리에게 티끌만큼의 믿음이라도 있다면, 이 위협에 마음이 찔려야 하지 않겠습니까? 그렇습니다. 하지만 우리 주님은 여기에서 그치지 않고 계십니다. 그분은 우리가 너무나 세속적이고도 깊게 이 땅에 빠져 있다는 것을 알고 계십니다.

때문에, 이 세상에서조차도 우리로 하여금 퇴보하게 만드실 것이라고 말씀하고 계십니다. 술책과 약탈, 기만으로 스스로를 향상시키겠다고 생각하는 자는 쇠하여질 것입니다. 은밀한 저주가 그를 망하게 할 것입니다. 우리가 앞서 인용했던 스가랴서 본문의 기록에 따르면, 하나님의 저주는 도적의 집에 들어가 그곳에 머무르며 불사를 것이라고 되어 있습니다.

또한 우리는 다른 선지자를 통해 그것에 대해 어떻게 말씀하고 계시는지 알고 있습니다. 사람들이 부에 처하기를 바라고 많은 것을 이룰 것이라고 생각할 때, 그분이 그들을 치고 모든 것이 사라질 정도로 치시어, 누구도 결코 찾을 수 없을 정도로 적막하게 할 것이라고 우리 주님은 말씀하고 계십니다.[241]

더구나 하나님께서는 이에서 한 단계 더 나아가십니다. 실로 부를 축적하기 위해 자신을 희생시키는 자들을 우리 주님께서 비웃으신다는 것을 우리가 알게 되고, 모든 것이 무너지고 물처럼 빠져나가게 되는 것으로도 충분합니다.

---

241) 미 6:12~15.

하지만 누군가는 이에서 더 나아가 이와 같은 소유물이 얼마간의 명성을 가진 자조차 무너뜨리는 원인이라는 것을 알게 될 것입니다. 약탈과 강탈을 일삼으며 평생을 걸쳐 하나님의 진노를 야기시켰던 어떤 아버지가 있다고 해봅시다. 그가 죽을 때, 그는 자신의 자식들이 어린 왕자가 될 것이라고 생각할 것입니다. 그렇지만 오히려 그가 자식들에게 생업의 기반이 될 수 있을만한 조금의 것만 남겨놓고 정직하게 일하는 법을 가르쳤다면, 그들은 그 안에서 스스로를 발견하는 능력을 갖추게 되었을지도 모릅니다.

하지만 보십시오. 그 아버지는 자녀들로 하여금 악한 방법으로 얻은 재물을 신뢰하게 만들었을 뿐입니다. 그로써, 그들로 하여금 교수대로 가거나 그밖에 불행한 결말을 맞게 만드는 덜미를 자아낸 것이 되었습니다.

그 원인이 무엇입니까? 바로 약탈과 강탈로 얻은 온갖 재물을 불사르고자 그들에게 임한 하나님의 진노인 것입니다. 그들의 집은 저주받을 수밖에 없습니다. 하나님께서는 도적들과 그분의 거룩한 주권을 희롱하는 모든 자들에게 스스로를 공정한 심판자로 드러내실 수밖에 없습니다.

만일 어떤 사람이 그들에게 이러한 사실에 대해 말해 준다면, 그들은 이렇게 비웃으며 조롱할 것입니다. "이보세요. 시간은 돈입니다"라고 말입니다. 그늘에게 있어서는 만사가 다 그렇습니다.

하지만 그들과는 달리 어떤 가난한 사람에게 자신의 몫의 재산을 벌 능력도 신용도 없다면 어떻게 될까요. 오, 그 사이에 그들은 죄에 빠지게 될 것입니다! 하지만 여러분이 알고 있는 것은 무엇입니까? 사람들이 지독히도 고주망태의 상태라는 것과 이로인해 그들이 천상의 왕국으로부터 내쫓겼다는 사실을 스스로 깨닫지 못하고 천상의 삶으로 다시 돌이킬 수도 없음을 하나님께서 알게 되시면, 이렇게 말씀하실 것입니다. "나는 이미 너를 소환했나니, 내가 내린 판결을 집행하기 위함이라. 나의 저주가 악한 방법으로 취득한 재물에 대해 어떻게 임하는지를 보여줄 것이고, 한동안 그것을 소유했던 자들에게서 빼앗을 것이며, 그들과 그들의 소유물뿐만 아니라 그들의 모든 자손까지도 함께 불태울 것이라"라고 말입니다.

이제 우리는 이 모든 것들을 알게 되었습니다. 따라서, 마귀가 우리를 완전히 호린 것이 아닐 바에야, 이러한 사실들을 받아들여야 하지 않겠습니까? 그렇습니다. 그렇다면 남은 것은 무엇입니까? 우리는 하나님께서 자신의 사람들에게 요구하신 선한 양심을 붙잡아야 합니다.

그리하여 우리 모두는 우리의 삶을 평온히 살아가며 다른 사람들의 마음을 아프게 하려 하지 않도록 해야 합니다.[242] 오직 하나님께 죄를 범하지 않고 살아가는 방법이 무엇인지를 알기 위해 애써야 합니다. 우리에게 수입이 많지 않거나 쓸 돈이 많지 않다면 두 배로 절제해야 하겠습니다. 그것이 바로 우리가 행할 바인 것입니다.

이렇듯 [사람을 향해] 도적질하는 것이 하나님으로부터 책망 받을 일이라면, 우리가 하나님으로부터 그분의 존귀함을 빼앗았을 경우에는 어떻게 되겠습니까? 우리는 사람으로부터 도적질하는 것과 하나님으로부터 도적질하는 것을 비교해 보아야만 합니다. 보십시오, 우리에게 도적질을 하지 말라고 금하신 분은 바로 하나님이십니다.

왜 그렇습니까? 그분은 우리가 서로를 향해 공평과 정의를 지키기를 바라시기 때문입니다. 게다가 우리가 사용하도록 그분이 정해 놓으신 소유

---

242) 시 127:2.

물이라 할지라도, 우리가 악한 방법으로 그것들을 소유하고 사용하기를 원치 않으십니다. 많은 것을 가진 자는 그것들을 사용함에 있어서, 그것들을 단지 사용하는 것일 뿐, 소유주가 아닌 것처럼 해야 합니다.

그리고 가진 것이 거의 없는 자는 그것으로 만족해야 합니다. 제가 이미 말씀드렸던 것처럼 말입니다. 이렇듯 하나님께서는 우리의 이웃들이 자신들의 손안에 있는 소유물들을 보호할 수 있도록 우리로 하여금 그들에게 공평을 행사하도록 하기 원하실진대, 그분이 창조하신 소유물들을 중요하게 여기시어, 그것들이 교활함이나 폭력과 같은 행위들에 의해 더럽혀지는 것을 원하지 않으실진대, 이보다 훨씬 더 중요하게 여기시는 것에 대해 어떻게 하시겠습니까?

그러므로, 우리가 이웃 가운데에서 모든 면에서 건전하고 바르게 살아 모든 사람을 공정하게 대하려 노력했다면, 또한 우리 하나님께 그분의 권리를 돌려드려야 하겠습니다. 다시 말해서, 주의하여 그분께 영광을 돌리고 그분이 그분의 주권 안에 온전히 거하시도록 해야 하겠습니다. 그리하여 우리에게 있어서 정당한 것 이상을 취하려 하지 않아야 하겠습니다. 다시말해 우리가 흔히 보듯이 너무도 뻔뻔스럽게 자신의 것 이상을 취하려 하는 사람들처럼 행하지 않아야 합니다. 이웃을 박해할 만큼 광포해지면, 곧 하나님을 대항해서도 뿔을 높이 들기 마련이기 때문입니다.

다른 사람의 소유를 약탈했다면, 하나님마저 자신의 아랫사람인양 여기게 됩니다. 그리하여 자신들에게 유익이 될 때만 그분께 순종하고자 하게 됩니다. 따라서 우리는 이 모든 것들을 경계해야 합니다. 그리고 결론적으로, 온갖 위해와 분노를 삼가야 할 뿐만 아니라 누군가가 곤란한 상황에 처하거나 손해를 입는 것을 가능한 묵인하지 않아야 한다는 것을 명심해야 하겠습니다.

이 두 가지, 즉 공평과 정의는 하나님께서 명하신 것이기 때문입니다.[243] 공평은 모든 사람의 권리를 보장해 주는 것에 있으며, 정의는 어떤 악도, 스스로를 부양할 방법을 가지지 못한 가난한 사람이 학대받는 것을 묵인하는 것도 용납하지 않는 것입니다.

만일 어떤 사람이 저의 목전에서 학대당하는 것을 보고도 그를 도와주려 하지 않는다면, 그것은 제가 도적질을 용납하는 것이 됩니다. 따라서 시편 50장[244]의 말씀 "도적을 본즉 연합하고"는 저에 대해 증거하는 것이 될 것입니다. 우리가 도적들을 제지하려 하지 않고 그들을 못 본체 하거나 [그들이 원하는 것을 할 수 있도록] 고삐를 늦추어 준다면, 그것은 그들과 연합하는 것이 아니겠습니까? 그렇습니다.

그리고 [그렇게 함으로써] 우리는 도적질이 행해지는 것을 용납하는 것이 됩니다. 그리고 비록 사람들 사이에서는 그렇게 간주되지 않겠지만, 하나님 앞에서는 도적처럼 그것에 책임져야 합니다. 따라서 사람들은 단지 자신의 소유물만 잘 간수하면 된다고 생각해서는 안되겠습니다.

우리는 또한 스스로에게 하듯 이웃들의 행복을 보존하고 마련해 주고자 해야 한다는 것을 기억해야 하겠습니다. 그것이 사랑의 법칙이기 때문입니다. 따라서 여러분은 우리가 어떻게 하면 하나님과 사람 앞에서 도적이 되지 않을 수 있는지, 그리고 어떻게 하면 하나님께서 우리에게 주신 소유물들이 은총을 받아 그것들이 더욱 번창하게 되는지를 알게 됩니다.

또한 어떻게 하면 천국에서 모든 좋은 것들의 완벽한 형태를 소유할 것

---

243) 사 56:1, 렘 22:3, 겔 45:9.   244) 시 50:18.

이라 확신하며 천국의 기업을 쌓아 가는 것에 만족을 얻게 되는지를 알게 됩니다. 이제 우리의 죄를 시인하며 우리의 선하신 하나님의 임재 앞에 무릎 꿇도록 합시다.

우리가 행했던 것보다 더 절실하게 그 죄를 느끼도록 해달라고 기도합시다. 그분의 거룩한 율법을 지켜 더 많은 유익을 얻을 수 있도록 해달라고 기도합시다.

우리는 너무도 타락하고 강퍅하여 우리의 모든 생각과 정욕이 그와는 정반대로 달려갑니다. 때문에 성령을 통해 변화 받게 하시고 우리로 하여금 그분께로 나아가 그분을 기쁘시게 할 수 있기를 기도합시다.

우리가 세상을 포기하고 이러한 유한하고도 덧없는 것들을 멸시할 때 비로소 만족과 쉼을 누릴 수 있는 천국에 올라갈 수 있기 때문입니다. 그러므로 우리 모두 "전능하신 하늘 아버지여"라고 기도해야 하겠습니다.

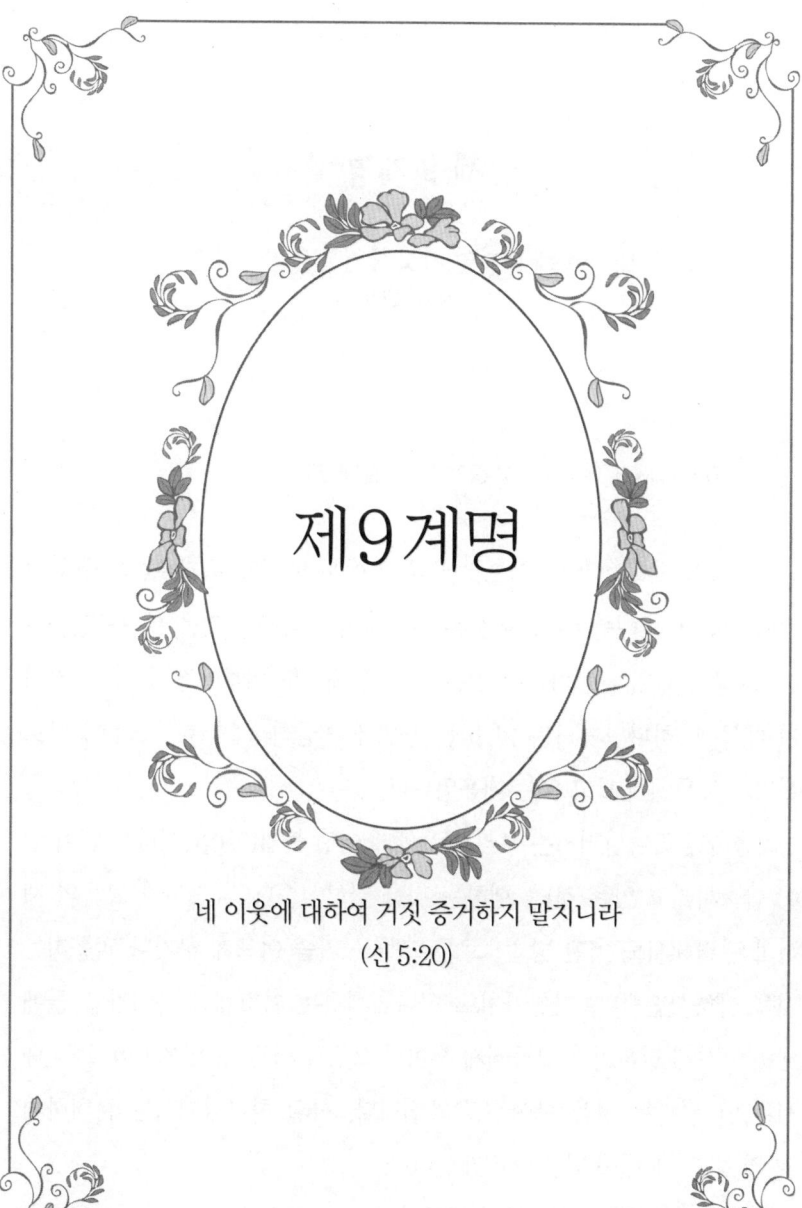

제9계명

네 이웃에 대하여 거짓 증거하지 말지니라
(신 5:20)

제 9 계명

네 이웃에 대하여 거짓 증거하지 말지니라
(신 5:20)

20 네 이웃에 대하여 거짓 증거하지도 말지니라

지금까지 우리는 어떤 식으로든 우리 이웃의 신체를 괴롭힌다거나 그들의 재산에 피해를 주는 것은 온당한 일이 아니라는 것을 살펴보았습니다. 그렇지만 위해를 가하는 것은 혀를 통해서도 이루어질 수 있는 것이기 때문에, 하나님께서는 이 또한 율법에 언급하셨습니다. 그것이 바로 우리가 본문에서 보고 있는 내용입니다.

지금까지 하나님께서는 우리 이웃에게 어떤 불법("살인"이라는 단어 안에 함축시키고 있는 것)을 행하는 것을 금하셨습니다. 게다가 그들의 재산과 관련해서도 어떤 방법으로든 그들을 가슴 아프게 하거나 괴롭히는 것을 금하셨습니다. 마찬가지로 하나님께서는 여기에서 우리가 그들에 대해 악하게 말하거나 그들에게 흠이나 오점을 남길 수 있을만한 말을 해서는 안 된다는 것을 보여주고 계십니다. 사실 하나님께서는 분명하게 "거짓 증거"에 대해 말씀하고 계십니다.

하지만 이 명령도 제가 앞서 언급한 원리에 따라 살펴볼 필요가 있습니다. 즉 하나님께서는 우리로 하여금 그와 관련된 여타의 죄들까지 혐오하도록 하기 위해, 우리가 가장 혐오해야 하는, 으뜸되는 것을 제시하고 계십니다.

따라서 만일 우리가 이웃들에 대해 악하게 말하여, 그들을 중상모략하면, 비록 그것이 사람들에게는 심각한 죄로 간주되지 않는다 할지라도, 하나님께서는 그것을 거짓 증거로 간주하십니다. 그런데 여기에서 이러한 질문을 할 수도 있습니다. "왜 하나님께서는 여기에서 거짓 증거와 위증에 대해 말씀하고 계시는 것일까. 그분은 이미 '너희는 주 여호와 너희 하나님의 이름을 망령되이 일컫지 말라' 라고 말씀하신 바가 있는데도 말이야"라고 말입니다.

그것은 불필요한 반복에 불과한 것처럼 보입니다. 율법 전체를 요약하여 10개의 명제를 넘지 않도록 하시고서는, 한 가지 사항을 두 번 반복하고 있다는 것은 부적절한 것으로 보이기 때문입니다.

하지만 우리가 명심해야 할 것은, '하나님의 이름을 망령되이 일컫지 말라' 는 계명과 관련하여 이전에 제시했던 것들은 첫 번째 목록에 있었다는 것입니다. 그 목록에서는 하나님께서 자신의 이름의 위엄이 경외함을 얻을 수 있도록 하기 위해 그 위엄과 관련된 것을 주목하셨습니다.

그러므로 하나님에 대해 언급할 때마다, 우리는 그분 안에 있는 무한한 영광에 대해 생각함으로써 경건함과 겸비함 없이는 결코 입을 열지 않아야 합니다. 그리고 맹세를 하든지 아니면 그 외 다른 식으로 그분에 대해 언급하든지 간에, 그분의 이름은 경외함을 받아야 하며 부주의하게 사용되어서는 안 된다는 것을 기억해야만 합니다. 이와 관련해서는 이미 살펴본 바대로 입니다.

그런데 지금 하나님께서는 다른 것을 말씀하고 계시는 것입니다. 즉 우리의 사악한 혀로 어떤 식으로든 이웃에게 상처를 주거나 해를 가하지 말아야 한다는 것을 말씀하고 계시는 것입니다. 이렇듯 거기에는 이중적인 의미가 있으므로, 우리는 이제 이 두 문장은 분명 다른 것이며 불필요한 것은 전혀 없다는 것을 알 수 있습니다. 우리가 명심해야 할 것은, 이를 통해 사람들이 어떻게 서로 사랑과 공평으로 더불어 살아야 하는지를 보여주고 있으므로, 하나님의 이름이 음탕한 증거로 말미암아 더럽힘을 받는다 할지라도, "이웃에 대하여 거짓 증거하지 말아야 할지니"라는 율법이 불필요한 것이 아니라는 것입니다.

이미 말씀드렸듯이, 여기에 나타난 하나님의 뜻은 온갖 비방과 거짓 보고, 중상모략과 같은 것들을 책망하는 것입니다.[245] 그리고 그 증거로 또 다른 곳에서도 "너희는 네 이웃을 모함하기 위해 악한 보고를 하거나 그에 대해 악한 말을 하지 말지니라"라고 분명하게 기록되어 있습니다.

만일 하나님의 율법이 선한 삶의 완벽한 형태를 담고 있다면, 이 말씀 또한 그 율법 안에 담겨 있어야 합니다. 그렇다면 이 명제 외에 어떤 명제가 그 뜻을 담고 있겠습니까? 그러므로 하나님께서 여기에서는 각별히 "거짓 증거"라는 명목으로 제시하고 계신다 할지라도, 그럼에도 불구하고 그분이 의도하신 것은 이 교훈을 온갖 비방과 허위보고, 이웃을 중상모략하거나 명예를 더럽히거나 혹은 그들의 선량한 이름을 손상시킬만한 언사로까지 확대시키고자 하셨던 것이라고 결론지어야 합니다. 결국 여기에 나타난 하나님의 뜻은 우리로 하여금 서로간에 좋은 관계를 유지하

---

245) 레 19:16~17.

도록 하는 것임을 알게 됩니다.

또한 더 나아가 그분께서는 누군가의 신체나 소유물이 해를 입는 것보다 그 이름이 비난당하는 것을 더욱 용인하지 않으신다는 것을 알게 됩니다. 따라서 이웃을 중상모략하거나 어떤 식으로든 뒤에서 험담하는 자는 사람들 사이에서 (힘을 다해) 사랑의 끈을 끊어버리는 것이며 공공연히 싸움을 거는 것이 됩니다.

그리고 이 모든 것들을 잘 생각해 보면, 때때로 허위보고와 비방, 험담이 강도질보다 더 심각한 위해를 가하는 것이 분명합니다. 그러므로 우리 하나님께 순종하기 원한다면, 힘을 다해 우리 이웃의 정직과 명예를 지켜 주어야 한다는 것을 깨달아야 하겠습니다. 하나님께서는 우리가 다른 사람의 선량한 이름에 해를 가하는 것을 금하셨기 때문입니다. 해를 가하기는커녕 이와는 정반대로 모든 사람들의 정직을 보존하려 애쓰는 것이 그분의 뜻이기 때문입니다. 선을 행하지 않고 단지 악행을 삼가는 것만으로는 충분하지 않습니다.[246]

이제 우리는 하나님께서 "거짓 증거"라고 말씀하심으로써 우리에게 제시하시고자 하셨던 단계로까지 나아가야 합니다. 이를 위해 우선 우리는 법정에서 어떤 거짓 보고나 거짓말 혹은 위증을 하지 않음으로써, 누군가의 정직과 명예, 행복을 손상시키지 않도록 주의해야 합니다. 이러한 것들은 우리 모두에게 마땅히 있어야만 하는 것입니다.

반면 이웃에 대하여 거짓 증거하는 자는 그를 죽이는 것입니다. 그에게서 약탈을 행하는 것입니다. 그의 위증으로 인해 생겨날 수 있는 온갖 죄

---

246) 시 34:14.

악을 행한 것입니다. 물론 대부분의 보통 사람들은 그렇게 생각하지 않습니다. 하지만 그것은 분명한 사실입니다.

그리고 이 같은 이유로 인해 하나님께서는 어떤 범죄를 저지른 당사자를 책망할 때는 증인이 먼저 해야 한다[247]고 분명하게 율법에 명시하셨습니다. 이는 그들의 말과 혀가 자신을 죽음으로 몰아 넣었다는 것을 알도록 하기 위한 것입니다. 그리고 증인들로 하여금 좀더 신중을 기하게 하고, 누군가에 대해 증거한 것에 관해 하나님 앞에서 해명해야 한다는 것을 깊이 숙고하도록 하기 위한 것입니다.

따라서 어떤 증거가 주어지면, 모든 사람들은 자신의 양심을 거스리지 않고 하나님 앞에서 진실이라 알고 있는 바를 간단하고도 꾸밈없이 말하도록 주의해야 하겠습니다.

이러한 상황이 생(生)과 사(死)의 문제와 관련된 거짓 증거에만 적용되는 것은 아닙니다. 이는 사람들의 명예나 정직성, 선량한 이름이나 소유물을 다루는 모든 문제에도 해당됩니다. 그러므로 우리가 증언을 해야 할 경우에는 모든 면에서 우리 이웃의 명예와 행복을 보호하고자 관심을 가져야 하겠습니다.

하지만 그렇다고 해서 이러한 구실로 잘못을 행한 자의 죄를 덮어주거나 그의 그럴듯한 현 상태를 지켜 주기 위해 하나님을 거스려 거짓말을 해서는 안됩니다. 만일 사람들의 명예가 우리에게 귀중한 것이라면 하나님의 명예는 얼마나 더 귀중하겠습니까? 이웃에 대하여 거짓 증거하는 것을 하나님께서 금하신 것은 사람들 사이에 우애가 지속되도록 하기 위함

---

247) 신 17:7.

이며 누구도 자신의 이름이나 소유물에 있어서 손해를 입지 않도록 하시기 위함입니다.

그런데도 곤고한 지렁이에 불과한 우리가 하나님을 그렇게 취급한다면, 그 순간을 하나님께서 잊어버리실 것이라 생각하십니까? 그렇지 않습니다. 거짓 보고로 죄를 옹호하거나, 그것에 힘을 실어주어 그 죄를 감추거나 숨기려 한다면, 그것은 하나님의 명예를 해하는 것이 분명합니다. 왜 그렇습니까? 나는 진실을 말하고 있다고 주장하지만 실제로는 거짓말을 하고 있는 것이기 때문입니다. 그러니 그것은 하나님의 명예를 더럽히는 것이 아니겠습니까?

그렇습니다. 따라서 우리는 하나님께서 "네 이웃에 대하여 거짓 증거하지 말지니라"라고 말씀하심으로써 의도하신 것이, 행악자에게 유익을 주거나 사람들의 잘못을 감추어 주라는 것이 아니라는 것을 깨달아야 하겠습니다. 다만 (최선을 다해) 우리 이웃의 정직성을 옹호해줌으로써, 그것이 진실이라 판명되어질 수 있도록 해야 한다는 것을 우리에게 보여주시기 위한 것입니다.

더 나아가 여기에서 하나님께서 유의해 보고 계신 것은, 행위 그 자체보다는 악의와 원한에서 나온 사악한 정욕이라는 것을 주목해야 하겠습니다. 이와 관련해서는 아직 논의되어야 할 것으로 남아있는 사항들을 살펴볼 때 더욱 분명하게 이해하게 될 것입니다.

이미 말씀드렸듯이, 이 부분에서, 하나님께서 법정에서나 그 외에도 엄숙히 선서해야 할만한 상황에서 거짓 증거하는 것에 대해서만 말씀하고 계신 것은 아니기 때문입니다. 이는 또한 온갖 중상모략과 비방에 대해서도 말씀하고 계시는 것입니다. 어떤 식으로든 이웃을 험담하는 자는 하나님 앞에서 거짓 증거로 인해 심판 받게 될 것입니다. 게다가 제가 어떤 사람의 귀에 이웃에 대한 험담을 속삭인다면, 분명 그것은 거짓 증거입니다.

재판관 앞에 소환 받지 않았다 할지라도, 증인 선서를 하지 않았다 할지라도, 그밖에 어떤 맹세의 의식을 이행하지 않았다 할지라도, 우리는 하나님께서 그 험담에 대해 어떻게 말씀하고 계시는지 알고 있습니다.

따라서 저는 그 점에 있어서 죄인인 것입니다. 하지만 이 점을 깊이 생각해 보아야만 합니다. 만일 제가 어떠한 악의도 없이 다만 어떤 사람이 죄를 지은 것을 알게 되었다면, 하나님이나 사람 앞에서 그 행위에 대해 거짓 증거한 것이라 간주될까요? 그렇지 않습니다. 하나님께서는 악한 의도와 앙심에 특별한 관심을 갖고 계십니다.

따라서 만일 제가 누군가를 미워하여 그에 관해 허위 보고를 하고, 그를 향해 품고 있는 악한 감정으로 인해 그 일을 강행한다면, 그것으로 인해 저는 거짓 증거에 대한 책망을 받게 됩니다. 만일 제가 험담하기를 좋아하고 악의 지배를 받아 모든 사람에게 달려들지 않을 수 없다면, 분명 저는 거짓 증인인 것입니다.

그리고 그것이 바로 사랑은 허다한 죄를 덮지만 미움은 수치심을 불러일으킨다고 기록되어 있는 이유입니다.[248] 하나님께서 율법을 통해 금하시고 책망하신 거짓 증언의 뿌리를 솔로몬이 어떻게 다루고 있는지 보십시오. 그것은 우리가 미움의 지배를 받은 결과임을 잘 드러내고 있습니다. 왜 그렇습니까? 우리가 서로 사랑한다면, 분명 우리는 서로를 옹호하려고 노력할 것이기 때문입니다.

---

248) 잠 10:12, 벧전 4:8.

우리는 만일 우리가 누군가를 험담함으로써 그로 하여금 자신의 정직성을 지키기 위해 우리에게 화를 낼 수밖에 없게 만든다면, 이는 불을 지피는 것과 같다는 것을 알고 있습니다. 그런 식으로 모든 우애는 깨지기 마련입니다. 그러므로, 만일 우리가 이웃 간의 사랑을 지속시키고자 한다면, 가능한 다른 사람의 결점을 가려야 할 것입니다. 원한을 갖고 있다면, 우리는 혀를 가만히 두지 않을 것입니다. 마음에 악의가 가득 차 있다면, 그것은 배출구를 찾을 수밖에 없기 때문입니다.

우리는 내부에 잠복해 있는 원한을 누설할 수밖에 없게 될 것입니다. 그러므로 누군가를 미워하고 그가 파멸하기를 바랄 때마다, 이 본문을 통해 하나님께서 악의와 나쁜 의도에서 나온 온갖 험담을 책망하고 계시다는 것을 명심해야 하겠습니다.

우리가 그를 신체적으로 괴롭히거나 그에게서 재산을 빼앗아감으로써 그 소유물에 손해를 입힐 수 없게 될 경우에는, 비아냥으로 그에게 상처를 주려 하게 되고 중상모략하려 할 것이기 때문입니다. 그렇게 한다면, 그것은 열매를 맺을 수 없는 악한 뿌리와 같습니다.

그것이 바로 하나님께서 주신 이 계명을 올바로 이해하기 위해 우리가 의뢰해야 할 사항인 것입니다. 그럼에도 불구하고 우리가 명심해야 할 것은, 사랑이 허다한 죄를 덮는다고 기록되어 있기는 하지만, 그것이 우리가 서로를 합리화하고 거짓말로 우리의 악을 키워나가야 한다는 의미가 아닙니다. 낙심한 상태일지도 모르는 사람이나, 자포자기에 빠진 것 마냥 수치를 모르고 악에 빠져버린 상태일지도 모르는 사람을 중상 모략하고자 하는 바램을 분출시키지 말아야 한다는 것입니다.

그런 까닭에 우리가 분명하게 기억해야 할 것은, 성령님은 우리로 하여금 악행을 저지르거나 거짓말을 한 이웃을 합리화하고 이를 조장하도록 하려 하신 것이 아니라는 것입니다. 오히려 우리는 최선을 다해 그들의 악행을 고쳐주려 노력해야 합니다. 그러나 동시에, 그들이 그릇된 행동을 했을 경우 자포자기한 상태에 빠지지 않도록 만들기 위해 그들을 참아주려 노력해야 합니다.

어떤 사람은 자신이 훼손당했으며 그것이 앙갚음으로 인한 것임을 알게 되었을 경우, 그로 인해 괴로워하기 때문입니다. 악행에 빠지게 되며 결국은 그것에 무감각해지게 되기 때문입니다. 따라서 사람들이 이미 악한 상태에 빠져 있을 때, 우리가 자비로운 마음 없이 사납게 그들을 책망한다면, 그로 인해 그들은 스스로를 더욱 병들게 만들 것입니다.

그러므로 사람들의 악을 책망하고자 한다면, 책망 받는 자로 하여금 우리의 의도가 그들을 멸망의 길에서 돌이키고자 하는 것임을 깨달을 수 있도록 온유한 심령으로 해야 하겠습니다.[249] 같은 이유로 사도 야고보는 친절하고 부드러우며 다정한 훈계를 통해 이웃을 하나님께 인도하려 애쓰는 자들에게 이 본문을 적용하고 있습니다.[250] 따라서 누군가가 그릇 행하는 것을 알고 그에게 그 잘못을 말해줌으로써, 나의 충고를 통해 그가 바른 길로 돌이키게 된다면, 그때 비로소 "사랑은 허다한 죄를 덮느니라"라는 말씀이 실현되는 것입니다.

사실 솔로몬은 다른 목적으로 이것을 말하고 있습니다. 하지만 이 두 가지 목적을 비교해 보았을 때, 사도 야고보가 솔로몬의 훈계를 잘못 적용하고 있는 것은 아닙니다. 그는 우리가 사람들의 죄를 덮어준다는 것이,

---

249) 갈 6:1. 250) 약 5:20.

하나님께서 분노하셨는데도 그들을 못 본체 하거나 침묵을 지키는 것을 말하는 것이 아님을 이해시키고자 한 것이기 때문입니다(만일 어떤 사람이 자신을 파멸시킨다면, 우리는 사랑으로 그의 악을 숨기기 위해 모른 체 해서는 안됩니다. 그것은 이 교훈을 잘못 실행하고 있는 것입니다).

반대로 우리는 친절하고 다정하게 훈계해야 합니다. 그리고 동시에 그의 죄가 하나님 앞에서 묻혀지고 사람들 또한 기억하지 않게 될 만한 방법을 찾아야 합니다. 그렇게 하여 우리 이웃이 다시 회복되는 것으로 기뻐해야 합니다. 그리고 우리는 항상 이 방법을 따라야 합니다. 즉, 죄가 고쳐졌을 경우, 가능하다면 당사자를 모욕하지 말아야 합니다. 그들이 회개를 부끄러워하지 않고 세상을 향해 절망에 빠지지 않는 한에서 말입니다. 하지만 이것이 잘못 사용되고 있습니다.

그리고 우리는 사람들이 이 두 가지 방법과는 너무도 동떨어진 채 죄를 짓고 있다는 것을 알고 있습니다. 그 중도의 길(다시 말해 사람들의 죄를 부드럽게 고쳐주고 모든 사람들이 교화되는 동시에 모욕을 당하지 않도록 하기 위해 그들을 덮어주는 방법)은 지켜지지 않는 법이기 때문입니다.

왜 그렇습니까? 사람들과 화목하게 지내고자 하는 우리의 바램이 그들을 합리화 시켜주게 되기 때문입니다. 우리는 그들이 여러 면에서 하나님을 노하게 만든다는 것을 알지만, 그냥 지나쳐 버립니다. 우리의 친구들이 우리를 용서해 주기 바라기 때문에, 우리도 그들 안에 있는 죄를 참아주는 것입니다.

결국 여러분은 이것이 사악한 구실에 불과하다는 것을 알게 됩니다. 사탄은 그런 식으로 곤고한 죄인들의 눈을 멀게 하기 때문입니다. 그리고 우리가 책망해야 할 죄를 못 본체 함으로써, 우리 자신이 그들을 눈멀게 하는 원인이 되는 것입니다. 게다가 우리는 그런 자들을 책망해야 하는 불편함을 감수하고 싶지 않습니다. 오늘날 세상은 우리가 그들을 위해 온 갖 죄를 묵인해 주기를 바라기 때문입니다.

만일 그렇지 않을 경우에는, 우리가 좋은 친구가 될 수 없거나, 혹은 함께 어울리는 자들에게 신뢰를 지키고 믿음을 줄 만한 존재가 될 수 없는 것 마냥 여기는 지경에 이르렀습니다. 때문에 그들이 죄를 범해 그것에 대해 책망을 받거나 수치심을 느껴야 하는 지경에 이르게 되면, 우리는 오히려 단호하게 거짓말을 합니다.

어떻게요? 사람들은 이렇게 말합니다. "내 이웃에게 상처를 입혀야 하겠습니까? 저는 그에게 많은 은혜를 입고 있습니다. 그런데 내가 그에게 불리한 증언을 해야 하겠습니까? 어떻게 그럴 수 있습니까?"라고 말입니다. 우리가 하나님의 진리를 얼마나 중요하게 여기고 있는지 보십시오. 우리가 하나님의 진리를 얼마나 거짓으로 바꾸어 버리고 있는지 보십시오. 우리가 우리 이웃을 중상모략하지 말라는 계명을 어떻게 악용하고 있는지 보십시오.

따라서 우리가 죄를 지지하고 사람들의 악을 돋우어 줌으로써, 그들의 이러한 응석을 과도하게 받아주는 것은 사악한 일이라는 것을 알아야 하겠습니다. 특히 우리가 법정에 소환되어 증언을 하도록 요청 받았을 때, 고쳐져야 하는 실제 악을 폭로하지 않는다면, 방조범(幇助犯)으로서 죄를 짓는 것이 될 것입니다.

살인자와 강도, 행음자, 희롱자, 뇌물수수자, 거짓으로 가득한 자를 숨겨주는 것이 됩니다. 분명 그렇게 함으로써 하나님과 사람 앞에서 그 모든 범죄에 스스로를 끌어들이는 것이 됩니다. 그러므로 앞서 말한 것처럼 사랑으로 인해 우리 이웃의 죄를 덮어주어야 한다는 말씀을, 그 죄를 폭로할 필요가 있을 때와 증언의 요청을 받았을 때 거짓을 말하는 핑계로 삼아서는 안됩니다.

그런데 수치스러울 만한 또 다른 몹쓸 극단의 행위가 있습니다. 그것은 조용히 그리고 소리 없이 개선되어야 할 악행들을 너무도 성급히 떠벌린다는 것입니다. 그리하여 이것이 때로는 증오가 되고, 때로는 야망이나 자만심이 되며, 때로는 스스로를 자랑하고픈 어리석은 바램이 됩니다.

또한 때로는 증오가 되어버립니다. 악을 벌하기 바라며 하나님을 노하게 하고 싶지 않다는 구실 아래, 미워하는 자들과 은밀히 불만을 품고 있는 자들을 기다려 주려 하지 않기 때문입니다.

그래서 그들에게서 비난받아야 할 것이나 약점을 발견하게 되면, 곧 그 이야기를 발설해 버립니다. 원수에게 해를 가할 뿐 아무 유익도 가져다 주지 않는 무언가를 찾게 되면, 우리는 마치 하나님을 위해 열심을 내는 사람의 모습을 하며 그분의 이름을 부정하게 악용합니다.

그리고 미워하는 사람 안에 있는 악은 비난하면서 친구의 악은 가능한 참아주고 덮어주며, 공평하게 다루지 않는 것에서 우리의 악은 더욱 분명하게 드러납니다. 결국 그것은 우리가 어떤 선한 의도로 그렇게 한 것이 아니라는 것을 나타내는 것이 아니겠습니까? 우리가 죄와 악에 대해 투쟁하는 것이 아니라 단지 개인과 싸우고자 한다는 것을 나타내는 것이 아니겠습니까? 이는 너무도 쉽게 식별될 수 있습니다.

따라서 사람들의 악과 죄를 폭로하려 할 때면, 우리의 마음이 깨끗해야 하고 온갖 악한 의도에서 자유로워야 합니다. 그렇게 함으로써, 진심으로 죄를 발견하게 된 사람의 행복과 유익을 바란다는 것을 하나님 앞에서 증언해야 합니다. 이것이 바로 우리가 명심해야 할 사항인 것입니다. 게다가 우리는 (이미 살펴본 바와 같이) 온갖 어리석은 야심이나 자만으로부터 스스로를 지켜야 합니다.

즉, 우리는 일반적인 사람들이 하듯이 사람 앞에서 스스로를 치켜세우고픈 바램을 가져서는 안됩니다. 흔히들 다른 사람들에게 소리를 지르고 그들에게서 결점을 찾아냄으로써 스스로를 성자처럼 거룩하게 만들고자 합니다. 그들이 잘못을 찾아내자마자 상대방은 그것으로 비난받아야 합니다. 참으로, 이 사람은 훌륭한 열심을 가진 자라는 것을 온 세상이 알아야 합니다. 하지만 동시에 이 모든 것은 스스로를 치켜세우고자 하는 어리석은 바램에 불과한 것입니다.

이 때문에 하나님께서는 종종 그러한 자만심을 꾸짖고 계십니다. 그들은 자신들이 다른 사람을 심하게 비난함으로써 스스로를 성자나 천사와 같은 존재가 되도록 만든다고 생각하기 때문입니다. 하지만 그럼에도 불구하고, 그들은 자신 안에 있는 많은 경범죄들을 사면시켜 줍니다.

그리고 그들 자신이 바로 자신들이 죄를 발견한 사람들보다 더 큰 죄를 범하고 있음에도 불구하고, 사람들이 자신들을 참아주기를 바랄 것입니다. 왜 그렇습니까? 그들은 다른 사람들을 강하게 질책했기 때문입니다. 게다가 여러분들은 이렇게 말하는 것을 부끄럽게 여기지 않는 자들을 봅니다. "뭐가 어때서? 내가 악을 엄하게 비난하지 않았는가? 내가 그렇게 단호하게 처신했으니 그것으로 나에게 충분하지 않는가?"라고 말입니다.

그렇습니다. 그런데 당신이 다른 사람을 참아 줄 수 없는데, 어떻게 다른 사람이 당신을 참아주기를 바랍니까? 당신 안에 조금이라도 선한 기질이 존재한다면, 다른 사람 안에 있는 악뿐만 아니라 당신 자신 안에 있는 악도 미워해야 하지 않겠습니까?

그러므로, 우리가 이웃들을 비난하며 소리지를 때에는, 모든 야심으로부터 깨끗하도록 주의해야 하겠습니다. 다른 사람에게서 발견한 악을 스스로에게서도 발견하게 된다면, 순서대로 행동하여 우리 자신부터 책망해야 하겠습니다. 다른 사람들의 죄를 책망하고자 한다면, 자신 안에 있는 것을 잘 살펴보고 고찰해 본 다음 먼저 스스로를 책망해야 하겠습니다.

그리고 나서 이웃에게 나아가야 하겠습니다. 그것이 바로 경건에 의거해 행동하고자 할 경우 우리가 지켜야 할 순서인 것입니다. 어쨌든 간에 여기에서 하나님께서 주로 책망하고 계시는 것은 위해를 가하는 온갖 행위와 험담이라는 것에 주목해야 하겠습니다.

따라서 우리가 이웃이 저지른 어떤 류의 악을 떠벌리려는 목적에서만 입을 연다면, 하나님 앞에서 거짓 증언자로 책망 받게 됩니다. 그렇지만 그 결과로 죄악이라 알려진 것을 감추어야 한다는 것을 의미하는 것은 아닙니다. 지금까지 제시했던 것처럼, 감언(甘言)과 거짓말로 다른 사람의 죄를 조장해서는 안되기 때문입니다. 그 죄들을 관대하게 숨겨준다는 미명 아래에서 말입니다.

따라서 사람들에게 죄를 범하는 것이 금해져 있다는 핑계 아래, "검은 것"을 "흰 것"이라고 말해서는 안됩니다. 이러한 사실을 분명하게 기억해야 합니다. 책망받을 것이 전혀 없는 것처럼 보이고 싶어서 표현을 바꾸는 자들도 있기 때문입니다.

그리하여 죄를 범한 강도의 경우 어떤 다른 명칭으로 불려, 그 죄가 본연의 이름으로 책망 받지 않도록 하려 합니다. 이는 너무도 뻔합니다. 하나님을 노하시게 만들뿐만 아니라 다른 사람들까지도 악한 무리에 가담하게 만든 원인이 되어 나머지 사람들에게 해로운 영향을 준 사악한 자들 일지라도 그가 그로 인해 책망 받게 되면, 어떤 사람이 마땅히 해야 할 바 대로 그들을 엄중히 책망하기 시작하면, 곧 그것을 비통해 하는 이러한 괴팍스러운 사람들이 있습니다.

"예? 그렇다면 악을 반대한다고 외치려 할 때마다, 꼭 단상에까지 올라가야 한다는 말입니까?"라고 그들은 말합니다. 어떤 사람은 신성모독이 만연하는 것을 보게 될 것입니다. 또 어떤 사람은 하나님과 그분의 말씀을 거스르는 공공연한 사악함을 보게 될 것입니다. 그리고 어떤 사람은 너무도 수치스러운 불순종을 보게 될 것이며, 어떤 사람은 하나님을 배반하려 하지 않고서는 결코 참아줄 수 없을 정도로 사악한 범죄가 일어나는 경우를 보게 될 것입니다.

하지만 그가 그것들을 반대한다고 외치면, 곧 이런 대답을 듣게 될 것입니다. "그게 어떻다는 말입니까? 복음은 당신에게 모든 사람을 온유함으로 얻으라고 가르치고 있습니다. 예수 그리스도께서는 죄인들의 죄를 용서하심으로써 사랑으로 그들을 부르시지 않았습니까? 그런데도 복음 선포자들은 그토록 엄격하게 행하셔야 하는 것입니까?"라고 말입니다.

그는 지금 사람들이 예수 그리스도의 은혜를 남용하여 사탄의 왕국을 건설함으로써 죄가 맘껏 활개칠 기회를 얻을 수 있도록 하는 것이 바로 그리스도의 뜻이라고 말하는 것과 같습니다. 사람들이 그 죄를 눈감아 주어 아무런 비난도 받지 않은 채 간과되도록 하는 것이 그리스도의 뜻이라고 말하고 있는 것입니다. 아니 그렇기는커녕, 그와 반대로, 그분이 말씀

---

251) 고후 10:4~6.

하신 것은 온 세상을 책망하기 위해 복음에 의거해 사법권을 발휘하고 계신다는 것입니다.[251] 보십시오, 그분이 말씀하신 것은, 자신의 죄에 대해 듣게 되면, 그것을 부끄러워해야 한다는 것입니다. 어디로 달아나 은신해야 할지 모르기 때문입니다. 오직 그분의 은혜로만이 피할 수 있습니다. 그리고 스스로에 대해 철저히 부끄러워해야 합니다.

따라서 증오나 악한 의도로 이웃을 중상모략하는 것은 금지되었다는 것을 분명하게 기억해야 하겠습니다. 게다가 그와 반대로, 죄악을 비난하고 죄를 지은 자들을 공정하게 책망하여 그들로 하여금 다시 선으로 인도될 수 있도록, 그리고 다른 사람들이 악한 본보기에 의해 타락되지 않게 주의하도록 만들어야 한다는 명을 받습니다.

결국 한편으로는 우리 주 예수 그리스도께서 "형제에 대하여 미련한 놈이라 하는 자는 지옥 불에 들어가게 되고, 그에게 노하는 자마다 이미 저주받았느니라"[252]라고 말씀하신 부분에서 의도하신 바를 우리가 깨달아 받아들인다면, 이러한 사실을 더욱 잘 이해할 수 있게 될 것입니다.

그리고 다른 한편으로는, 열매 없는 어둠의 일을 책망해야 한다고 기록되어 있으므로,[253] 죄악을 혐오해야 하겠습니다. 사도 바울이 고린도인들에게 증거하기를, 만일 복음이 합당하게 선포되면, 그것을 들은 자들은 자연히 땅에 엎드리어, 다시 말해서 자신의 죄를 부끄러워함으로써 하나님께 경배하게 될 것이라고 말하고 있는 것처럼 말입니다.[254]

왜 그렇습니까? 이는 죄들이 이전에는 감추어져 있었던 반면, 이제는 드러났기 때문입니다. 그들의 죄가 알려지지는 않았었지만, 자신들이 하

---

252) 마 5:22. 253) 엡 5:11. 254) 고전 14:25.

나님 앞에서 책망받고 있었다는 것을 알게 됩니다. 그리고 더 이상 스스로를 감출 수 없다는 것을 알게 됩니다.

따라서 만일 제가 악한 의도를 가지고 이웃에게 화를 낸다면, 비록 제가 그를 비류나 낭비가, 혹은 미련한 자라고 불렀다는 것을 사람들이 알 수 없다 할지라도, 단순히 그를 향해 머리를 흔들거나 손가락질을 했을 뿐일지라도, 보십시오, 그것은 하나님 앞에서 거짓 증언이 됩니다. 왜 그렇습니까? 이웃을 멸시한 것이기 때문입니다. 그를 수치스럽게 만들기 바란 것이기 때문입니다. 무엇이 저를 그렇게 만들었습니까? 제가 품고 있는 그에 대한 미움입니다.

하지만 반대로, 만일 이웃에게 유익한 조언을 해주고 그의 행복을 구하기를 바란다면, 그리하여 어떤 악한 정욕에도 이끌리지 않고 저의 행복만큼 그의 행복을 바란다면, 저는 분명 그 불행한 사람에게 이렇게 말할 것입니다. "당신 자신을 보십시오. 당신은 스스로를 악마에게 팔아 넘길 셈인 것처럼 보입니다. 그 저주스런 속박에 매이기 바라시는 것입니까? 당신은 진실로 당신이 어리석은 자이며 완전히 정신이 나간 상태임을 보여주고 있습니다. 당신이 어떤 경고도 받아들이기를 원하지 않고 있기 때문입니다. 그토록 불행하게 멸하기를 원하시는 것입니까? 지금처럼 그렇게 불쌍하게 행동하면, 모든 사람들이 당신의 얼굴에 침을 뱉게 됩니다"라고 말입니다.

제가 누군가에게 이렇게 말할 수는 있겠지만, 그렇다고 그에게 상처를 주어서는 안 됩니다. 왜 그렇습니까? 그에게 상처를 주면 그를 변화시킬 수 없기 때문입니다. 사탄이 그를 무감각하게 만들어, 그에게는 망치로 치는 것과 같은 자극이 필요하다는 것을 알게 되었을 때는, 그와 같은 열심으로 그를 대할 수 있습니다.

그리고 그의 죄를 덮어주는 것은 그 다음 행동인 것입니다. 그들이 하나님께 용서받고 세상으로부터 더 이상 모욕을 받지 않도록 하려는 목적이 아니라면, 제가 그렇게 하는 의도가 무엇이겠습니까? 그가 손가락질 당하는 것을 보는 것은 참으로 슬픈 일입니다. 그가 모든 사람에게서 웃음거리가 되는 것을 보는 것은 슬픈 일입니다. 모든 사람들이 쳐다보도록 그가 단두대 위에 세워진 것을 보는 것은 슬픈 일입니다. 저는 이러한 것들이 너무도 슬픈 일이라고 말씀드리는 것입니다. 그 때문에 그가 다시 바른 길로 인도되도록 애쓰는 것입니다. 그러한 행동에는 어떤 잘못도 없습니다.

하지만 그럼에도 불구하고 지나치게 가혹해서는 안됩니다. 비록 우리가 매우 건강한 생각을 가지고 있고, 어떤 악한 의도도 품지 않았다 할지라도, 너무 신랄하게 책망할 경우 곧 잘못을 저지를 수 있기 때문입니다. 따라서 사도 바울은 범죄한 자를 책망할 때는 온유한 심령으로 대하라고 분명하게 권면하고 있습니다.[255] 왜 그렇습니까? 당신 자신 또한 실수할 수 있다는 것을 주시하십시오(라고 그는 말하고 있는 것입니다).

우리 이웃들이 우리에게 해주기를 바라는 것처럼 우리 역시 그들에게 온유하고 부드럽게 대해야 하겠습니다. 세상이 아무리 제 멋대로 일지라도, 우리는 악에 대해 말할 때 아무런 꾸밈도 없이 해야 하겠습니다.

그리고 모든 범죄자들을 공평하게 교화시키고자 노력해야 하겠습니다. 그들이 견디어낼 수 있는 만큼에 근거하여, 그들이 순순히 응한다는 것을

---

255) 갈 6:1.

확인한 후에 말입니다. 그리고 사랑과 형제애를 가지고 그렇게 해야 하겠습니다. 하나님께 그분의 성령으로 말미암아 이런 상황에서 우리를 인도하고 다스려 달라고 기도한다면, 솔직하고 관대하게 말한 것들이 그들에게 해를 끼치지는 않을 것이기 때문입니다.

따라서 여러분은 이 계명을 준수하는 길이란 우리의 입을 열어 적의나 악한 의도로 조롱하거나 중상모략하는 말은 한 마디라도 하지 않도록 조심하는 것임을 알게 됩니다. 동시에 우리의 잘못을 바로잡아야 할 경우 다른 사람이 우리를 솔직하고도 온유하게 대하기를 바라는 것처럼 우리 역시 범죄자들을 그렇게 책망하도록 조심하는 것입니다.

우리가 이렇듯 공정하게 행한다면, 이웃에 대하여 거짓 증언을 하는 자가 되지 않을 것입니다. 더욱이 우리가 주목해야 할 것은, "거짓말"이나 "이중성"이라는 말이 언급되어 있기는 하지만, 이것이 단순히 어떤 거짓말을 조작하거나 꾸며내어서는 안 되며, 결국 우리가 말하는 것은 사실에 대한 어떤 꾸밈도 없어야 한다는 것만을 의미하는 것은 아니라는 것입니다.

참으로 누군가가 그 자체로는 악하지 않은 것을 고의로 훼손시키거나 더럽히거나 수치스럽게 만든다면, 보십시오, 그것은 이미 거짓 증언인 것입니다. 기록에 따르면, 우리 주 예수 그리스도를 반대하는 증거를 가진 자들이 와서 "이 사람의 말이 너희가 이 성전을 헐라 그러면 사흘 안에 내가 그것을 다시 지을 것이라 하더라"라는 거짓 증언을 했다고 되어 있습니다.[256] 그렇지만 분명 예수 그리스도께서는 그렇게 말씀하셨으며 자신의 입으로 같은 말씀을 하셨습니다.

---

256) 마 26:60~61.

그렇다면 왜 그들의 보고를 거짓 증언이라고 칭한 것일까요? 그 이유는, 그들이 하나님의 아들의 말씀을 그분이 그 당시 말씀하신 뜻이 아닌 다른 의미로 왜곡시켰기 때문입니다. 그렇게 해서 자신들의 분노에 근거하여 마치 그분이 눈에 보이는 예루살렘 성전에 대해 말씀하신 것 마냥 사악한 모략으로 그분을 고발하려 했습니다.

하지만 그분이 말씀하신 것은 신성의 모든 충만이 거하시는 바로 그 성전, 즉 그분 자신의 육체를 가리키신 것이었습니다.[257] 그분은 육신으로 나타나신 하나님이시기 때문입니다.[258] 결국, 간단히 말해서, 우리는 여기에서 하나님께서 정죄하시는 이중성이란, 어떤 거짓말을 만들어 내거나, 결코 행해지지도 말해지지도 않은 무언가를 날조하여 꾸며낸 이야기를 보고하고 사람들이 그 실체가 무엇인지를 알지 못하도록 하는 것을 말하는 것이 아님을 알게 됩니다.

그것은 선의로 해석될 수 있을 법한 말을 악의적으로 왜곡시키거나 손상시키고 악한 것으로 바꾸어 버리는 것을 말합니다. 우리가 그렇게 한다면 우리는 거짓 증언자들인 것입니다.

예를 들어 너무도 강퍅한 사람들이 있다고 해봅시다. 그들은 자신들의 비위를 거스르는 무언가를 알아냈을 경우, 그것이 전혀 악하고 불경스러운 것이 아니라 할지라도, 곧 그것에서 분쟁거리를 들추어낼 것입니다. 그들은 "보세요, 그 사람이 그런 짓을 저질렀어요"라고 말할 것입니다. 아무런 흠이나 오점도 찾아내지 못한다 할지라도, 그들에게 있어서 선을 악으로 만드는 것 정도는 그다지 어려운 일이 아닙니다. 좋은 의미로 한 말

---

257) 골 2:9. 258) 딤전 3:16.

을 우리가 잘못 해석하면, 보십시오, 우리는 상대방을 공격하는 것이 되며 그의 선한 평판은 손상을 입게 됩니다.

이렇게 해서 여러분은 결코 행해진 바 없는 것이나 말해진 바 없는 것을 꾸며낼 때뿐만 아니라, 음흉한 트집이나 어떤 음탕하고 부정직한 방법을 통해 선의로 받아들일 수 있을 법한 것을 부정적으로 왜곡할 때 역시 거짓 증언자가 된다는 것을 알게 됩니다.

그런데 (제가 말씀드린 것처럼) 사람들은 남의 흠을 잡기 좋아하는 성향을 가지고 있는 고로, 이러한 행위가 종종 행해집니다. 심술궂은 그들로서는 모든 것을 최악의 것으로 바꾸려 할 수밖에 없는 것입니다.

하지만 사도 바울이 말한 것처럼 사랑은 불신하지 않는다고 기록되어 있습니다.[259] 따라서 우리는 무언가를 책망하기 전에 그것이 악한 것인가를 확실히 해야 합니다. 사실 우리는 가끔 선과 악을 잘못 분별할 수도 있습니다. 참으로 명백한 징조와 증거가 있을 때조차도, 그리고 "이것은 잘못 되었어"라고 말할 수 있을 만큼 그 문제가 분명할 때조차도, 우리가 그 문제에 너무 집착하다 보면, 그것은 죄가 될 수밖에 없는 것입니다.

특히 우리의 본성이 너무도 악하여 이유 없이 사람들을 괴롭히고 중상모략하려 할 때면, 분명 우리는 하나님 앞에서 거짓 증언자로 책망받게 됩니다. 이렇듯 엄격한 마음으로 인해 악을 비난할 때면 너무도 완강한 그들조차 책망을 받을진대, 그 행위가 명백한 증오에서 나온 자들은 어떻겠습니까? 분명 선의로 받아들여질 수 있고 분명한 잘못이 없는 말이나 행위를 잘못 해석하고자 하는 자들은 어떻겠습니까?

---

259) 고전 13:5.

음탕한 해석으로 선의의 것들을 훼손한다면, 하나님 앞에서 거짓 증언자들이 되지 않겠습니까? 따라서, 간단히 말해, 우리는 우리 이웃의 정직성과 행복을 지켜주는 법을 배워야 하겠습니다. 그들을 책망하는 것이든, 혹은 그들은 처벌받아 마땅하기 때문에 그들의 악한 본보기로 인해 미혹되고 잘못 인도될 수 있을 만한 자들을 변화시키기 위해 그 악에 대해 말하는 것이든 간에 말입니다.

그리고 언제나 말을 함에 있어서 이것을 주의해야 하겠습니다. 즉 우리는 우리 자신이 바라는 만큼 그들의 행복과 유익도 추구해야 합니다. 그리고 사람들이 낙담할 정도로 모욕하지는 않도록 끊임없이 주의해야 합니다. 오히려 하나님과 사람 앞에서 최대한 그들의 죄를 덮어주어야 하기 때문입니다.

그들이 스스로를 회복시키고, 온갖 허탄한 것들에 매진해 온 것을 수치스러워할 수 있도록 말입니다. 그것이 바로 우리가 주의해야 할 바인 것입니다. 그런데 우리가 여기 담겨 있는 것들을 준수하고자 한다면, 더 고차원적인 근거에 의지해야 합니다. 다시 말해서, 하나님께서 우리의 혀를 만드신 목적이 무엇이며 우리에게 말이라는 것을 주신 이유가 무엇인지를 깊이 생각해 보아야 합니다.

즉 의사소통을 통해 우리가 서로에게 우리의 생각을 알려줄 수 있도록 하신 의미를 알아야 하는 것입니다. 결국 자비와 사랑으로 스스로를 지속시키기 위한 것이 아니라면 사람들의 의사소통이 어디에 이바지해야 하겠습니까? 이 말은 곧, 혀에 재갈을 물려 하나님께서 명하신 연합이 가능

---

260) 약 3:5~6.

한 한 언제까지나 유지될 수 있도록 하는 법을 배워야 한다는 것입니다.

그리고 바로 그것이 사도 야고보가 악한 말을 하는 것에 대해 그토록 진지한 이유인 것입니다.[260] (그가 말하기를) 혀는 작은 것이고 단지 육체의 작은 부분에 해당합니다. 하지만 그것은 세상에서 가장 큰 숲을 태울 수 있을 만한 불을 일으킵니다. 그렇다면 우리는 앞서 말한 근거로 돌아가야 하겠습니다.

다시 말해서, 하나님께서는 우리에게 서로 교제할 수 있는 능력을 주심으로써 우리에게 굉장한 유익을 제공하셨다는 것을 깨닫는 것입니다. 보십시오. 사람들의 생각은 참으로 은밀합니다. 하지만 그 혀는 우리의 마음을 내보여 줄 수 있습니다. 따라서 우리는 그런 유익을 사용하는 데 있어서 신중해야 하겠습니다. 그 혀가 우리의 악과 죄로 인해 더럽혀지지 않도록 말입니다.

그리고 하나님께서는 우리에게 혀를 주심으로써 서로를 향한 사랑과 우애라는 선한 뜻을 유지하도록 하셨습니다. 따라서 실없이 지껄이거나 말을 그릇되게 왜곡하여 우리 가운데 증오와 악의의 씨를 뿌리기 위해 여기저기 혀를 놀리고 다님으로써 그 혀를 남용하지 않도록 해야 하겠습니다. 결국 여러분은 우리가 어디로 돌아와야 하는지를 알게 됩니다.

더욱이 거짓 증언이라는 범죄를 피하는 법을 알게 되었다 할지라도, 우리의 혀에 재갈을 물린다는 것은 너무도 어려운 일입니다. 그러므로, 더 많은 노력과 주의를 기울여야 하겠습니다. 우리는 많은 악한 말들이 우리로부터 너무도 쉽게 새어 나간다는 것을 압니다.

그리고 여기 저기에서 분별없이 이야기를 했다 할지라도, 우리는 그것에 너무도 익숙해져 있으므로, 그것이 하나님 앞에서 죄가 되지는 않는다고 생각합니다. 하지만 우리는 천성적으로 분별 없이 말하고, 이웃을 비난하며 책망하는 말을 내뱉는 경향이 매우 많습니다.

따라서 우리의 혀를 가두고 제어하고자 좀더 노력할 필요가 있다는 것을 명심해야 하겠습니다. 이 죄는 하나님 앞에서 결코 어떤 변명으로도 용납될 수 없는 것이기 때문입니다. 게다가 우리 자신에게서 어떤 죄를 인식했다면, 그것으로 인해 자만해서는 안됩니다. 그것을 슬퍼하며 이렇게 말해야 합니다. "오 나는 이 병폐가 나를 너무도 강하게 지배하고 있다는 것을 알아. 그러므로 그것에 맞서 더욱 단호하게 싸워야 하며 하나님의 은혜로 말미암아 그것을 제압할 수 있도록 나 자신을 강제해야 해. 하나님께서 그 죄를 책망하신다는 것을 깨달았기 때문이야"라고 말입니다.

동시에 그 죄에 대해 주어진 위협에 대해 잘 생각해 보아야 하겠습니다. 사도 바울이 "도적이나 탐람하는 자나 술취하는 자나 토색하는 자들은 하나님의 나라를 유업으로 받지 못하리라"[261]라고 말할 때, 그는 또한 "후욕하는 자"를 덧붙이며 생명과 구원의 모든 소망으로부터 이와 같은 자들을 제하고 있습니다.

자, 이러한 이야기를 들었는데도, 스스로를 용납하거나 이웃에 대해 악하게 말하는 것에 아무런 해가 없다고 주장하는 것입니까? 사도 바울의 입을 통해 하나님께서 말씀하신 위협은 단지 어린 아이들을 겁주기 위한 것일 뿐이라고 생각하고 있지 않습니까? 그분을 무시하면서 자신은 그 위협에 해당되지 않는다고 생각하는 자들에게는 정말로 그 위협이 이행되지 않을 것이라고 생각하고 있지 않습니까? 그렇습니다.

---

261) 고전 6:10.

따라서 우리는 이 점에 있어서 노력해야 하겠습니다. 그리고 결론으로서, 두 가지 상황을 비교해 보아야 하겠습니다. 즉 하나님께서 우리 이웃의 선한 이름에 죄를 씌우거나 그릇 보고하여 그들의 정직성이 더럽혀질 수 있는 상황을 엄격하게 금하심으로써 우리로 하여금 그 들의 선한 이름을 옹호해 주도록 하길 원하신다면, 그분의 명예는 더욱 중히 여김 받기를 원하시리라는 것입니다. 우리로서는 아무리 노력해도 그분을 이롭게 해 드릴 수 없습니다.

그러므로 그런 점에서 보면, 하나님의 명예라도 보존해 드려야 할 의무가 사람의 선한 평판을 지키는 것보다 일백 배는 더 있지 않습니까? 그렇습니다. 따라서 하나님을 거스르는 거짓 증언을 하지 않도록 조심해야 하겠습니다. 사도 바울이 복음의 순수성을 더럽히는 자는 사람을 거스르는 것이 아닌 하나님을 거스르는 거짓 증언자라고 단언한 것에 근거해서 말입니다.[262] 그렇다면 어찌해야 하겠습니까? 우리는 하나님의 진리를 보존해야 합니다.

그리고 그 교훈이 선하다는 것을 알고 있으므로, 하나님께서 우리를 그분의 대리자로 세우셨다는 것을 염두에 두고 이를 널리 전하며 보존하는 데 열심을 가져야 합니다. 따라서 진리가 억압받는 것을 알게 되면, 힘 닿는 데까지 그것을 묵인하지 말아야 합니다. 왜 그렇습니까? 하나님께서는 저로 하여금 거짓과 참되지 못한 것이 그분의 이름에 억눌리는 것을 보도록 하셨기 때문입니다.

그러므로 구원의 교훈이 의문시될 때면 이것이 가장 각별히 준수되어

---

[262] 고전 15:15.

야 합니다. 예를 들어, 그 교훈이 왜곡될 위험에 처해지고, 사람들을 거짓으로 더럽히기 위해 그것에 누룩을 섞고자 하는 것을 보게 되면, 그런 경우에 우리는 진실로 열심을 내어 하나님을 거스르는 거짓 증언자들이 성행하지 못하도록 해야 합니다.

제가 이미 말씀드렸던 것과 같이, 우리가 그들의 말에 동의하려 하지 않으며, 그들과 함께 하고자 하지 않는다면 말입니다. 결국 우리가 배워야 할 것은, 우리가 중상모략이나 욕설, 험담으로 누군가를 손상시키고자 한다는 비난을 받지 않을 정도로 사람들 사이에서 솔직하게 살아갔다면, 또한 하나님의 진리가 건강하게 존속될 수 있고 계속해서 우리를 다스릴 수 있을 만큼 하나님을 향한 열심을 가져야 한다는 것입니다.

그러므로 여러분은 우리가 이 계명과 관련하여 깊이 생각해 보아야만 하는 것이 무엇인지를 깨닫게 됩니다. 이제 우리의 죄를 시인하며 우리의 선하신 하나님의 임재 앞에 무릎 꿇도록 합시다. 우리가 행했던 것보다 더 절실하게 그 죄를 느끼도록 해달라고 기도합시다.

그리고 우리의 죄를 깨닫고 그것으로 인해 슬퍼하며 혐오할 만큼 깊이 회개할 수 있도록 해달라고 기도합시다. 그 죄에 대한 용서함을 얻은 후에야 우리는 우리의 삶을 그분의 거룩한 계명에 따라 인도함을 받는 법을 배울 수 있으며, 그로 말미암아 그분께서 입술의 고백뿐만 아니라 참된 순종을 통해 우리에게서 영광을 받으실 수 있게 됩니다.

그분은 우리뿐만 아니라 이 땅 위의 모든 백성과 민족들이 이러한 은혜를 받기를 기뻐하십니다.

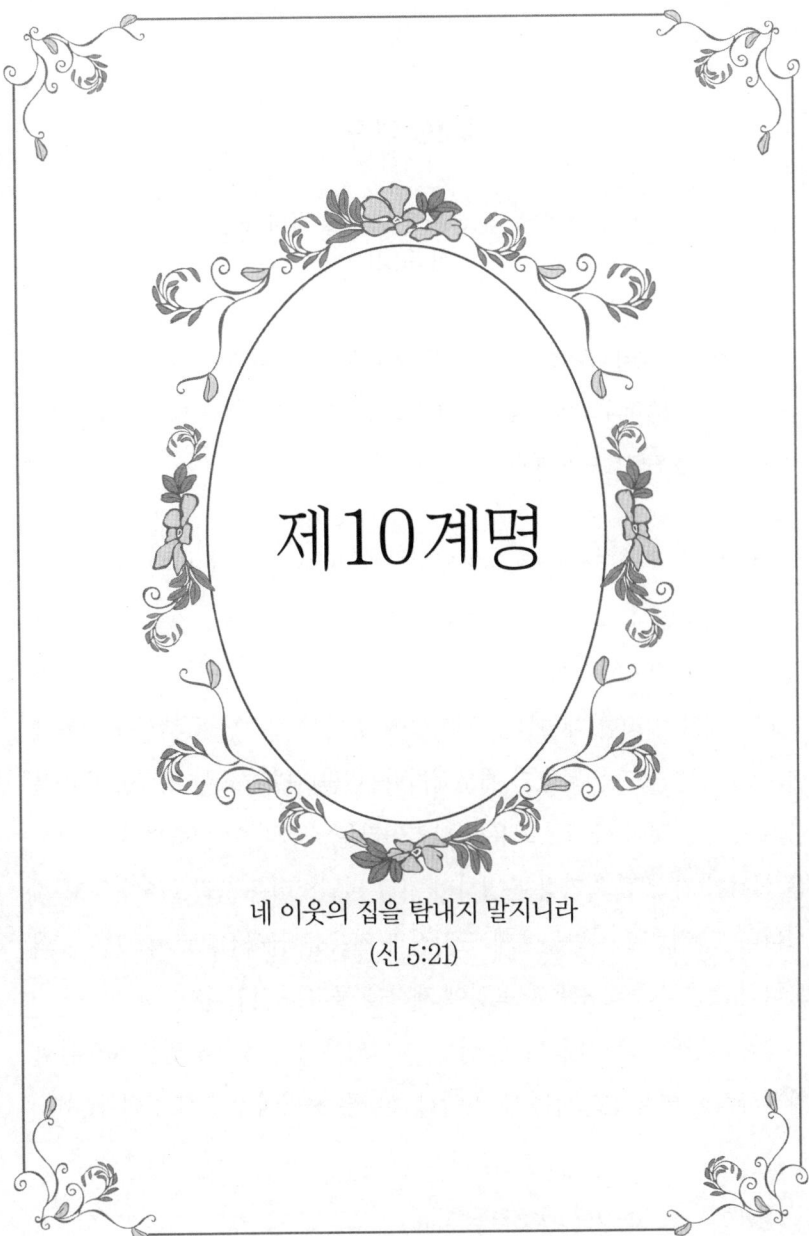

제10계명

네 이웃의 집을 탐내지 말지니라
(신 5:21)

제 10 계명

네 이웃의 집을 탐내지 말지니라
(신 5:21)

21 네 이웃의 아내를 탐내지도 말지니라 네 이웃의 집이나 그의 밭이나 그의 남종이나 그의 여종이나 그의 소나 그의 나귀나 무릇 네 이웃의 소유를 탐내지도 말지니라

언뜻 보면 이 계명은 불필요한 것처럼 보일 수도 있습니다. 도적질과 간음을 책망하면서 그것을 통해 하나님께서 뜻하신 바는 온갖 사악한 정욕을 억압하는 것이었기 때문입니다.

또한 제가 이러한 계명들을 해석함에 있어서 하나님의 본성에 근거해야 한다고 말씀드린 바 있기 때문입니다. 더군다나 우리는 사람들의 마음을 살피시는 것이 하나님 고유의 사역이라는 것을 알고 있습니다.[263] 그분은 심지어 가장 깊고 가장 은밀하며 가장 비밀스러운 생각들조차 알고 계십니다. 그러므로 사람들에게 도적질과 간음을 금하심으로써 그분이 의도하신 것은 그들의 정욕과 욕망에 재갈을 물리는 것입니다.

그리고 만일 그렇지 않다면, 실로, 하나님께서는 육신을 입은 사람들과 마찬가지로 법을 만드시는 데 있어서 별다른 능력이 없으신 것이 됩니다.

---

263) 대상 28:9, 대하 6:30, 시 7:9; 26:2, 렘 11:20; 17:10.

세상 사람도 간음을 비난할 경우 그 간음의 의도 또한 비난하기 마련이기 때문입니다. 악한 의도가 드러나게 되면, 그것은 응당 처벌받게 될 것입니다.

따라서 만일 하나님의 율법이 단지 그 정도에 불과하다면, 그토록 중요한 것이 되지는 않을 것입니다. 우리로 하여금 세상을 향해 정직하게 행하도록 주관하는 사회적 규례에 불과한 것이 될 것이기 때문입니다.

하지만 율법에는 그 이상의 것이 있습니다. 우리는 사도 바울이 율법은 순수한 양심과 거짓 없는 믿음 없이는 지켜질 수 없다고 말한 것을 알고 있습니다.[264] 우리 안에 그런 건강함이 존재해야 하나님의 율법을 잘 지킬 수 있다면, 당연히도 모든 사악한 욕망은 간음이라는 이름 아래 금해져야 합니다. "도적질"이라는 단어에 대한 기록 역시 마찬가지입니다.

또한 우리는 우리 주 예수 그리스도의 권위를 언급할 수도 있을 것입니다. 그분은 율법의 신실한 해설자이십니다.[265] 모세와 다른 모든 선지자들이 말한 것은 그분의 영으로 말미암은 것이기 때문입니다. 그렇다면 여기에 탐내지 말라는 계명이 더하여진 이유는 무엇입니까? 모든 사악한 욕망이 이전에 언급되었다면, 왜 다시 반복되고 있는 것입니까?

우리가 주목해야 할 것은, 이 부분에서 하나님께서 뜻하신 것은 온전히 의도되고 확정된 정욕을 억누르는 것이 아니라는 것입니다. 오히려 우리가 집착하지도 동의하지도 않았음에도 불구하고 우리를 선동하고 자극하는 또 다른 정욕이나 활동을 뜻하고 계신 것입니다. 이것은 더 길고도 분명한 해석을 필요로 합니다.

---

264) 딤전 1:5. 265) 마 5:28, 벧전 3:19.

때때로 "탐심"이나 "욕망"은 사람 안에 존재하는 의지를 나타냅니다. 예를 들어, 제가 이웃의 소유를 보며 그것을 탐내게 되고 바라게 되었을 때, 이 유혹에 넘어가 제 마음에 묶어놓았던 고삐를 풀게 되면, 결국 그 죄가 저를 압도하게 됩니다.

그리하여 제 의지는 죄지음을 온전히 용납하게 되고 그 소유물들이 제 것이 되기를 원하게 됩니다. 이것이 바로 의지를 수반하는 일종의 탐심 혹은 욕망입니다. 당사자는 그 죄를 용인하게 되고 그 다음에는 가능한 경우에 그 사악한 의도를 실행시키고자 할 것이기 때문입니다.

그런데 이런 류의 사악한 탐심과 욕망은 지금까지 "도적질하지 말지니라, 간음하지 말지니라"라고 기록된 부분에서 금지되어 왔습니다. 그 계명에서 하나님께서 금하신 것은, 도적질과 간음이라는 실제적인 행위뿐만이 아니기 때문입니다. 이는 바로 다른 사람의 아내나 소유물, 재산을 갖고자 하는 욕망과 갈망을 금하신 것이었습니다.

하지만 또 다른 류의 탐심 혹은 욕망이 있습니다. 우리가 그것에 집착하지도 용인하지도 않는데도 불구하고 그 탐심은 우리를 자극하여 행동하게 만듭니다. 그리하여 우리 안에 어떤 악한 분노가 존재한다는 것을 느끼게 합니다. 그리고 그 분노는 하나님을 거스르며, 율법 안에 담겨 있는 의와 싸웁니다. 이러한 것들이 이 계명에서 금해지고 있는 욕망인 것입니다.

그러므로 우리는, 이미 온갖 사악한 의도와 목적을 책망하신 하나님께서, 그것이 그분께서 요구하신 완벽함의 전부인 것이 아니며, 우리에게서 악을 야기시키는 모든 형태의 정욕[이 죄가 된다는 것을 깨달아야 한다고 덧붙이시는 것은 너무도 당연한 일이라는 것을 알게 됩니다.

비록 우리가 우리 안에 있는 무언가를 결심하지도, 전혀 그것을 행하려고 생각하지도 않은 채, 단지 마음 속에 어떤 욕망이나 무언가 하고 싶은 생각이 언뜻 스쳐지나갔을 뿐일지라도, 그것은 이미 죄를 범한 것이고 하나님 앞에서 우리는 죄인이 되기 때문입니다.

따라서 우리는 본문에서 요구되고 있는 것이 어떤 형태의 건전함인지를 알게 됩니다. 즉 사악한 의도를 이미 금하신 우리 주님께서는, 우리의 모든 감각과 지혜가 그분에 대한 경외함 아래 붙잡힌바 되어야 한다고 덧붙이고 계시는 것입니다. 그리고 사랑과 온전한 거룩함 속에 살고자 하는 바램으로 불타올라야 한다고 덧붙이고 계시는 것입니다. 다른 사람의 소유나 아내를 갈망하는 사악한 열정으로 말미암아 이리저리 뒤흔들리거나 휘저어지지 않도록 말입니다. 이러한 하나님의 뜻을 알았으므로, 이제 그분께서 우리에게 어떤 의무를 지우셨는지 알아야 하겠습니다.

율법은 우리 자신의 곤고함을 들여다 볼 수 있는 거울과 같기 때문입니다. 그리고 일단 우리의 의무를 알게 되면, 하나님께서 우리를 부르신 완벽함에 가까이 나아가지 않을 경우 책망 받기에 족하다는 것을 확신해야 하겠습니다. 따라서 여러분이 율법의 이 마지막 계명을 통해 유익을 얻기 위해서는 어디에 서 있어야 하는지를 알아야 합니다.

그리고 더욱 주의하고 온 마음을 기울일 만한 가치가 있는 교훈이라고 생각할 수 있도록, 사도 바울이 이에 대해 어떻게 말하고 있는지를 기억해야 하겠습니다.[266] 그는 뛰어난 학자요 지혜자로 간주되는 자로서, 유년 시절부터 하나님의 율법으로 가르침을 받았습니다.

하지만 그럼에도 불구하고, 회심하고 우리 주 예수 그리스도께서 성령

---

266) 롬 7:9, 행 22:3, 갈 1:13, 빌 3:5~6.

으로 말미암아 빛을 비추어 주시어 율법이 우리를 어디로 인도해야 하는지를 그로 하여금 알게 하실 때까지, 그는 하나님의 율법이 뜻하고 있는 것이 무엇인지를 알지 못할 만큼 눈이 멀어 있었습니다. 게다가 여러분은 사도 바울이 사람들 사이에서 탁월한 평판을 받을 정도의 훈육을 받았다는 것을 알고 있습니다.

비록 이방인들 사이에서는 아니지만, 그는 하나님의 율법으로 가르침 받은 자로서 대단한 철학가였다고 일컬어졌습니다. 그리고 삶의 면에 있어서도, 그는 사람들 앞에서 결백하다고 주장했습니다. 따라서 여러분은 사도 바울이 일반적인 평가로는 거룩하고 지혜로운 사람이었다는 것을 알게 됩니다.

하지만, 그럼에도 불구하고, 하나님의 율법의 측면에서 볼 때 그는 어리석은 야수에 불과했습니다. 왜 그렇습니까? 그는 자신이 하나님 앞에서 의롭게 살았다고 생각했지만, 하나님께서 모든 죄인들에게 주시는 자비가 필요하다는 것을 알지 못했다고 말하고 있습니다.

그는 간음이나 강도질과 같은 것들을 삼갔습니다. 그리고 또한 스스로 의로운 자라고 생각했기 때문에 다른 사람들이 알아차리거나 식별할 수 있을 만한 악한 의도도 품지 않았습니다.

하지만 마침내 하나님께서 그를 긍휼히 여기셨을 때, 그는 눈을 뜨게 되었고 이 마지막 말씀인 "**탐내지 말지니라**"라는 말씀을 깨달을 수 있게 되었습니다.[267] 이전에는 누군가의 선생이었던 사도 바울이 어떻게 율법을 새롭게 다시 배우기 시작했는지 보십시오.

---

267) 롬 7:7.

어린 시절부터 율법 안에서 훈육 받아왔다고 고백했던 사도 바울이 이 본문의 의미를 철저히 생각해 보기 전까지는 그저 간과했었다고 말하고 있습니다. 흔히 숯불의 힘을 알아보지 못하듯이 말입니다.

그리하여 그는 율법의 힘과 능력을 맛보지 못했었습니다. 스스로를 책망해야 하는 죄가 어떤 죄인지, 구원의 소망이 거하고 그 근간이 되어야 하는 하나님의 자비를 피난처 삼아 달려가야 하는 죄가 어떤 죄인지도 알지 못했었습니다. 이렇듯 사도 바울조차도 율법의 의미를 이해하거나 그것의 참된 의미에 이를 수 없었습니다.

그렇지만 이 구절에 의거해 우리는 더욱 열심히 그것을 탐구하리라 마음먹어야 하겠습니다. 더욱이 사도 바울도 회심 전까지는 평생동안 눈이 멀어 그 말씀을 깨닫지 못했으므로 우리는 더욱 주의해야 합니다. 이전에 말씀드린 것처럼 말입니다.

우리가 그보다 더 뛰어난 능력을 가지고 있는 것이 아니기 때문입니다. 하지만 하나님께서 성령으로 말미암아 이 계명에서 책망하고 있는 탐심이나 욕망을 통해 우리에게 말씀하시고자 하는 것이 무엇인지를 기꺼이 보여주실 것입니다.

이뿐만 아니라, 여기에는 우리에게 꼭 필요한 또 다른 권고가 있습니다. 마귀는 이 계명을 감추려 했습니다. 그리하여 하나님의 의도와 뜻은 가리어지고, 사람들은 죄로 여겨질 만한, 그리고 모든 사람들이 자신들 안에서 입증할 수 있을 만한 온갖 사악한 욕망들을 가볍게 간과할 수 있도록 만들어 버리려 했습니다.

이 "**탐욕**"이라는 단어를 다름 아닌 단호한 결심이나 완전한 의지를 담고 있는 감정으로 한정시켜 버리려 한 것입니다.

하지만 이것은 모세가 분명하게 말하고 있는 바와 전혀 상반되는 것입니다. 더군다나 우리는 로마 교황제도에서 어떤 일이 일어나고 있는지 주시해야 하겠습니다. 교황주의자들조차도 악한 바램으로 인해 야기되고 선동되는 것은 가증한 죄이며, 원죄와 우리 조상 아담으로부터 받은 타락의 결과라는 것을 부인할 수는 없습니다.

그렇다 할지라도 그들은 세례(침례) 후에는 더 이상 죄가 남아있지 않다고 생각합니다. 사람의 마음 속에 하나님의 약속을 의심하는 생각과 그를 거부하며 불평하고자 하는 생각이 들어올 수 있다 할지라도 말입니다.

따라서 만일 어떤 사람이 괴로움을 당하여 그의 마음이 그것에 반항함으로써 하나님은 공의롭지 못하시며 잔학하시다고 비난한다 할지라도, 그것은 죄가 아니라고 교황주의자들은 말합니다.

그리고 신분에 있어서나 지적 능력에 있어서나 별 볼일 없는 시시한 바보들만이 그렇게 말하고 있는 것이 아닙니다. 그것은 그들의 극악한 성당이나 학교 안에 존재하는 보편적인 결의안인 것입니다. 교황제도 가운데에는 이러한 논지를 신조로 받아들이지 않는 성당이 없습니다.

즉 비록 어떤 사람이 사악한 욕망에 의해 움직이고 선동된다 할지라도 그것은 죄가 아닌 것입니다. 만일 그가 살인을 하거나 해를 가하거나 간음을 저지르거나, 아니면 온갖 범죄와 세상적인 불법을 행하고자 하는 유혹을 받게 된다 할지라도, 그가 그것을 "승인(consent thereto)"하거나 "동의(assent)"하지 않는다면(이 두 표현은 그들이 사용하는 용어입니다), 다시 말해, 그들이 그 사악한 의도를 실행하기로 결심하지 않거나 그 사악한 정욕을 기뻐하지 않는다면, 그것은 전혀 죄가 되지 않는 것입니다.

그것은 단지 내적 전쟁을 하고 있는 것일 뿐입니다. 그것을 통해 우리는 우리 자신이 용맹스러운 투사라는 것을, 죄가 우리를 압도하지 못한다는 것을 보여 주는 것입니다. 실제로 믿음의 사람들은 그런 유혹을 격퇴시킴으로써 하나님의 영이 그들을 다스리고 있다는 것을 잘 보여주고 있는 것이 사실입니다.

그리고 그들이 하나님을 경외하고, 스스로를 가두며, 그러한 유혹들은 하나님의 뜻을 거스르는 것이므로 분명 책망하시리라는 것을 알고 이를 견뎌낸다면, 이는 분명 하나님께서 그들에게 죄를 이기게 하셨다는 것을 보여주는 것입니다. 그분의 능력이 그들 안에 거한다는 것을 보여주는 것입니다.

또한 그들은 사탄과 싸워 이긴 용감한 투사라는 것을 보여주는 것입니다. 하지만 그렇다고 해서 그들이 모든 죄로부터 깨끗하다는 것은 아닙니다. 죄를 완전히 도말할 수 있다는 것은 아닙니다. 죄로부터 온전히 해방될 수 있는 것은 더욱 아닙니다.

마치 그들에게는 더 이상 어떠한 흠이나 오점이 존재하지 않는 것처럼 말입니다. 아아, 우리는 절대로 그렇지 않습니다. 분명 한편으로는 하나님을 찬미할 만한 이유를 가지고 있습니다. 성령님을 통해 모든 사악한 정욕을 이길 수 있는 은혜를 우리에게 주셨기 때문입니다.

하지만 우리는 우리 자신이 너무도 연약하여, 만일 그분이 우리를 긍휼히 여기시지 않았다면 우리 안에는 이미 그분의 보응을 불러일으킬 만한 사악한 생각이 자리잡고 있었을 것이며, 그로 말미암아 그분의 손에 철저하게 파괴되기에 합당한 존재가 되었을 것임을 인정하며 겸손히 나아와야 합니다.

게다가 하나님께서 교황제도의 수치를 드러내시고 그곳의 가장 위대한 성직자들이 성경에 대해서 단 한 마디도 들어본 적이 없는 어리석은 이교도들보다도 더 우둔하다는 것을 보여주실 것입니다. 왜 그렇습니까?

우리는 율법에 기록된 것을 받아들여야 하기 때문입니다. 율법 전체를 요약하면, 우리가 우리의 마음을 다하고 성품을 다하고 뜻을 다하며 힘을 다하여 하나님을 사랑해야 한다고 기록되어 있습니다.[268]

만일 "네 마음을 다하여 하나님을 사랑하라"라고만 기록되어 있었다면, 어떤 사람은 '의지가 그렇게 하기로 결심하고 작정한 것이 아니라면, 그것은 죄가 아니야'라고 결론 내렸을 것입니다. 비록 "마음"이라는 단어가 가끔은 명철을 의미하기도 하지만, 성경은 그것을 또한 의지로 간주하기도 하기 때문입니다.

그러므로 어떤 사람은 "'우리는 마음을 다해 하나님을 사랑해야 한다'라고 기록되어 있습니다. 그래서 우리는 선을 거스르는 쪽으로 우리의 의지를 쏟지는 않았습니다. 그것으로 우리가 하나님 앞에서 면죄부를 받기에 충분합니다"라고 잔꾀를 부릴 수도 있습니다.

사람들은 의지를 사악한 정욕으로 간주하며, 따라서 우리를 선동하고 자극하는 사악한 욕망이 우리를 사로잡지 않는 한은 죄라는 이름 아래 포함되지 않는다고 보기 때문입니다.

하지만 "네 마음을 다하고 생각을 다하고 힘을 다하여"라고 덧붙이고 계시는 것을 통해 우리는 나의 성품이나 뜻의 한 부분이라도 이미 타락하지 않았는지 살펴보아야 하겠습니다. 하나님을 거스르는 어떤 것을 인지하였을 때나, 비록 그것에 집착하지는 않을지라도 간음이나 도적질이라

---

268) 신 6:5; 10:12, 마 22:37.

는 어떤 사악한 욕망을 인지하게 되었을 때 말입니다.

단 한 부분일지라도 나의 뜻이 그분을 거스르고 있는데도 과연 마음을 다하여 하나님을 사랑한다고 말할 수 있겠습니까? 제가 앞서 진술했던 것처럼, 이 상황은 마음이나 의지와 관련된 것이 아닙니다. 성품 속에 존재하고 있는 자만심을 말하고 있는 것입니다.

결국 저는 제 안에 자만심이 존재하고 하나님에 대한 경외심과 경의가 마땅히 그래야 할 만큼 저를 억제하지 않고 있다는 것을 보여드리는 것일 뿐입니다. 따라서 저는 책망 받아 마땅한 것입니다. 하나님께서 명령하신 만큼 그분을 사랑하고 있지 않기 때문입니다.

그렇다면, 제 성품 가운데 하나님과 그분의 공의를 거스르는 것들에 대한 생각에 전념하지 않을 능력은 없단 말입니까? 그렇습니다. 결국 우리는 헛되고 사악한 생각들조차 정죄 받게 된다는 것을 알게 됩니다. 더 이상은 그러한 생각들이 하나님의 징계를 받지 않을 것이라 여겨서는 안됩니다.

또한 악을 계획하거나 기도하는 것을 결코 승인하지 않은 사람일지라도 만일 하나님께서 그들을 엄하게 다루고자 하신다면, 그분 앞에서 분명 저주받게 됩니다. 그러므로 우리는 본문이 말하고자 하는 참되고 분명한 의미를 깨닫게 됩니다. 그리고 이로써 우리가 기만당하거나 미혹되지 않도록 그 의미를 자세히 살펴보게 된다는 것을 알게 됩니다.

또한 사도 바울이 든 예는 우리로 하여금 더욱 앞으로 나아가도록 자극해야 합니다. 그가 "욕망"이나 "욕정"이라는 단어가 무엇을 의미하는 것인지를 알 수 있도록 우리 주 예수 그리스도께서 성령님을 통해 그에게 빛을 비추시기 전까지는, 그 역시 하나님의 율법에 대해 무지했음을 고백하고 있기 때문입니다.

이제 우리는 우리의 유익과 효용을 위해 앞서 다루었던 것들을 적용해야 합니다. 그러므로 우선 하나님을 잘 섬기기 위해서는, 단지 선을 행하고 그것으로부터 유익을 얻고자 할 뿐만 아니라 우리의 마음에서 온갖 악한 정욕과 타락한 생각들을 제거해야 한다는 것을 깨달아야 하겠습니다.

그리하여 우리의 모든 감각들이 온전히 하나님께로 치우쳐지도록 해야 하겠습니다. 이리 저리로 비틀거리는 모습을 보이지 말아야 하겠습니다. 멈추거나 저지 당하지 않고 앞으로만 달려나가 하나님께서 보여주신 길로만 나아가야 하겠습니다. 그리하여 우리 안에 온전한 순결함만이 있을 수 있도록 해야 하겠습니다.

그리고 일단 이러한 사실을 잘 알게 되면, 주의하라는 훈계를 받아들여야 합니다. 우리는 사람들이 어떻게 타락하고 스스로에게 어떻게 면죄부를 주는지 알고 있기 때문입니다. 그렇다면 그 원인이 무엇입니까? 그것은, 흔히 말하듯, 주인 없이 결산을 하기 때문입니다. 그들은 하나님의 율법을 그들 멋대로 생각합니다. 어떤 악한 의도도 없고, 분명한 목적을 가지고 매달리지만 않는다면, 그것으로 충분하다고 주장하면서 말입니다. 어쨌든 간에, 그들은 하나님께서 이 가운데 어떤 것도 죄로 간주하지 않으셨다고 말하고 있습니다.

그러므로 그들은 음란한 욕망 속으로 걸어들어 갑니다. 자신의 은밀한 기만을 식별할 수 없도록 수건으로 눈을 가리운 채 말입니다. 하지만 사람들이 그렇게 말했다 할지라도, 그들은 천상의 심판자의 손에서 도망갈 수 없습니다.

따라서 우리는 우리의 욕망을 억누르도록 주의해야 하겠습니다. 하나님께서는 사악한 의도와 목적뿐만 아니라 우리를 자극하고 악을 향해 떠미는 온갖 욕망까지도 책망하셨기 때문입니다. 그런 이유로 우리는 더욱 두려움을 가지고 살아야 하겠습니다.

그리고 우리 안에는 죄에 감염되지 않은 부분이 없기 때문에 스스로를 바싹 조여야 하겠습니다. 우리의 성품이 가진 모든 능력을 시험해 보아야 하겠습니다. 그러면 죄가 도처에 퍼져 있는 것을 알게 될 것입니다.

마치 독이 사람의 몸 속으로 스며들면, 그를 온통 감염시켜, 결국은 뼈와 골수, 생각, 정욕, 그 외 그 사람을 구성하는 모든 것을 뒤덮어 버리는 총체적인 문둥병과 같습니다. 우리의 본성은 이토록 타락했습니다.

따라서 더욱 주의하여 경외함에 붙들린 바 되어야 하지 않겠습니까? 하나님께서 율법을 통해 우리를 악한 길로 선동하는 경향이 있는 온갖 사악한 생각들을 책망하고 계신다는 것을 주시하면서 말입니다. 우리 안에는 우리를 간질거리는 어떤 내적인 움직임이 존재하고 있기 때문입니다.

그리고 비록 포로처럼 완전히 끌려가지는 않는다 할지라도 우리의 의지가 조금씩 자극을 받고 있다는 것을 자각할 수 있기 때문입니다. 이러한 사실을 알았으므로, 지혜를 모으고 하나님의 돌봄 하에서 좀더 조심스럽게 행하는 것이 마땅하지 않습니까?

그런데 오히려 우리는 꾸벅꾸벅 졸며 게으름을 부리고, 더군다나 손쉽게 하나님께 대한 책임으로부터 벗어나고자 합니다. 하지만 여러분은 이 계명이 우리를 일깨워야 한다는 것을 알아야 합니다. 참으로 그런 술책으로 도망갈 수 없다는 것을 깨달아야 합니다. 왜 그렇습니까? 하나님께서는 사악한 의도를 책망하신 후에, 계속해서 악한 욕망까지도 책망하고 계시기 때문입니다. 그리고 그것은 두 가지의 의미로 사용되어야 합니다. 하나는, 성령으로 우리를 다스리시도록, 그리고 온갖 악과 부패로부터 우리를 깨끗케 해달라고 하나님께 열심을 다하여 기도해야 한다는 것입니다.

그렇게 기도하면서 동시에 우리는 스스로를 강제하여 우리의 본성과 우리의 모든 감각과 마음의 능력을 파괴해야 합니다. 우리 안에는 하나님의 율법을 거스르는 반역 외에는 아무것도 없기 때문입니다.

사도 바울이 자신의 강퍅한 본성을 가진 사람들은 하나님과 원수가 된다고 말할 때 단지 사람의 의지에 대해서만 말하고 있는 것이 아닌 것처럼 말입니다.[269] 이는 또한 그들의 정욕과 생각을 말하고 있는 것입니다. 그는 그 구절에서 심지어 우리가 품고 있는 생각들까지도 포함하고 있는 단어를 사용하고 있습니다. (그가 말하기를) 그 모든 것이 하나님과 원수가 되는 것입니다.

따라서 우리가 하나님을 경외하고자 아무리 많은 노력을 기울였을지라도, 많은 악한 욕망들이 우리에게서 분출되리라는 것을 깨달아야 하겠습니다. 이로 말미암아 우리는 하나님 앞에서 애통해야 합니다.

그러므로 첫 번째로 기억해야 할 것은, 성령으로 우리를 다스려 주시기를 하나님께 열심을 다해 구해야 한다는 것입니다. 그리고 사탄이 우리의 마음을 장악하고자 들어올 만한 여지가 없도록, 혹은 우리에게 다가올 수 없도록 스스로를 단속하고자 부지런히 노력해야 합니다. 멀리 몰아내야 합니다. 그리하여 만일 우리가 악에 치우치는 생각을 하게 되면, 곧장 그 생각을 떨쳐 버리고 빗장을 걸어야 합니다.

"아니, 그건 아니야. 너의 하나님은 너를 온전히 통치하셔야만 해. 너의

---

[269] 롬 8:7.

마음뿐만 아니라 너의 모든 감각까지도 그분이 소유하실 수 있도록 말이야'라고 말하면서 말입니다. 그리고 두 번째로 기억해야 할 것은, 스스로가 죄인임을 고백함으로써 하나님을 영화롭게 하기 위해 자신을 책망하는 법을 배워야 한다는 것입니다. 그분이 우리를 벌주시기 위해 부르시고 우리에게 엄격함을 적용하신다면, 우리는 완전히 파멸하고 끝장날 수 밖에 없기 때문입니다. 우리는 이 점을 기억해야만 합니다. 그렇지 않으면 우리는 하나님의 율법으로부터 우리가 얻어야 하는 유익을 결코 얻을 수 없게 될 것입니다.

하지만 그렇다면 하나님께서는 인간의 연약함을 잘 아시면서도 왜 그들을 더 강하게 만들거나 아니면 율법을 좀더 덜 엄격하고 덜 까다롭게 만들지 않으신 것입니까?

이는 하나님께서 사악한 욕망을 금하시고도, 다른 말씀을 추가하시지 않은 채로 우리의 의지를 복종시키는 것만으로는 충분하지 않다고 생각하심으로써 우리를 억압하려 하신 듯 여겨지기 때문입니다. 그리고 이것이 바로 조소자들이 하나님께서는 율법을 통해 사람들을 조롱하고자 하시며, 그분이 가렵게 만들어 놓으시고도 사람들로 하여금 긁지 못하도록 하셨다고 말하는 이유입니다.

하지만 우리는 우리 안에 있는 저주스러운 상태를 직면해야 합니다. 즉 (앞서 말한 것처럼) 우리 안에는 생각도 정욕도 없습니다. 오로지 하나님의 공의에 대한 불순종만이 존재할 뿐입니다. 그러므로 우리는 비록 하나님의 율법과 사람들의 욕망 사이에 그런 다툼이 존재할지라도 이상하게 여겨서는 안되겠습니다. 왜 그렇습니까? 우리가 우리 안에 있는 것을 자세히 탐구해 본다면, 그곳에는 철저한 타락과 가증한 악 외에는 아무것도 없다는 것을 알게 될 것이기 때문입니다. 우리는 사악한 경향이 없는 생각이란 조금도 품을 수 없기 때문입니다.

그러므로, 보십시오, 하나님께서는 여기에서 우리에게 온갖 선과 공의와 관련한, 완전한 규칙을 주고 계십니다. 그러므로 마치 천둥이 치는 것과 같을 수밖에 없습니다. 불과 물이 각자의 상반된 작용을 보여주는 것과 같을 수밖에 없는 것입니다. 아니 오히려 불과 물이 조화를 이룰 수 있는 확률보다, 인간의 본성과 하나님의 공의가 조화를 이룰 수 있는 확률이 더욱 적습니다.

그러므로 우리는 하나님께서 우리의 욕망을 억누르시는 것을 이상하게 생각해서는 안되겠습니다. 그리고 제가 말씀드린 조소자들이 신성모독을 토해내는 것을 듣게 되면, 그들을 마치 괴물처럼 여기며 경멸해야 하겠습니다. 그들은 하나님의 공의를 찬양하는 대신에 난폭하고 미친 짐승들처럼 그분을 향해 돌진하기 때문입니다. 여기까지 인간의 연약함이라는 특징과 관련하여 살펴보았습니다.

어쨌든 그렇다 할지라도, 하나님께서 율법 안에서 우리의 연약함을 책망하시는 것이 이상하게 여겨질 만한 것은 아닙니다. 왜 그렇습니까? 하나님께서 우리의 삶이 어떠해야 하는지를 정하시고 또한 어떻게 행해야 하는지를 보여주시는 와중에, 우리가 무엇을 할 수 있는가를 고려하시거나 우리의 힘을 견주어 보고 계신 것이 아니기 때문입니다.

다만 우리가 그분께 행해야 할 의무가 무엇이고 무엇이 공의인가 하는 것만을 고려하셨습니다. 비록 그것을 우리 안에서 찾을 수 없다 할지라도 말입니다. 우리는 하나님의 피조물입니다. 따라서 그분을 섬기는 데 우리 자신을 전적으로 내어드리는 것이 마땅하지 않습니까? 물론 그렇습니다.

그것이 바로 절대적인 이유인 것입니다.

그리고 사람들이 아무리 그것에 대해 불평한다 할지라도, 그들은 자신들이 하나님께 속해 있으므로 자신들의 모든 감각과 모든 정욕과 그들의 육신과 영혼 안에 있는 모든 것을 그분께 바쳐야 한다는 것을 늘 깨닫게 될 것입니다. 그럼에도 불구하고 동시에 우리가 기억해야 할 것은, 우리 자신의 연약함으로부터 벗어날 수 없다는 것입니다. 그 이유가 무엇이겠습니까? 우리가 가지고 있는 사악함 때문이 아니겠습니까? 게다가 우리는 그 사악함을 아담으로부터 전해 받았습니다.

물론 그렇다고 해서 우리가 그 책임에서 벗어날 수 있는 것은 아닙니다. 비록 우리가 죄의 굴레에 갇혀 있고 이 굴레가 우리로 하여금 선한 행위를 하는 것을 방해하며 오히려 온갖 악으로 이끈다 할지라도, 그럴지라도 그 뿌리는 우리 안에 있는 것입니다.

따라서 누구나 자신이 비난받을 만하다고 느끼게 될 것입니다. 어떤 다른 힘에 이끌려 어찌할 수 없었다고 말할 필요가 없게 될 것입니다. 오직 자신의 욕망에 이끌림 받은 것일 뿐입니다.[270] 그러므로 우리에게는 더 이상 변명의 여지가 없습니다. 그 때문에 우리 자신의 힘이나 능력으로 하나님의 율법을 판단해서는 안 된다는 것이 분명해집니다.

왜 그렇습니까? 앞서 말씀드렸듯이, 하나님께서는 우리가 무엇을 할 수 있는지, 혹은 우리의 능력이 어디까지 가능한지를 고려하지 않으십니다. 다만 우리가 그분께 얼마만큼의 의무를 지고 있는가 하는 것만을 고려하실 뿐입니다. 그리고 우리와 상관없이 존재하는 완벽함을 바라보고 계십

---

270) 약 1:14.

니다. 이것이 바로 우리가 주목해야 할 부분인 것입니다. 그리고 바로 이것이 교황주의자들을 현혹시키고 있는 부분이기도 합니다.

그들에게는 이러한 원칙, 즉 하나님의 율법이 사람들에게 불가능한 것은 아니라는 원칙이 존재하기 때문입니다. 그들이 그렇게까지 잘못된 길로 빠졌다니, 마귀가 그런 식으로 그들을 미혹시켰다니, 이는 참으로 놀라운 일이 아닐 수 없습니다. 사람들은 늘 율법에 의해 정죄되었고, 하나님의 자비만을 피난처 삼아야 한다는 것은 성경 전체를 통해 매우 분명하고도 명백하게 나타나고 있는 교훈이기 때문입니다.

사도 바울은 모든 인간은 죄인이므로 저주받았으며 의로운 사람은 한 명도 없다라는 것을 입증하려 하고 있습니다.[271] 이것을 통해 그가 주장하고자 하는 것이 무엇입니까? 그가 모세의 이 본문을 통해 주장하고자 한 것은, 율법의 모든 내용을 실행하지 않는 자들은 저주를 받게 된다는 것입니다.[272] 언뜻 보기에 사도 바울의 논증은 잘못된 것이며 언급된 진술은 적절하지 못한 것처럼 보입니다. 자, 하나님의 율법을 범하는 자는 저주받게 된다고 기록되어 있습니다.

이는 모든 인류가 저주받았다는 것은 아닙니다. 만일 누군가가 율법을 준수하고 자신의 의무를 이행한다면, 그렇게 함으로써 그는 죄의 선고에서 벗어나기 때문입니다. 이렇듯 율법을 실행하는 자들이 있을 수 있으므로 모두가 저주받은 것은 아닌 것입니다. 맞습니다.

하지만 사도 바울은 율법을 준수하는 것은 불가능하다는 것을 전제로 하고 있는 것입니다. 만일 그렇지 않다 한다면, 어리석고 분별 없는 사람

---

271) 갈 3:10.   272) 신 27:26.

처럼 말하고 있는 것이 될 것입니다. 그러므로 우리는 교황주의자들이 하나님의 영을 완전히 거스르는 근거를 취하고 있다는 것을 알게 됩니다. 그리고 하나님께서 그들의 얼을 빼놓아, 그들로 하여금 기독교 신앙과 종교의 기초도 알지 못하도록 하신 것이 분명합니다.

결국 우리가 주목해야 할 것은, 하나님의 율법에 대해 논할 때면 그것을 우리의 능력에 따라 판단하거나 우리가 할 수 있는 것이 무엇인지를 살펴보아서는 안 된다는 것입니다. 단지 우리가 하나님께 어떤 은혜를 입고 있는가에 주목해야 합니다. 하지만 교황주의자들은 그렇지 않다고 말하고 있습니다. 그렇다면, 우리가 어떻게 해야 할까요? 그들처럼 생각한다면 온 세상은 저주받았으니 말입니다.

물론 온 세상이 저주받았다는 것은 사실이며 그렇게 되어야 하는 것이 마땅합니다. 다시 말해서, 예수 그리스도 안에서 구원을 얻지 못한다면, 우리는 모두 저주받게 될 것입니다. 만일 하나님의 은혜가 필요하다고 생각하지 않는다면, 우리가 왜 구하겠습니까? 당연히도 사람들은 자신의 자발적인 의지로 은혜를 간구하려 하지 않게 될 것입니다. 스스로에게 얼마간의 공의가 존재한다고 생각하는 한, 우리는 스스로에게서가 아닌 어떤 다른 곳에서 그 은혜를 구하고자 하지 않을 것입니다. 그리하여 결국 우리는 하나님의 은혜로부터 완전히 벗어나게 될 것입니다.

그리고 하나님의 진노와 사망이 우리 위에 심각하게 임하는 것을 느끼게 될 것입니다. 그런 깨달음이 없다면, 우리는 결코 자비를 얻기 위해 하나님께 자신을 맡기려 하지 않을 것이기 때문입니다. 참으로 이 문제는 좀더 상세히 진술되어질 필요가 있습니다. 그러므로 우리가 우선 첫째로 기억해야 할 것은, 우리 안에 어떤 죄스러운 생각이 존재함을 느끼게 되고 우리의 욕망이 우리로 하여금 악한 길로 향하게 할 때마다, 우리는 하나님 앞에 죄인이라는 것입니다.

하지만 그것이 왜 저주받을 일일까요? 만일 어떤 사람이 단지 생각만 품을 뿐, 그 생각을 따를 뜻을 가지고 있지 않을뿐더러 심지어 그것으로부터 어떤 자극을 받기 전에 그 생각을 혐오한다면, 이것도 죄인 것입니까? 우리의 마음을 전혀 감동시키지 않는 생각이나, 마음을 움직이지 않는 생각, 악한 욕구를 품도록 하지 않는 생각들이 있습니다.

어떤 생각은 마치 아무런 의미가 없는 것 마냥 사람에게 다가오고 그에게 닿기 전에 날아가 버리기도 합니다. 어떻습니까? 그의 마음이 움직였거나 혹은 그의 욕구가 유혹을 받았습니까? 아닙니다. 하지만 단지 그 정도에 불과한 일이 일어났을 뿐일지라도, 분명 우리는 하나님 앞에서 애통해 해야 합니다.

만일 우리가 그분의 은혜로 말미암아 제지받지 않았다면 사탄을 위한 여지를 열어주는 것이 되며 그 사탄은 곧 우리에게 있어서 우위를 점하게 되었을 것임을 주시해야 합니다. 그러므로 우리는 이러한 경우에도 탄식해야 하는 것입니다. 하지만 하나님께서 이것을 죄로 전가하지는 않으십니다.

두 번째로 주목해야 할 것은, 우리가 마음에 어떤 악한 생각을 품어 무언가가 우리 앞에 그 실체를 드러낼 뿐만 아니라, 그 생각으로 우리의 마음이 얼마간 움직여 결국은 사탄의 자극을 느끼게 되고 그리하여 죄를 품게 된다면, 그 죄는 하나님 앞에서 온전히 구체화된 것이며 결국 저주받을 만한 것이라는 것입니다.

다시 말해서, 비록 일반적으로 죄라고 일컫는 것과 일치하는 부분이 없거나 어떤 단호한 의도가 없을지라도 말입니다. 그에 대한 실례를 들어보는 것이 좋겠습니다. 어떤 사람이 다른 사람의 집이나 땅을 바라보면서 사소한 상상을 떠올릴 수 있을 것입니다.

그러나 그로 인해 마음이 흔들리지는 않았습니다. "이것이 내 것이라면 좋을 텐데"라고 말할 만한 바램을 갖지도 않았습니다. 그리고 곧 그 상상이 덧없는 것임을 깨닫게 됩니다. 다만 그러한 상상이 마음에 떠오르는 것을 막을 수 없을 뿐입니다. 하지만 (앞서 말했던 것처럼) 그 상상이 비록 어떤 악한 정욕과 하나가 되지 않는다 할지라도, 하나님께서는 우리 안에 있는 연약함에 대해 경고하십니다.

따라서 우리는 자신을 겸비하고 애통해 해야 합니다. 이미 책망 받기에 합당할 만큼의 죄를 지은 것이라 여겨야 합니다. 이러한 모습이 천상의 천사들에게서도 발견되는지 생각해 보아야 하겠습니다. 의심할 여지도 없이 천사들에게서는 발견되지 않습니다.

하지만 천사들의 공의조차 하나님의 율법을 그다지 만족시키지 못합니다. 더군다나 (우리가 욥기서에서 보았던 것처럼) 하나님의 공의는 율법의 공의를 넘어섭니다.[273] 따라서 천상의 천사들이 아무리 하나님의 율법을 준수한다 할지라도, 분명 그들이 할 수 있는 최대한도는 여기 우리에게 주어진 규칙에 자신을 짜맞추는 것에 불과할 것입니다.

따라서 우리는 사소한 상상에 불과한 것이 왜 이미 스스로를 책망해야 할 죄인지를 깨닫게 됩니다. 어떤 사악한 것이 자신들 앞에 드러나도록 하지 않았다 할지라도 말입니다. 단지 조금 마음에 떠올려 "~했으면"이라고 말했을 뿐이라도 말입니다. 그 마음조차 바로 물리쳐 그에 굴복하지

---

[273] 욥 4:18.

않았다 할지라도 말입니다. 그 생각을 잘라내 버렸다 할지라도 그는 여기에 언급되어 있는 탐심이나 욕망이라는 죄를 지은 것이 됩니다.

그러므로 모든 면에서 스스로를 책망하는 법을 배워야 하겠습니다. 게다가, 우리로 하여금 악을 행하게 만드는 무언가가 마음에 떠오를 뿐만 아니라, 여자가 아이를 잉태하고 그 아이가 출생하기 전까지 양육하는 것처럼,[274] 앞서 언급했던 그 무언가를 양육함으로써 확고한 감정을 갖게 될 때는 스스로를 갑절로 책망해야 하겠습니다.

의지가 정복되어 죄악을 승인하게 될 정도로, 사악한 욕망을 내버려둔다면, 우리에게 갑절의 책망이 임하게 되는 것입니다. 그러므로 우리의 곤고함을 더욱 애통해해야 합니다. 무한히 선하신 하나님께서 우리를 용서하지 않으시면 갑절의 책망이 우리의 머리 위에 덮일 것임을 알기 때문입니다. 이로써 여러분은 우리가 무엇을 주목해야 하는지 깨닫게 됩니다.

하지만 동시에 우리는 치유책을 의뢰해야 합니다. 하나님의 은혜가 우리를 구원하지 않으신다면 우리는 완전한 절망과 혼동의 나락으로 떨어지게 되기 때문입니다. 그러므로 우리가 모든 면에서 책망 받아 마땅한 존재라는 것을 인정한다면, 그때 하나님께서 우리를 부르시어 비록 우리 안에 있는 사악한 욕망이 천성적인 죄라 할지라도 그것들을 죄로 전가시키지 않으실 것임을 보여주십니다.

따라서 악한 욕망이 믿는 자들에게 죄로 전가되는가 하고 묻는다면, 나는 그렇지 않노라고 대답합니다. 그 두 가지는 다른 것입니다. 분명 여러분이 죄악의 본질을 눈여겨본다면, 그것이 죄가 된다는 것을 알게 될 것

---

274) 약 1:15.

입니다. 하지만 하나님께서는 그것을 용서해 주십니다.

그런 후에는 악한 욕망은 믿는 자들의 책임으로 돌려지지 않을 것입니다. 하나님의 값없이 주시는 선하심으로 말미암아 용서받았기 때문입니다. 그리고 그들은 또한 우리의 모든 흠들이 우리 주 예수 그리스도의 보혈로 말미암아 씻기어졌다는 것을 알게 됩니다.[275]

세례(침례)가 그것을 충분히 보증해 주고 있습니다. 하나님 앞에서 순결하고 정결하게 보일 수 있도록, 우리 안에 있는 온갖 더럽고 불결한 것으로부터 우리를 깨끗케 하는 영적 씻김을 받은 것입니다. 따라서 우리의 사악한 욕망은 심판 받지 않게 될 것입니다. 아니, (더 나아가) 치명적인 죄조차도, 그것이 행위나 행동으로 발전한다 할지라도, 우리에게 전가되지 않을 것입니다. (이미 말씀드린 것처럼) 하나님께서 그것을 고려하지 않으시기 때문입니다.

하지만 반면에 우리는 그것을 눈여겨보기를 원하십니다. 그러므로 만일 어떤 사람이 자신은 사악한 욕망을 품지 않았다고 확신함으로써 스스로를 기만한다면, 그러한 이유로 하나님께서 그를 심판대로 부르십니다. 왜 그렇습니까? 사람들이 그런 식으로 스스로를 위로하는 한, 이는 책망 받아 마땅한 것이 되기 때문입니다.

그리고 같은 이유로 마귀가 우리로 하여금 그 모든 것을 죄가 아니라고 믿게 만듦으로써 사람들의 눈을 가려버리기 때문입니다. 우리는 교황주의자들이 얼마나 자기 멋대로 생각하는지 알고 있습니다. 그들은 심지어 가장 심각한 죄라 할지라도 성호를 그음으로써 지워진다거나 성수를 뿌

---

275) 요일 1:7, 엡 5:20.

림으로써 제거된다고 생각합니다.

   그들의 견해대로 하자면, 그 죄들은 아무런 가치가 없는 문제들입니다. 그러면서 어린 아이를 희롱하듯 하나님을 희롱합니다. 하지만 반대로 우리는 항상 이 점을 명심해야 하겠습니다. 더욱이 우리는 매우 부주의할 뿐만 아니라 악을 행하는 자신을 오히려 위로하려는 경향이 다분하므로, 이 점을 스스로를 비춰보는 거울로 삼아야 하겠습니다. 스스로를 기만하지 말아야 하겠습니다.

   어떤 사람이 더러운 얼룩을 묻히게 되었을 경우 이를 본 모든 사람들이 그를 비웃겠지만, 정작 본인은 그것을 전혀 눈치채지 못할 수도 있습니다. 하지만 그 사람이 거울을 보게 된다면 자신의 얼굴이 온갖 얼룩으로 더러워진 것을 알게 되고 스스로를 감추며 그 더러움을 씻으러 가게 될 것입니다. 우리 역시 그렇게 해야 합니다. 분명 하나님의 모든 율법은 우리에게 자신의 불결함을 비춰주는 거울과 같습니다. 우리가 스스로의 음란한 행위들을 애통해하고 수치스러워 하도록 하기 위해서 말입니다.

   그리고 만일 우리가 참된 거울을 갖고자 한다면, 제가 이미 말씀드렸던 것과 같이 오늘 살펴보고 있는 이 계명으로 나와야 합니다. 우리가 "도적질하지 말지니라, 살인하지 말지니라, 간음하지 말지니라"라는 계명만을 읽는 동안은 모든 것이 그럴 듯 합니다. 사람들은 모두 스스로에게 죄가 없다고 주장하게 될 것입니다.

   하지만 일단 "탐하지 말지니라"라는 문제에 직면하게 되면, 그것은 하나님께서 우리 마음의 바닥뿐만 아니라 우리의 온갖 생각과 망상을 살피시기 위해 더 깊이 찌르시는 날선 검이 됩니다. 그러므로 우리 안에는 심판에 이르지 않는 것이 없습니다. 앎에 이르지 않는 것이 없습니다. 우리가 전혀 죄가 아니라고 여긴 것도 하나님 앞에서는 책망 받게 되는 것입니다.

따라서 우리가 먼저 스스로를 판단하지 않는다면 하나님께서 그러한 생각들을 심판하실 것이 분명합니다. 그리고 동시에 우리는 우리 하나님의 자비를 찬미해야 합니다.[276] 우리가 매우 크고도 다양한 죄를 지었음에도 불구하고 우리를 의롭다 여기셨기 때문입니다.

여기에서 우리가 믿음으로 말미암아 얻은 의와 우리에게 임한 저주와의 관계를 비교해 보아야 하겠습니다. 우리가 이르게 될 곳은 어디입니까? 우리가 범한 죄가 한 가지 혹은 두 세 가지, 혹은 숫자로 셀 수 있는 몇 가지에 불과한 것입니까? 아니, 우리는 너무도 깊은 심연에 빠지게 될 것입니다. 이러한 사실을 깨닫기 시작하게 된다면 좌절하게 될 수밖에 없습니다. 수억 가지의 죄를 열거한다 할지라도 그것은 우리가 하나님 앞에서 저지른 죄의 백 분의 일에 불과한 것입니다.

결국 우리는 우리가 지은 죄의 끝도 알 수 없고 그 수를 측정할 수도 없을 만큼 죄인입니다. 그럼에도 불구하고 하나님께서는 자비를 베푸시어 우리를 받아주시고 그분 앞에서 의롭다 여기십니다. 마치 우리 안에는 부정한 것이란 아무것도 없으며 오직 모든 율법을 준행함으로써 온당함과 완전함만으로 충만한 것처럼 말입니다.

결국 하나님께서는 우리의 끝없이 많은 죄를 용서해 주시고 그분의 의로 우리를 옷 입혀 주신 것입니다. 우리 주 예수 그리스도의 죽음과 고난의 효력으로 인해서 말입니다. 따라서 우리는 믿음으로 말미암아 우리를

---

276) 롬 3:22~23.

구속해 주신 은혜를 깨닫고 이렇게 말하며 그분께 영광을 돌리게 됩니다. "주님, 우리의 구원은 당신의 순전하고 값없이 주신 선하심에 있습니다" 라고 말입니다. 그로 인해 우리가 그분께 얼마나 많은 의무를 지고 있는지 분명하게 보이지 않습니까?

그렇습니다. 따라서, 우리의 탐욕이 끝없이 많다는 것 때문만이 아니라 거대한 산아래 눌려 있는 것처럼 그 탐욕에 눌려 있기 때문에, 하나님의 율법으로 인해 어찌할 바를 모르게 될 때면, 설사 하나님께서 우리를 엄격하게 다루신다 할지라도, 그 본 의도는 우리를 절망 가운데 내버려두시고자 하는 것이 아님을 상기해야 하겠습니다.

오히려 우리가 가라앉자마자 다시 일으켜 세우고자 하십니다. 그분은 우리의 약함을 보시면 손을 뻗어 우리를 부르시고 우리를 위로하기 원하십니다. 자비로우신 하나님께서는 우리의 어떠한 죄도 우리의 책임으로 돌리지 않으시기 때문입니다. 그러므로 여러분은 믿는 자들이 책망받기에 합당할지라도 어떻게 다시 힘을 얻게 되는지를 깨닫게 됩니다.

하지만 우리는 먼저 스스로에 대해 철저하게 수치스러워하는 막다른 곳에서 시작해야 합니다. 우리 주님께서 우리를 사망의 구덩이에서 건져내실 수 있도록 말입니다. 그리고 우리의 구원이 오직 그분의 은혜에 달려 있다는 것을 인정할 수 있도록 말입니다.

하지만 그렇다 할지라도 우리는 매사에 주의하며 경계해야 하겠습니다. 하나님을 섬기기 위해 우리가 아무리 부단히 수고하고 노력할지라도, 그리하여 한편으로는 악을 행할 수 있는 모든 기회를 피하고 다른 한편으로는 우리의 정욕과 탐욕을 억누르며 온갖 사악한 생각들을 정복하고자 할지라도, 여전히 자신을 책망하면서 두려움에 붙잡혀 있어야 한다는 것을 확신하면서 말입니다.

비록 우리는 하나님의 은혜를 통해 승리를 얻었고 죄가 우리를 압도하지 못할지라도 그 죄는 여전히 우리 안에 거하고 있습니다. 그리고 우리 안에는 여전히 불결함과 얼룩이 존재합니다. 그러므로 우리는 탄식하고 탄식해야 하겠습니다. 그로 인해 우리의 의무를 이행하는 데 민감해질 수 있도록 말입니다.

우리는 사도 바울이 그것에 대해 어떻게 말하고 있는지를 알고 있습니다. 그는 사실상 많은 은혜를 입고 완전무결한 거룩함에 나옴을 입은 후에도, 그럼에도 불구하고 여전히 "오호라 나는 곤고한 사람이로다 이 사망의 몸에서 누가 나를 건져내랴?"[277]라고 말하고 있습니다.

그가 스스로에게서 죄를 보았기 때문이 아니라면 무엇 때문에 사망의 몸이라고 생각하겠습니까? 그렇다고 낙담하지는 말아야 한다는 것을 깨달아야 하겠습니다.

비록 우리가 매일매일 우리 안에서 수많은 죄를 인식한다 할지라도, 한 단계 더 먼 곳을 향해 나아가야 합니다. 그 때문에 사도 바울은 믿는 자들에게 죄를 삼가라고 권면할 때, "네 안에 죄가 거하게 하지 말라"라고 말하지 않았습니다. "죄가 너희 안에서 군림하지 못하게 하여"[278]라고 말했습니다. 실제로 죄가 우리 안에 거하지 않기를 바랄 것입니다.

하지만 그것은 우리 안에 있습니다. 그렇다고 너무 불안해 할 필요는 없습니다. 죄가 우리 안에 거한다고 기록되어 있는 것은, 먼저는 우리의 곤고한 상태를 경고하기 위한 것입니다.

---

277) 롬 7:24. 278) 롬 6:12.

그리고 두 번째로 우리가 계속적인 싸움에 전념해야 한다는 것을 주시하도록 하기 위한 것입니다. 그럼으로써 더욱 열심을 다해 우리 하나님께 도움을 구하도록 하려 함입니다. 우리 주 예수 그리스도를 위해 우리에게 주신 성령의 은혜로 말미암아 그분의 능력으로 우리를 강건케 하시기를 기도하면서 말입니다.

이제 우리의 죄를 시인하며 우리의 선하신 하나님의 임재 앞에 무릎 꿇도록 합시다. 우리가 행했던 것보다 더 절실하게 그 죄를 느끼도록 해달라고 기도합시다. 그리고 그분에 대한 순종에 우리의 삶을 짜맞추는 법을 배울 수 있도록 해달라고 기도합시다. 표면적인 행위와 의지, 정욕뿐만 아니라 심지어 우리의 모든 생각과 마음까지도 들여다보시는 그분께 말입니다.

또한 우리는 스스로 그런 완벽에 이를 수 없으므로, 우리를 겸비케 하는 기회를 갖게 해 달라고 [하나님께 간구]해야 하겠습니다. 동시에 계속적으로 맹렬히 싸울 수 있도록 선동하여 우리의 본성에 내재해 있는 악을 바로잡을 수 있도록 말입니다.

우리로 하여금 이 타락한 육신으로부터 자유롭게 하신 우리 주님께서 그분의 공의로 우리를 다시 옷 입히시고 우리 모두를 전적으로 그분의 영광스러운 형상을 따라 빚으실 때까지 말입니다. 그분은 이러한 은혜를 우리에게 뿐만 아니라 모든 민족에게 주시기를 기뻐하실 것입니다.